Libro del alumno

D1003756

María Dolores Chamorro Guerrero
Gracia Lozano López
Pablo Martínez Gila
Beatriz Muñoz Álvarez
Francisco Rosales Varo
José Plácido Ruiz Campillo
Guadalupe Ruiz Fajardo

Con la colaboración de
Neus Sans

difusión

ABANICO NUEVA EDICIÓN
Libro del alumno

Autores
María Dolores Chamorro Guerrero
Gracia Lozano López
Pablo Martínez Gila
Beatriz Muñoz Álvarez
Francisco Rosales Varo
José Plácido Ruiz Campillo
Guadalupe Ruiz Fajardo

Coordinación pedagógica
Neus Sans

Coordinación editorial
Pablo Garrido

Edición externa
Àlex Sánchez, Francesc Zamora / www.lymne.com

Diseño gráfico y maquetación externos
Anabel N. Quintana, Elisabeth Rodríguez / www.lymne.com

Diseño y maquetación de cubierta
Difusión

Ilustraciones
Ángel Viola, 1995; excepto págs. 38 y 39: David Revilla

Fotografías
© pág. 3 Difusión; pág. 9 Absolut_photos / istock;; pág. 11 Erik Reis / Dreamstime (mujer guiño), Dmytro Konstantynov / Dreamstime (mujer yoga); pág. 12 Kyolshin / Dreamstime; Pág. 15 Davide Guglielmo / Difusión; pág. 17 Zastavkin / Dreamstime; pág. 18 Yurok Aleksandrovich / Dreamstime; pág. 20 Alexey Teterin / Dreamstime; pág. 21 Ilya Genkin / Dreamstime; Pág. 22 Davide Guglielmo / Difusión; pág. 23 Kurhan / Dreamstime (mujer), Ilya Genkin / Dreamstime (nota), Denis Pepin / Dreamstime (hombre); pág. 25 Luminouslens / Dreamstime; pág. 26 Luminouslens / Dreamstime (textura papel), Difusión (pizarra); pág. 27 Difusión; pág. 28 Lim Seng Kui / Dreamstime; pág. 29 Internet (Cervantes), Adam Radosavljevic / Dreamstime (marco antiguo), Clint Cearley / Dreamstime (libro antiguo); pág. 30 A-papantoniou / Dreamstime; pág. 31 Heiko Bennewitz / istock; pág. 32 Newlight / Dreamstime; pág. 33 Ilya Genkin / Dreamstime (nota), Birgit Reitz-Hofmann / Dreamstime (corcho); pág. 36 Luminouslens / Dreamstime; pág. 37 Luminouslens / Dreamstime; pág. 40 Monkey Business Images / Dreamstime; pág. 41 Qwasyk / Dreamstime; pág. 42 Google images free (Rubén Rarío), Luminouslens / Dreamstime (textura papel); pág. 43 Clint Cearley / Dreamstime; pág. 44 Difusión (pizarra), Solarseven / Dreamstime (imágen televisión); pág. 45 Monkey Business Images / Dreamstime; pág. 48 Richard Majlinder / Dreamstime (esmalte de uñas), Davide Guglielmo / Difusión (libreta espiral), pág. 51 Nissan (coche), ONCE, (cuponazo), Font Vella (niño); pág. 53 Difusión; pág. 54 Ilya Genkin / Dreamstime; pág. 55 Flowerstock / Dreamstime (hoja receta), Cgidesigner / Dreamstime (ajos); pág. 57 Loterías y Apuestas del Estado (lotería), Luminouslens / Dreamstime (textura papel); pág. 58 Gino Santa Maria / Dreamstime; pág. 59 Auremar / Dreamstime; pág. 60 Luminouslens / Dreamstime; pág. 61 Luminouslens / Dreamstime; pág. 62 Scol22 / Dreamstime; pág. 65 Ilya Genkin / Dreamstime; pág. 71 Jakub Krechowicz / Dreamstime; pág. 73 Tellophoto / Dreamstime; pág. 74 Ilya Genkin / Dreamstime; pág. 76 Mcandy77 / Dreamstime; pág. 81 Luminouslens / Dreamstime; pág. 82 Davide Guglielmo / Difusión; pág. 84 Crystal Craig / Dreamstime (chica teléfono), Birgit Reitz-Hofmann / Dreamstime (corcho), Professorvasilich / Dreamstime (nota), John De Boer / Difusión (papel beige), Difusión (chincheta verde), Luminouslens / Dreamstime (textura papel), Difusión (chincheta magenta); pág. 85 Mtsyri / Dreamstime; pág. 88 Denise Kappa / Dreamstime; pág. 89 Luminouslens / Dreamstime; pág. 91 Milje54/ Dreamstime.com; pág. 98 Sibear / Dreamstime; pág. 101.Ilya Genkin / Dreamstime; pág. 102 Professorvasilich / Dreamstime; pág. 103 Davide Guglielmo / Difusión; pág. 104 Edward Bartel / Dreamstime; pág. 106 Luminouslens / Dreamstime; pág. 107 Dmitry Ersler / Dreamstime; pág. 108 Difusión; pág. 110 Alexander Ivanov / Dreamstime (chica teléfono), Michal Popiel / Dreamstime (chico teléfono); pág. 115 Nikolai Sorokin / Dreamstime; pág. 118 Photobunnyuk / Dreamstime (estudiante enfadada), Davide Guglielmo / Difusión (libreta); pág. 120 Ixer / Dreamstime (guitarrista), Luminouslens / Dreamstime (textura papel); pág. 121 Luminouslens / Dreamstime; pág. 122 Clint Cearley / Dreamstime; pág. 123 Veronika Sussmannova / Dreamstime (novios enfadados), Zurijeta / Dreamstime (hombre sombrero); pág. 124 Roberto Giovannini / Dreamstime (I love you), Aurinko / Dreamstime (carta corazón); pág. 125 Aurinko / Dreamstime; pág. 127 Andrés Rodríguez / Dreamstime; pág. 130 Ilya Genkin / Dreamstime (nota), Lunamarina / Dreamstime (chico contento), Lunamarina / Dreamstime (chico aburrido); pág. 131 Difusión; pág. 132 Davide Guglielmo / Difusión; pág. 134 Zurijeta / Dreamstime (hombre sombrero), Photka / Dreamstime (trozo diario), Gabriel Blaj / Dreamstime (mujer gafas); pág. 135 Ilya Genkin / Dreamstime (nota), Photka / Dreamstime (trozo diario); pág. 136 Photka / Dreamstime (trozos diario), Gary Beatty / Dreamstime (manos corazón); pág. 137 Luminouslens / Dreamstime (textura papel), wikimedia commons (La Celestina); pág. 138 Edyta Pawlowska / Dreamstime; pág. 139 Dreamshot / Dreamstime (venta diarios), Sportgraphic / Dreamstime (Camp Nou); pág. 140 Maria Cristina Sferra / Dreamstime (monja), jmevart / Fotolia (barco), Garytalton / Dreamstime (mujer UVI), Feng Yu / Dreamstime (esqueleto), Paco Ayala / Fotolia (ministerio); pág. 142 Photka / Dreamstime; pág. 143 Photka / Dreamstime; pág. 145 Kmitu / Dreamstime (excavaciones), Sportgraphic / Dreamstime (Camp Nou); pág. 146 Photka / Dreamstime; pág. 147 Florian Ispas / Dreamstime; pág. 150 Andrey Yakovlev / Dreamstime (chica), Vladimir Lukovic / Dreamstime (chico); pág. 152 Michele Perbellini / Dreamstime; pág. 153 Luminouslens / Dreamstime; pág. 154 Clint Cearley / Dreamstime; pág. 155 Gudmund Aarseth / Dreamstime; pág. 156 Gustavo Jiménez / Fotolia (naipes), Juan Moyano / Dreamstime (traje), Rafael Laguillo / Dreamstime (futbolín), Alexirius / Dreamstime (guitarra), Nito / Fotolia (peineta), Wellford Tiller / Dreamstime (navaja), Silvia Ganora / Dreamstime (cigarros), Juan Moyano / Dreamstime (botijo), Juan Moyano / Dreamstime (abanico), Aquariagirl1970 / Dreamstime (chupachups); Willeecole / Dreamstime (fregona); pág. 160 Jose I. Soto / Dreamstime; pág. 161 Luminouslens / Dreamstime; pág. 164 Marlee / Dreamstime; pág. 168 Aleksejs Kostins / Dreamstime; pág. 171 Philip Lange / Dreamstime (decoración árabe), Knud Nielsen / Dreamstime (quesos), Dennis Dolkens / Dreamstime (Stonehenge), Airi Pung / Dreamstime (decoración maya); Bonsa / Dreamstime (mapa antiguo), Luminouslens / Dreamstime (textura papel); pág. 173 Michal Adamczyk / Dreamstime (relieve), Ninocavalier / Dreamstime (máscara); pág. 175 Luminouslens / Dreamstime; pág. 176 Fflickr; pág. 177 R. M. Hayman / Dreamstime; pág. 180 Difusión; pág. 183 wikimedia commons (Saturno), Album / Oronoz (Las Meninas), wikimedia commons (Inmaculada), Album / Oronoz (baile), wikimedia commons (chicos playa), Album / Oronoz (bodegón), Ciprian Florin Dumitrescu / Dreamstime (marco); pág. 184 wikimedia commons (Velázquez), wikimedia commons (Goya), wikimedia commons (Sorolla), wikimedia commons (Casas); pág. 185 wikimedia commons (Murillo), Album / akg-images (Juan Gris), Yewkeo / Dreamstime (claqueta), Ilya Genkin / Dreamstime (nota); pág. 186 Popperfoto/Getty Images (Casablanca), Silver Screen Collection/Getty Images (Scarlett); pág. 187 Difusión (pizarra), Ilya Genkin / Dreamstime (nota); pág. 188 El Deseo D.A.S.L.U.; pág. 190 UNIVERSAL PICTURES / McBROOM, BRUCE / Album; pág. 191 Luminouslens / Dreamstime; pág. 192 Tracy Hebden / Dreamstime (arte rojo), Gina Smith / Dreamstime (arte verde); pág. 193 Alena Yakusheva / Dreamstime; pág. 193 Ilya Genkin / Dreamstime; pág. 198 Leonid Yastremskiy / Dreamstime; pág. 199 Ilya Genkin / Dreamstime; pág. 200 Ilya Genkin / Dreamstime; pág. 201 Irabel8 /Dreamstime; pág. 205 Moutwtrng / Dreamstime; pág. 207 Jonathan Ross / Dreamstime (hombre sudoroso), Toranico / Dreamstime (hombre aventurero), Pavel Siamionau / Dreamstime (hombre perilla), Felix Mizioznikov / Dreamstime (mujer triste), Kukuruxa / Dreamstime (mujer rubia), Mashe / Dreamstime (mujer pensativa), Piotr Marcinski/Dreamstime (mujer dolorida), Chris Schmid / Dreamstime (mujer gafas agua), Bidouze Stéphane / Dreamstime (hombre tacaño), Tatyana Chernyak / Dreamstime (hombre barba), José Manuel Gelpi Díaz / Dreamstime (mujer pelo negro); pág. 210 Luminouslens / Dreamstime; pág. 211 Roger De Marfà / Dreamstime.

Grabación CD
Difusión **Locutores**: Carolina Domínguez, Luis García, Agustín Garmendia, Edith Moreno, Sergio Troitiño

Agradecimientos
Nagore Domínguez (Font Vella), Alexis Chauvin y Yésica Romeo (TBWA-Barcelona), Margarita Moreno (Loterías y Apuestas del Estado), Mercedes González (EL DESEO D.A.S.L.U), Chema Prieto y Javier Nogal (ONCE)

Reimpresión: octubre 2011
ISBN: 978-84-8443-686-7
Depósito legal: B-35620-2011
Impreso en España por Industrias Gráficas Soler

difusión
Centro de Investigación y Publicaciones de Idiomas, S. L.

C/ Trafalgar, 10, entlo. 1ª
08010 Barcelona
Tel. (+34) 93 268 03 00
Fax (+34) 93 310 33 40
editorial@difusion.com

www.difusion.com

Libro del alumno

ABANICO

NUEVA EDICIÓN

Índice

Prólogo

Tras años en los que *Abanico* ha sido el manual de referencia en los llamados "cursos avanzados", ha llegado el momento de ofrecer una nueva edición de este método. Para ello, se ha realizado una labor de actualización y revisión tanto en cuestiones de diseño como de contenido:

- para facilitar el manejo del libro, se le ha dado un nuevo tratamiento gráfico;
- se han modernizado las imágenes;
- se ha mejorado el funcionamiento de algunas actividades;
- se han sustituido algunas actividades por otras con planteamientos didácticos más actuales.

Además, en 10 de las 12 unidades que conforman el manual, se ha añadido una nueva sección llamada "Taller de escritura".

Abanico es un curso de español de nivel B2 destinado a estudiantes que, una vez superado un nivel B1 y ya capaces de satisfacer sus necesidades comunicativas básicas en la vida diaria, quieren afianzar sus conocimientos, adquirir seguridad y al mismo tiempo acceder a nuevos ámbitos de la comunicación.

Así, los marcos comunicativos que ofrece este manual responden a las expectativas de estudiantes con diferentes niveles de dominio de la lengua, en tanto que cubre dos necesidades generales igualmente importantes en la enseñanza del español en niveles superiores: por un lado, la necesidad de corrección formal y reflexión sobre el sistema y, por otro, la necesidad de fluidez y uso apropiado de la lengua.

El material del Libro del alumno se articula en doce unidades. Son diferentes entre sí porque el contenido de cada una de ellas es el que determina el modo de presentación y la tipología de las actividades. Y es precisamente en la tipología de actividades donde se ha procurado abrir al máximo las varillas de este abanico, incluyendo desde actividades de reflexión formal hasta juegos y simulaciones, desde ejercicios individuales hasta tareas que enrolan a toda la clase. Esta variedad facilitará que el trabajo del aula se desarrolle con más fluidez.

Nuestra intención es que la actividad sea el punto central de todo el aprendizaje: llevar a cabo una actividad crea una serie de necesidades instrumentales, tanto de comprensión como de producción, que dan pie a introducir de forma natural y en su contexto los contenidos que se ofrecen al alumno (exponentes gramaticales,

recursos léxicos o discursivos) mediante cuadros operativos, textos o diagramas.

Al servicio de este propósito, la reflexión formal, entendida como tarea de comunicación en sí misma, se plantea en términos oracionales y discursivos, aprovechando el contexto establecido por la actividad. Se subraya así el uso real de la lengua y la responsabilidad pragmática que se deriva de él. Asimismo, hemos tratado de abarcar distintos registros con muestras de lengua que tienen como denominador común la verosimilitud. A su vez, cada actividad implica la presencia de los diferentes modelos discursivos y de las destrezas adecuadas, procurando, además, que estas aparezcan integradas de manera natural.

Por otra parte, pretendemos que el estudiante perciba que al aprender una lengua está accediendo a una cultura. Por eso hemos incluido cuestiones que atañen a todo lo que eso significa: desde su acepción más sofisticada (arte, historia, literatura) hasta la más corriente (costumbres y comportamientos sociales) con la intención de acercarlo a las especiales características de la forma de entender el mundo que compartimos los hablantes de español.

Todos los materiales que se presentan, antes de aparecer aquí, han pasado por la prueba de fuego del aula, tanto multilingüe como monolingüe. Las ideas iniciales han sido corregidas y limadas antes de tomar forma en estas páginas. Quizá sea este el momento de dar las gracias a nuestros sufridos estudiantes (del Centro de Lenguas Modernas de la Universidad de Granada y del Instituto Cervantes de Atenas) por su paciencia y valiosísima ayuda.

G

Gramática, reglas de uso y recursos funcionales

A
Z

Trabajo con vocabulario

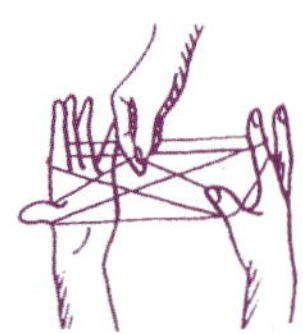

Juego

Ejemplo

¿?
¡!

Hablar

Escuchar

Escribir

Leer

1 La cara es el espejo del alma

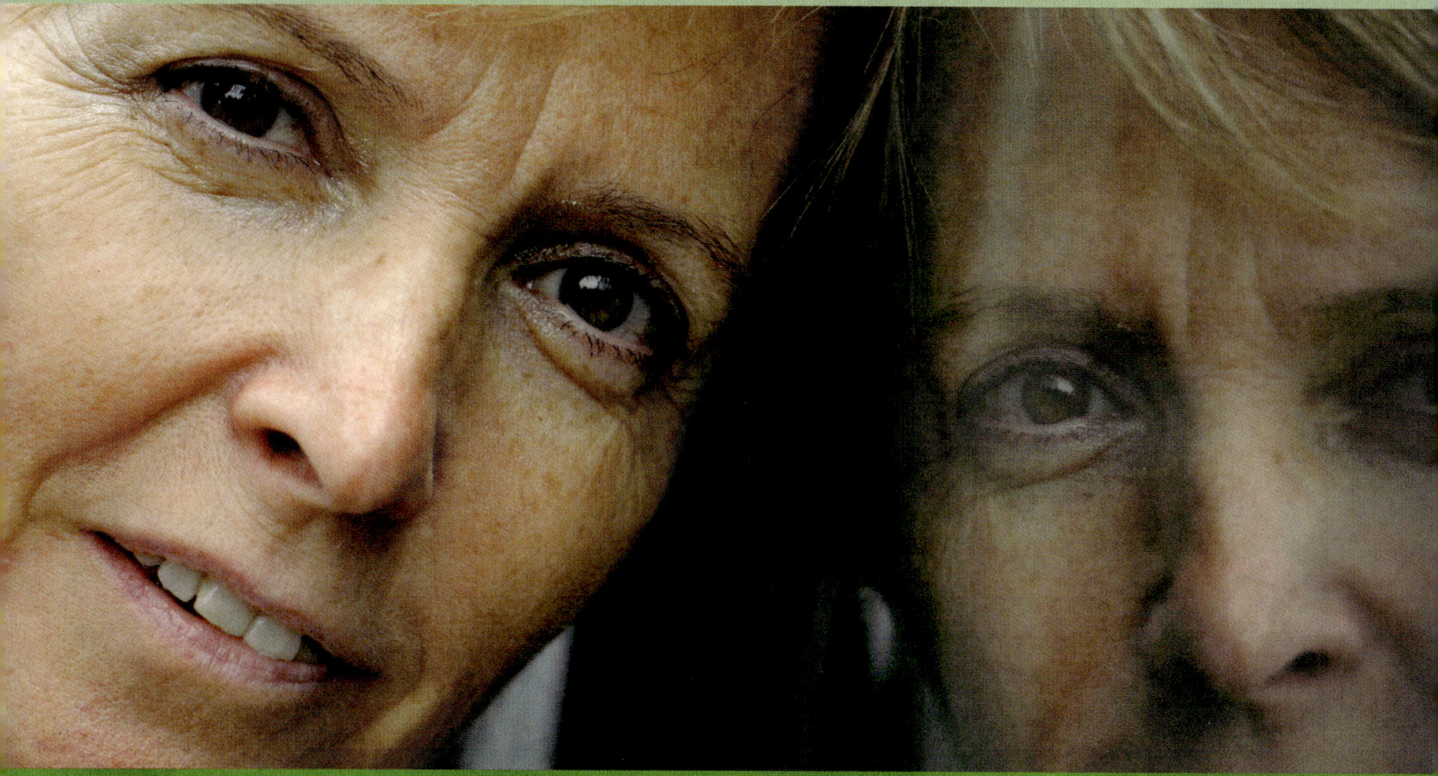

¿De dónde venimos? ¿A dónde vamos?

1. ¿Cuántas partes de la cara y del cuerpo sabes decir en español? ¿Sabes alguna expresión con ese vocabulario?
2. Para describir el carácter o la personalidad de alguien, ¿qué vocabulario usarías? Clasifícalo en tu cuaderno en dos columnas: positivo y negativo.
3. ¿Cómo expresarías las transformaciones de aspecto físico o de carácter que ha experimentado una persona?
4. ¿Hay adjetivos que se pueden usar con **ser** y **estar**? ¿Significan lo mismo?
5. Anota adjetivos que se usen exclusivamente con **ser** o con **estar**.

Descripción física y de la personalidad.

- Usos de **ser** y **estar**. Formación de palabras. Perífrasis verbales.
- Vocabulario del cuerpo y de la personalidad.
- Cuestionarios y tests.
- Un poco de literatura.
- Taller de escritura.

1. La oca loca

Este juego tiene dos objetivos: en primer lugar, sirve para romper el hielo, para que empecéis a conocer a vuestros nuevos compañeros; en segundo lugar, sirve para saber cómo anda vuestro nivel de español. Coged unas fichas y un dado (si no tenéis, basta con unas monedas y con seguir por orden las casillas): unas veces hay que hablar de lo que se pide y otras cumplir una sencilla instrucción. Esto no es más que una excusa para charlar, así que, ¡adelante!

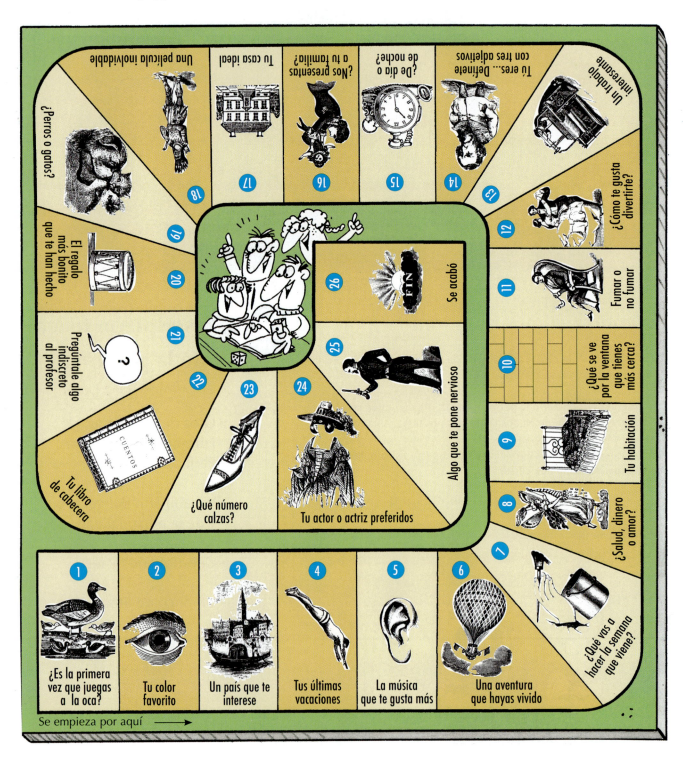

1. ¿Es la primera vez que juegas a la oca?
2. Tu color favorito
3. Un país que te interese
4. Tus últimas vacaciones
5. La música que te gusta más
6. Una aventura que hayas vivido
7. ¿Qué vas a hacer la semana que viene?
8. ¿Salud, dinero o amor?
9. Tu habitación
10. ¿Qué se ve por la ventana que tienes más cerca?
11. Fumar o no fumar
12. ¿Cómo te gusta divertirte?
13. Un trabajo interesante
14. Tú eres... Defínete con tres adjetivos
15. ¿De día o de noche?
16. ¿Nos presentas a tu familia?
17. Tu casa ideal
18. Una película inolvidable
19. ¿Perros o gatos?
20. El regalo más bonito que te han hecho
21. Pregúntale algo indiscreto al profesor
22. Tu libro de cabecera
23. ¿Qué número calzas?
24. Tu actor o actriz preferidos
25. Algo que te pone nervioso
26. Se acabó

Se empieza por aquí →

2. Vaya cara

Seguramente sabes cómo se llaman las partes de la cara. De todas formas, vamos a repasarlas. Discute con tu compañero cómo colocar las palabras siguientes en el espacio correspondiente.

mejillas | cuello | párpados | frente | ojos | barbilla

pestañas | nariz | labios | pómulos | boca | dientes | cejas

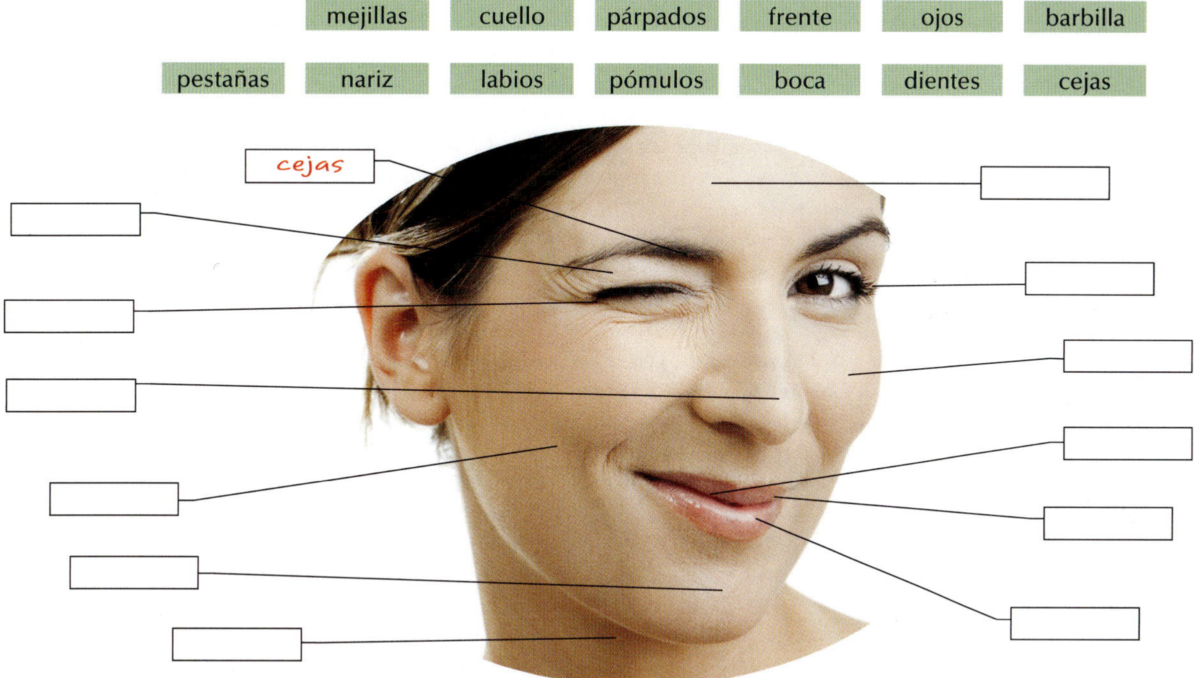
cejas

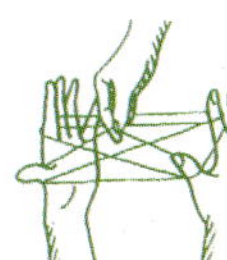

3. Y vaya cuerpo

Las siguientes palabras son un poco raras. Son palabras españolas pero con las letras desordenadas. A ver quién consigue reconstruirlas, como en el ejemplo, en menos tiempo. Una pista: son las partes del cuerpo señaladas en la imagen.

ipe — pie

- lliboto
- sumlo
- lotan
- zobra
- ñemuca
- ñau
- odoc
- boromh
- cohep
- dapales
- goblimo
- soded
- llaidro
- turanic
- racade

4. Dobles sentidos

a Muchas veces en una lengua extranjera tenemos que intentar deducir el significado de palabras o expresiones que no hemos oído nunca. Lee atentamente este texto en el que aparecen muchas expresiones que incluyen referencias a partes del cuerpo. Localízalas y trata de imaginar qué significan.

Estoy hasta las narices de Juan Alberto. Es insoportable. Es una de esas personas que piensan que es el ombligo del mundo, que es el más alto, el más guapo, el más seductor... Pero yo sé cuál es su problema: no tiene dos dedos de frente, vaya, que es tonto perdido. Antes éramos muy amigos, esa es la verdad. En la Universidad siempre nos ayudábamos, nos prestábamos los apuntes, estudiábamos juntos, e incluso, cuando tuvo problemas con sus compañeros de piso, se vino a vivir un tiempo a mi casa. Vamos, que éramos uña y carne. Pero poco a poco empezó a darme la espalda, salía con otra gente, no me llamaba nunca por teléfono... Y me daba todo tipo de excusas idiotas, hasta que me di cuenta de que me estaba tomando el pelo. La verdad era que yo no le interesaba ya. A pesar de todo, yo nunca le he echado en cara lo que me hizo. Pero es que además es un caradura increíble: el otro día, en la fiesta de Blas, intentó meterle mano a mi novia en un rincón. Yo estaba viendo aquel día que la miraba demasiado, y, claro, ya tenía la mosca detrás de la oreja, así que me acerqué para ver qué pasaba, tuvimos una discusión terrible y al final nos faltó poco para llegar a las manos. Desde entonces está siempre criticándome a mis espaldas, porque no tiene valor para decirme las cosas a la cara. Pero si él no tiene pelos en la lengua y dice todo lo que piensa de mí, yo tampoco me voy a callar. Y después de todo, va contando que yo tengo la culpa de que no seamos amigos.
¡Vaya cara que tiene!

José

b ¿Qué expresiones del texto anterior podemos usar para decir en español?:

manosear, palpar a alguien:	no ser inteligente:
estar harto de una persona:	decir las cosas directamente:
decir todo lo que se piensa:	sospechar:
reprochar algo a alguien:	ser el centro de atención:
no hacer caso a alguien:	engañar:

c Con las formas que has visto hasta ahora, intenta hacer un "retrato" de alguien que quieras o que no quieras. No te preocupes, no te está escuchando. Luego se lo tendrás que contar al resto de la clase. Tus compañeros intentarán adivinar qué relación tiene contigo.

5. ¿Ycómo es él?

a Recuerda que las expresiones para describir el aspecto físico se construyen con los verbos **ser**, **estar**, **tener** y **llevar**.

PUEDES DECIR:

Es delgado. Tiene la nariz muy grande y una cicatriz en la mejilla.

O TAMBIÉN:

Tiene el pelo liso, aunque cuando lo lleva rizado está más guapa.

PERO, ¿SE PUEDE DECIR?:

Lleva una cicatriz.

Es guapísima.

Está delgado.

Lleva la nariz grande.

b Coméntalo con tus compañeros e intentad descubrir en qué situaciones se pueden utilizar o no estos verbos.

SER, ESTAR, TENER Y LLEVAR

	Aspecto general	Partes del cuerpo
Presentada por el hablante como permanente	**ser** + característica (adjetivo) • *Luis se parece mucho a su padre.* **Es** *guapísimo, ¿no?*	**tener** + parte del cuerpo (nombre) + característica (adjetivo) • **Tiene** *el pelo rizado como su padre.*
Presentada como circunstancial o resultado de un cambio	**estar** + característica (adjetivo) • *Con ese traje,* **está** *muy guapo.*	**llevar** + ropa / tipo de pelo / ... • **Lleva** *siempre gafas de sol.* • **Lleva** *bigote.* • **Lleva** *el pelo rizado.*

c Después de consultar el cuadro, señala qué verbo es el más adecuado en los siguientes ejemplos:

1. Tiene / lleva un lunar en la barbilla.
2. Tiene / lleva el pelo corto.
3. Tiene / lleva los ojos saltones.
4. Esa chica es/está baja para jugar al baloncesto.
5. Es/está muy gordo desde que no hace ejercicio.
6. Es/está moreno porque estuvo unos días en la playa.

6. Quién te ha visto y quién te ve

a A veces queremos referirnos a las transformaciones que alguien ha experimentado, no sólo en su aspecto físico, sino también en su carácter, estado de ánimo, etc. Para ello, puedes utilizar los siguientes verbos y perífrasis:

VERBOS Y PERÍFRASIS

hacerse + profesión, ideología: cambio decidido por el sujeto
• *Federico* **se ha hecho** *budista y ha dejado su trabajo.*

volverse + forma de ser: normalmente se usa para cambios negativos
• *No sé qué le pasa a Agustín.* **Se ha vuelto** *muy antipático, ¿no?*

ponerse + aspecto físico o estado de ánimo: cambio espontáneo y provisional
• *No* **te pongas** *triste, hombre, verás como todo se arregla.*

llegar a ser + cargo, profesión: cambio gradual, socialmente muy positivo
• *Empezó muy abajo pero* **ha llegado a ser** *el director de la empresa.*

terminar + Gerundio, + **acabar de** cargo, profesión: cambio gradual, socialmente negativo
• *Empezó muy bien, pero* **terminó perdiendo** *el puesto de trabajo.*

b Fíjate ahora en estas personas: antes eran distintas, han cambiado en algo. ¿Puedes asociar a cada una de ellas con un cambio diferente? Utiliza el vocabulario siguiente y las formas del cuadro anterior.

budista ______________ Se ha hecho budista.

vegetariano		arquitecta	
ministro		rica	
modelo		contento	
guapa		cursi	
atracador		maleducado	

7. En la comisaría

Sólo en situaciones especiales necesitamos describir con la máxima precisión los rasgos de una persona. Por ejemplo, en una comisaría de policía. Vamos a imaginar que han robado en la calle a algunos compañeros y van a denunciar el caso. Vamos a trabajar en grupos de tres: un compañero es el policía que hace retratos robot de los delincuentes. Otros dos compañeros van a imaginar primero cómo era exactamente el "chorizo" que les asaltó. Luego, se lo explicarán al policía. Éste puede ir dibujando y pidiendo aclaraciones hasta conseguir un retrato lo más detallado posible. Puede seros útil consultar la siguiente ficha de vocabulario.

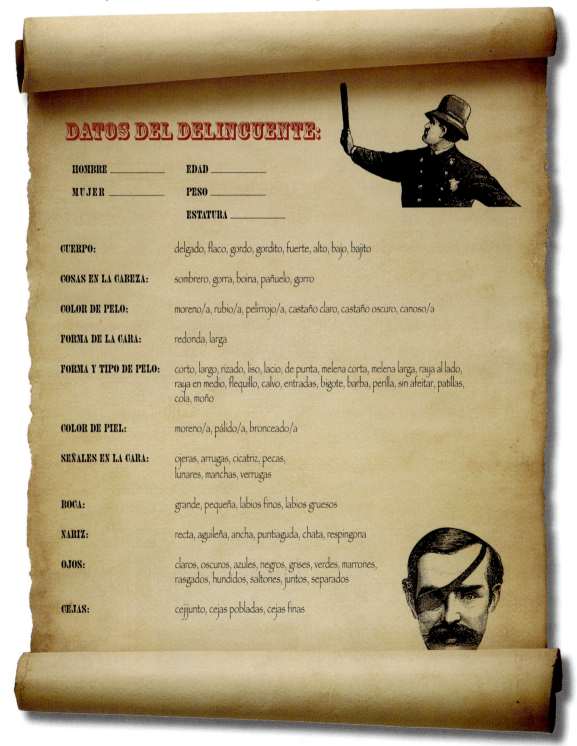

DATOS DEL DELINCUENTE:

HOMBRE ________ EDAD ________

MUJER ________ PESO ________

ESTATURA ________

CUERPO:	delgado, flaco, gordo, gordito, fuerte, alto, bajo, bajito
COSAS EN LA CABEZA:	sombrero, gorra, boina, pañuelo, gorro
COLOR DE PELO:	moreno/a, rubio/a, pelirrojo/a, castaño claro, castaño oscuro, canoso/a
FORMA DE LA CARA:	redonda, larga
FORMA Y TIPO DE PELO:	corto, largo, rizado, liso, lacio, de punta, melena corta, melena larga, raya al lado, raya en medio, flequillo, calvo, entradas, bigote, barba, perilla, sin afeitar, patillas, cola, moño
COLOR DE PIEL:	moreno/a, pálido/a, bronceado/a
SEÑALES EN LA CARA:	ojeras, arrugas, cicatriz, pecas, lunares, manchas, verrugas
BOCA:	grande, pequeña, labios finos, labios gruesos
NARIZ:	recta, aguileña, ancha, puntiaguda, chata, respingona
OJOS:	claros, oscuros, azules, negros, grises, verdes, marrones, rasgados, hundidos, saltones, juntos, separados
CEJAS:	cejijunto, cejas pobladas, cejas finas

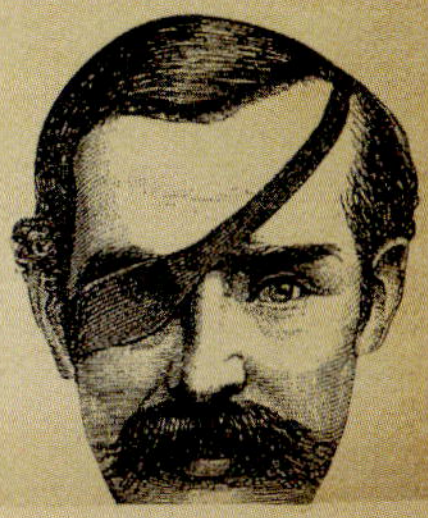

8. Ser y estar

a Muchas veces, se dice que con **estar** se expresa lo transitorio y con **ser** lo permanente y estable. En general, esto es válido cuando describimos algo o a alguien, pero no explica todos los usos de **ser** y **estar**, no sirve como regla. Parece que lo más útil es aprender, en primer lugar, los usos exclusivos de **ser** y de **estar**:

1. Usos exclusivos de ser

¿Has visto alguna vez una **ISIC**? A lo mejor, incluso la tienes.

Con los datos de identidad de una persona como la que aparece en la foto podemos decir de ella que:

- ***Es*** *un chico que se llama Carlos.*
- ***Es*** *estudiante.*
- ***Es*** *español.*

International Student Identity Card
ISIC
Valid from 01 Sep 91
0493650
First names/Prénoms/Nombres
Born/Né le/Nacido
Nationality/Nationalité/Nacionalidad
SPANISH
STUDENT
ISIC921105711

Ya ves, **ser** se utiliza para:
- la identificación o definición
- la profesión o actividad
- el origen o nacionalidad

Una excepción: hablando de profesión, cuando se quiere hablar de una actividad temporal, se puede usar **estar** (de):

- *Yo soy estudiante, pero en verano* ***estoy*** *de recepcionista en un hotel porque sé idiomas, ¿y tú?*
- *Yo* ***estoy*** *sin trabajo,* ***estoy*** *parado.*

2. Usos exclusivos de estar

Estar se reserva para él solo la localización de algo cuya existencia se presupone:
- *¿Dónde* ***está*** *la oficina de turismo?*

Una excepción: situar en el espacio un suceso o acontecimiento:
- *¿Dónde* ***es*** *la fiesta?*

También se usa **estar** sin adjetivos con el significado de '**estar** presente' o '**estar** listo':

¿Está Juan?
No, no está, ha salido.
¿Para cuándo estarán los zapatos?
¿Todavía no estás? Date prisa.
Sí, ya estoy, vamos.

Otro uso exclusivo de **estar** es en la estructura **estar** + Gerundio.

3. Ser y estar se "reparten el pastel": describir y valorar

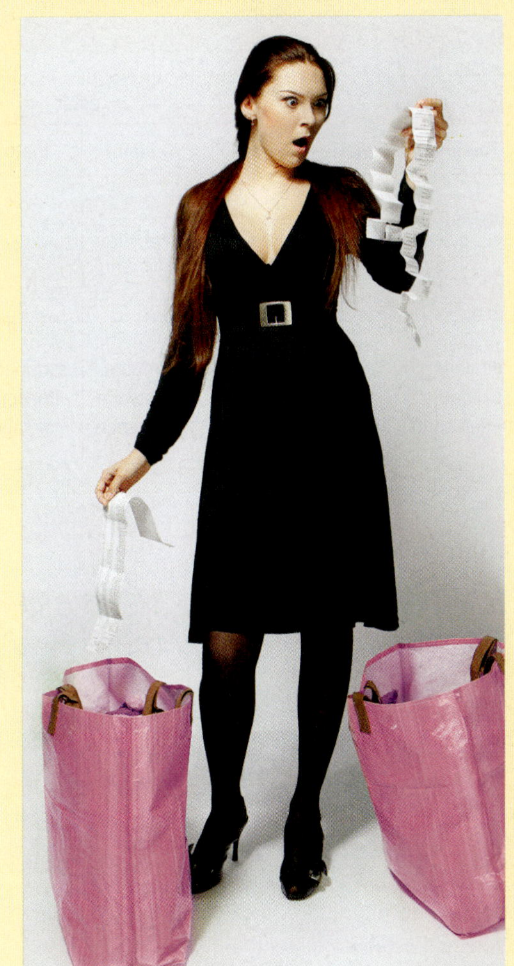

Cuando queremos presentar la descripción como algo objetivo:

- ***Es** muy caro, no sé si puedo permitírmelo.*
- *Sí, pero **es** útil. Merece la pena gastarse el dinero.*

Para presentar las características más profundas o inherentes al sujeto, las características que son como más permanentes.

- ***Es** muy alto y guapo.*

Cuando no se pretende que el tono de la descripción sea objetivo o se trata de adjetivos que se refieren a algo presentado como temporal.

- *Lo que pasaba era que **estaba** demasiado delgado.*

- *¡Qué guapa **estás** hoy!*
- *No **está** guapa, **es** guapa.*

A causa de estos criterios, hay adjetivos que normalmente sólo se usan con **estar** (**estar contento**, **estar embarazada**) y otros que se emplean más a menudo con **ser** (**ser asequible**, **ser incomprensible**).

Tienes que saber que, en muchos casos, la elección entre **ser** y **estar** depende solamente de la voluntad por parte del hablante de ser más o menos objetivo, o de considerar algo más o menos permanente o temporal.

b Estos cuadros te pueden ayudar. Incluyen algunos adjetivos y adverbios frecuentes que, a la hora de describir, plantean bastantes dudas a los estudiantes de español.

sólo con **ser**	sólo con **estar**
absurdo	de buen / mal humor
(in)necesario	contento
(im)posible	enfadado
(im)probable	cansado
importante	deprimido
imprescindible	enfermo
increíble	harto
inteligente	interesado en
lógico	preocupado por
obvio	roto

c Observa bien el siguiente cuadro para asociar cada casilla con los ejemplos del apartado **d**.

	ser				**estar**			
	bueno	**bien**	**malo**	**mal**	**bueno**	**bien**	**malo**	**mal**
con persona	de buen corazón, amable, apacible	X	malvado, ruin, perverso	X	sano, atractivo	sano, animado	enfermo	enfermo, desanimado
con cosa	de buena calidad	X	de mala calidad, perjudicial	X	sabroso	correcto, apropiado, adecuado	estropeado, con mal sabor	incorrecto, inapropiado, inadecuado

d Pon los números en las casillas correspondientes.

1. Este vino **es** muy bueno. Es un reserva del 87.
2. Mi niño no **es** nada bueno. Se pasa el día haciendo travesuras.
3. Nunca **están** bien los ejercicios que hago deprisa.
4. Ayer **estaba** malo. Me dolía todo el cuerpo.
5. La sopa **está** mala, estaba fuera del frigorífico.
6. Mi padre no **está** bien últimamente.
7. El tabaco **es** malo, ya lo sé...
8. Su novio **está** buenísimo. ¿Lo conoces?
9. La cena **estaba** realmente buena.
10. La madrastra de Blancanieves **era** mala.
11. **Está** mal decir mentiras pero no podía decirle la verdad. ¿No crees?
12. Después de **estar** bastante mal, ha conseguido recuperarse del todo.

CON SER Y CON ESTAR

cambia el significado	cambia el matiz, no el significado	con algunos, apenas si cambia el matiz, y se usa indistintamente **ser** o **estar**:
bueno / mejor malo / peor claro negro verde atento delicado abierto despierto listo rico ...	alegre fantástico grande guapo horrible limpio tonto ...	soltero casado viudo divorciado ciego sordo mudo cojo manco ...

e Para saber cuál es el significado de estos últimos adjetivos según se usen con **ser** o con **estar**, decide con cuál de los dos verbos se asocia cada globo.

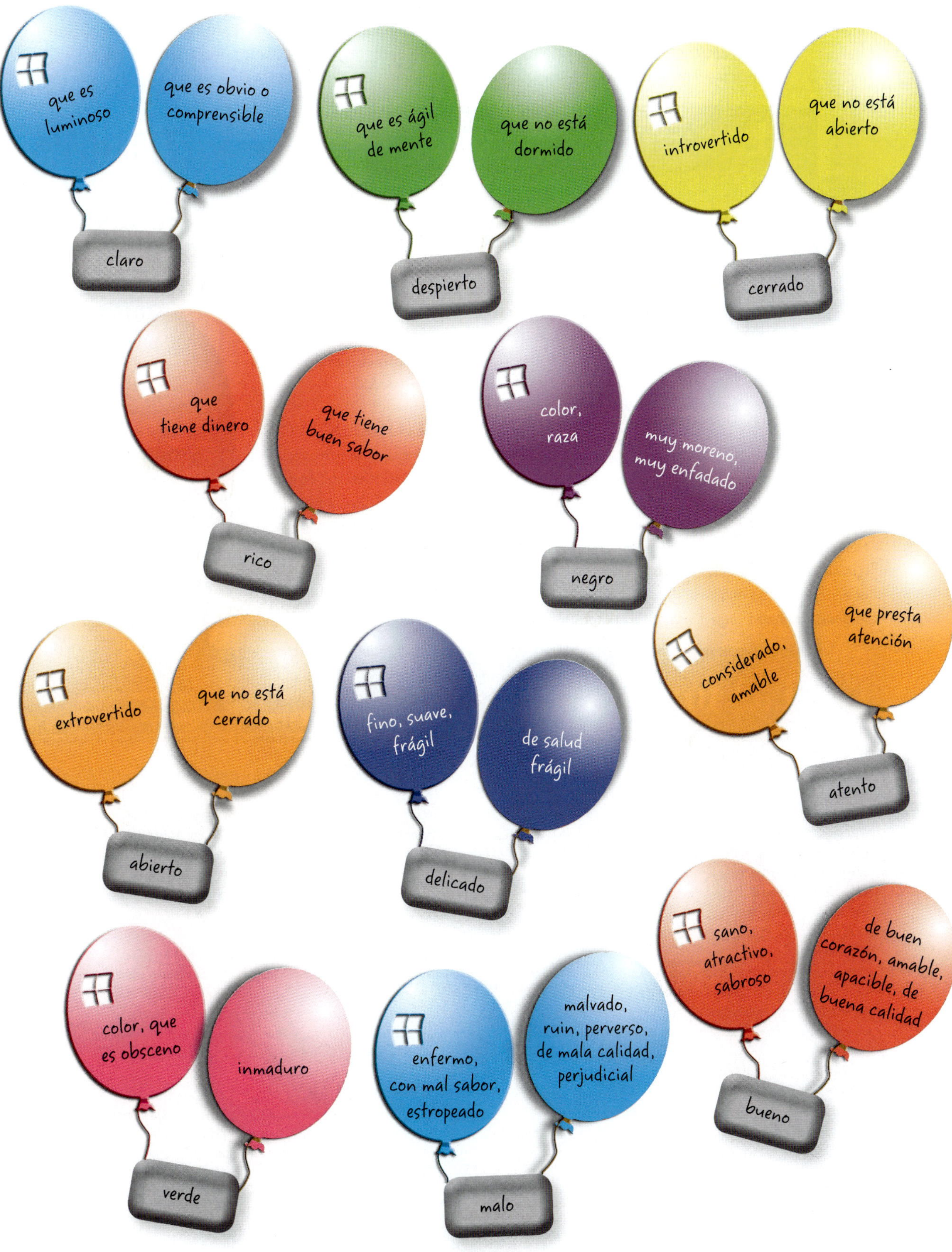
que es luminoso
que es obvio o comprensible
claro
que es ágil de mente
que no está dormido
despierto
introvertido
que no está abierto
cerrado
que tiene dinero
que tiene buen sabor
rico
color, raza
muy moreno, muy enfadado
negro
considerado, amable
que presta atención
atento
extrovertido
que no está cerrado
abierto
fino, suave, frágil
de salud frágil
delicado
sano, atractivo, sabroso
de buen corazón, amable, apacible, de buena calidad
bueno
color, que es obsceno
inmaduro
verde
enfermo, con mal sabor, estropeado
malvado, ruin, perverso, de mala calidad, perjudicial
malo

9. La fisonomía

 Dicen que la cara es el espejo del alma, pero ¿crees que la fisonomía revela el carácter de una persona? Te proponemos dos tests: A. Las zonas faciales y B. La forma del rostro, que pueden descubrirte rasgos de tu carácter y del carácter de tus compañeros que antes no conocías. Házselos a dos compañeros de clase.

A Las zonas faciales

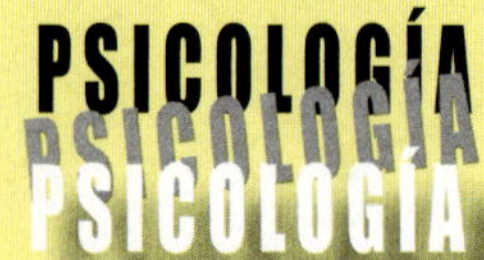
PSICOLOGÍA
PSICOLOGÍA
PSICOLOGÍA

Vista de frente, la cara se puede dividir en tres zonas, delimitadas por una línea que pasa por la base de las cejas y otra que pasa por la base de la nariz. Si te fijas bien, podrás distinguir cuál es la más desarrollada y el temperamento que caracteriza a tus compañeros (de arriba abajo).

TEMPERAMENTO CEREBRAL
Las personas de temperamento cerebral analizan constantemente la realidad y piensan bien una cosa antes de hacerla. Algunos incluso intentan solucionar "pensando" todos los problemas de la vida: su voluntad se pierde en el terreno práctico. La curiosidad intelectual es otro rasgo que las caracteriza. Les gustan los juegos de habilidad e ingenio, como el ajedrez.

TEMPERAMENTO AFECTIVO
Este carácter se distingue por su gran sensibilidad y la necesidad de vivir rodeado de gente querida. Pero el "afectivo" es más bien tímido y, a veces, llega a necesitar a los demás para poder cambiar de opinión. Le encanta oír música en soledad.

TEMPERAMENTO INSTINTIVO
Es característico de este tipo de personas su sentido práctico. Al "instintivo" no le gustan las cosas complicadas ni los cambios, y suele actuar con sencillez y naturalidad. Por lo general, son amantes de los placeres de la vida y a menudo parecen superficiales.

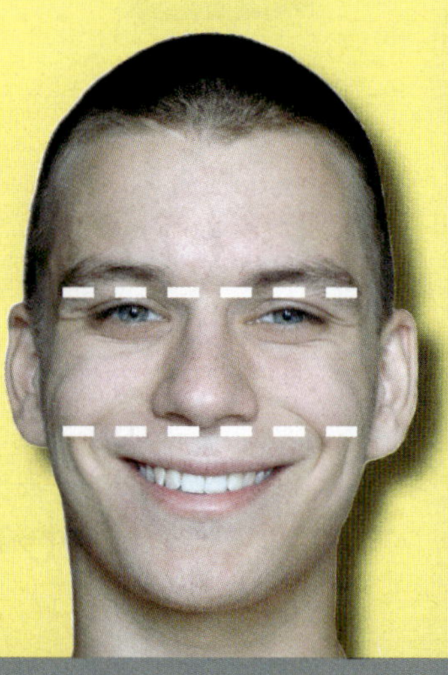

 B Las formas del rostro

Observa atentamente la forma de la cara de tus compañeros. A cada tipo corresponde un carácter y una personalidad distintos.

HEXAGONAL
Temperamento impulsivo y espontáneo; a ello se debe tanto su encanto como sus defectos: por un lado, se desenvuelve bien en la vida gracias a su facilidad de expresión y a la rapidez en captar situaciones, pero, por otro, a veces se deja llevar por las circunstancias y puede volverse, de repente, caprichoso. Su problema es que no encuentra término medio.

OVAL
En general, son individuos sinceros que se manifiestan tal y como son. Su personalidad es claramente seductora: su encanto, su entusiasmo y su fantasía arrastra a los demás, pero no siempre son constantes en sus opiniones y sentimientos.

REDONDO
Dotados de sentido del humor, de naturalidad y de un cierto gusto por la vida, saben vivir con alegría. Pero no siempre actúan de forma racional; por el contrario, son más bien intuitivos y les gusta improvisar, aunque, por otra parte, su facilidad para adaptarse a las circunstancias los hace influenciables.

TRAPEZOIDAL
Tiene mucho sentido práctico pues, ante todo, evita complicarse la vida, aunque le gusta vivirla intensamente: es amante de la buena mesa, del juego, de las broma... y consigue lo que quiere sin demasiadas consideraciones sentimentales, aunque, en ocasiones, su falta de tacto le causa pequeños problemas.

CUADRADO
Su manera de ser está caracterizada por la amplitud de criterio y la flexibilidad. Ama la soledad y tiene un rico mundo interior, pero también es apasionado, imaginativo y sensible, hasta el punto de inquietar a los que no lo conocen, que confunden su tendencia al aislamiento con egoísmo.

TRIANGULAR
Carácter inquieto y lleno de energía. Siente una enorme curiosidad por todo; le encanta experimentar nuevas sensaciones y vivir aventuras. Valora mucho su propia libertad y su sentido para las leyes sociales o estatales está poco desarrollado. Su mayor defecto es ser poco comunicativo.

b Ahora, vamos a obtener el "número del carácter" de tus dos compañeros que nos servirá para ver qué tipo de relación puede haber entre vosotros. Para ello, debes sumar los resultados de A. y B.de acuerdo con la tabla siguiente:

A. Temperamento
Afectivo = 1
Cerebral = 2
Instintivo = 3
B. Forma del rostro
Hexagonal = 1
Redondo = 2
Oval = 3
Trapezoidal = 4
Triangular = 5
Cuadrado = 6

c Pero antes, haz una ficha a cada uno de tus compañeros. Por ejemplo: si uno de tus compañeros tiene un temperamento instintivo (A=3) y la forma de su rostro es oval (B=3), su número es el 6: (A + B = 6). Si descubres alguna contradicción, pídele que te la aclare.

Compañero 1
A + B =

Compañero 2

A + B =

d Trasladando los resultados anteriores a la tabla siguiente puedes saber cómo será vuestra relación como compañeros. Sólo tienes que trazar las coordenadas entre vuestros "números de carácter" de dos en dos y buscar el número de las relaciones que aparecen a continuación. Por ejemplo, supongamos que el "numero del carácter" de uno de vosotros es el 6 y que el del otro es el 2. La relación entre los dos será del tipo E: AFORTUNADA. Lee la descripción en la página siguiente.

	2	**3**	**4**	**5**	**6**	**7**	**8**	**9**
2	A	B	C	D	E	F	G	H
3	B	C	D	E	F	G	H	A
4	C	D	E	F	G	H	A	B
5	D	E	F	G	H	A	B	C
6	E	F	G	H	A	B	C	D
7	F	G	H	A	B	C	D	E
8	G	H	A	B	C	D	E	F
9	H	A	B	C	D	E	F	G

A. FLUIDA	B. PROBLEMÁTICA
Compartís el mismo gusto por los pequeños placeres de la vida, os encanta charlar y juntos no os aburriréis nunca. Pero cuidado con quedaros siempre tomando café en horas de clase.	Os llevaréis como el perro y el gato, siempre discutiendo por tonterías. Si no queréis acabar mal, será mejor que os sentéis cada uno en un extremo de la clase.
C. NORMAL	**D. DIVERTIDA**
Es necesario que cada uno haga un pequeño esfuerzo para evitar discusiones, pero si lo conseguís, está garantizada la solidez de vuestra relación. Bastará con que alguno de los dos dé su brazo a torcer.	La cosa va por buen camino. La diversión está asegurada mientras estéis juntos. El profesor no va a tener más remedio que separaros para asegurar el buen ritmo de la clase.
E. AFORTUNADA	**F. INESTABLE**
Es probable que si no hubierais hecho nunca esta actividad, jamás os habríais interesado el uno por el otro. Y sin embargo, pronto vais a comprobar lo bien que os compenetráis.	Sois los dos igual de sensibles y todo irá como la seda entre vosotros, pero cualquier cosa puede perturbar la buena marcha de vuestra relación. Mejor que cada uno use su propio diccionario.
G. ARMÓNICA	**H. FANTÁSTICA**
Os vais a entender a las mil maravillas: antes de que uno abra la boca, ya sabrá el otro lo que está pensando. El problema es que cuando os pregunte algo el profesor, los dos querréis contestar a la vez.	Lo vais a pasar en grande: reunís todos los requisitos para no dejar de dar la lata en clase. Seguro que en el colegio el profesor siempre os sacaba a la pizarra para que os callarais.

¿?
¡!

e Comenta con tus compañeros lo que más te ha llamado la atención de esta actividad.

10. La senda de tu vida

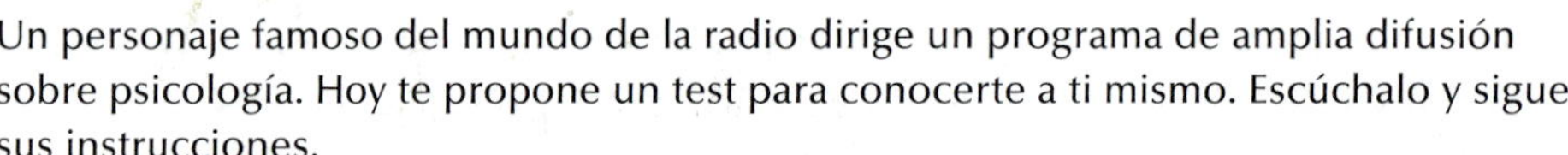

Un personaje famoso del mundo de la radio dirige un programa de amplia difusión sobre psicología. Hoy te propone un test para conocerte a ti mismo. Escúchalo y sigue sus instrucciones.

1

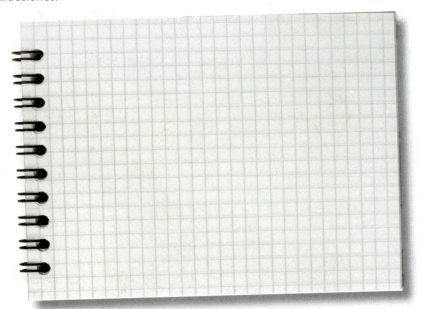

A
Z

11. ¡Qué carácter!

a En la columna del centro tienes once tipos diferentes de carácter, y en las de los lados la descripción de veintidós actitudes. ¿Puedes unir con flechas cada tipo con sus actitudes correspondientes? Hay dos descripciones por cada tipo de carácter, una a la izquierda y otra a la derecha:

	CARÁCTER	
Cuida todos los detalles.	FUERTE	*Es mejor no contradecirlo.*
No le preocupan las cosas serias y sólo piensa en divertirse.	BRUSCO	*Quiere que todo el mundo lo admire.*
No se deja llevar por lo que piensan los demás.	MINUCIOSO	*No tiene tacto.*
Actúa siempre de una manera conveniente y meditada.	IMPULSIVO	*Nunca cuenta a los demás lo que siente o piensa.*
Le vuelven loco los espejos.	SENSATO	*Viste muy sencillamente y nunca se comprará un Ferrari rojo.*
No es muy aficionado al trato con la gente.	INTROVERTIDO	*Le tiene mucho cariño a su dinero.*
Actúa espontáneamente, sin pensar en las consecuencias.	FRÍVOLO	*Le gustan las cosas perfectas.*
Si le preguntas la edad, te puede responder: "¿Y a ti qué te importa?".	AUSTERO	*Si ve a alguien por la calle que le gusta, corre a comprarle flores.*
No le encuentra sentido a las cosas superfluas; lo estrictamente necesario le basta.	APÁTICO	*Se piensa las cosas dos veces antes de dar su opinión.*
En el fondo, todo le da igual.	TACAÑO	*Es capaz de contar chistes en un entierro.*
Por no gastar, no gasta ni bromas.	PRESUMIDO	*No muestra demasiado interés ni decisión ante las cosas.*

b ¿Por qué no intentas tú describir otro tipo de carácter a través de sus actitudes típicas? Si no conoces la palabra en español, busca en el diccionario o pregunta a tu profesor.

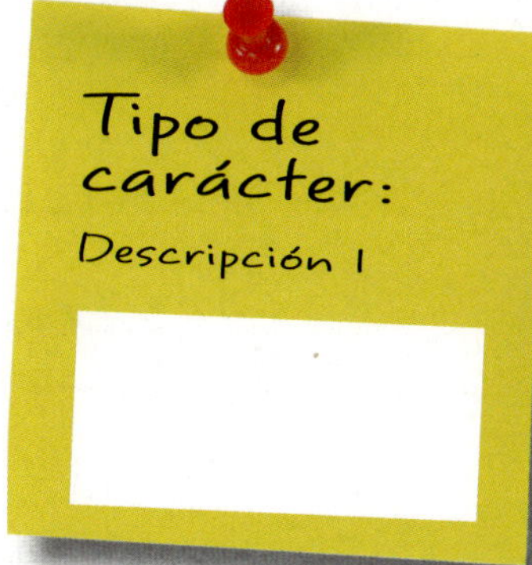
Tipo de carácter:
Descripción 1

Descripción 2

c Ahora vas a leer la primera descripción a toda la clase. Ellos intentarán adivinar el tipo de carácter al que te refieres. Si no lo consiguen, lee la segunda descripción. Si después de esto no lo han adivinado, tendrás que pensar que: a) tus compañeros están dormidos, o b) tus descripciones no son muy adecuadas a la palabra elegida. ¿Cuál de estas posibilidades parece más verosímil?

d Hay palabras que no conocemos pero que podemos intentar deducir. ¿Lo probamos? ¿Cuáles crees que son las cualidades que corresponden a estos adjetivos?

sencillo	sencillez	generoso	generosidad
sensato	sensatez	idealista	idealismo
sensible	sensibilidad	impaciente	impaciencia
sincero	sinceridad	superficial	superficialidad
tacaño	tacañería	inseguro	inseguridad
creativo	creatividad	inteligente	inteligencia
ingenuo	ingenuidad	loco	locura
débil	debilidad	natural	naturaleza
egoísta	egoismo	objetivo	objetividad
espontáneo	espontaneidad	perezoso	pereza
frío	frialdad	pesimista	pesimismo
fuerte	fortaleza	irresponsable	irresponsabilidad
viejo	vejez	dulce	dulcura
joven	juventud	tierno	ternura

e ¿Por qué no nos dices tus mejores virtudes y tus peores defectos?

f ¿Por qué no tratas ahora de elaborar una lista con las terminaciones más frecuentes de este tipo de sustantivos?

12. La Grafología: dime cómo escribes y te diré cómo eres

a ¿Crees que la escritura puede reflejar el carácter, la personalidad, la forma de actuar de la persona que escribe? Aquí tienes las firmas de cuatro personajes muy famosos.

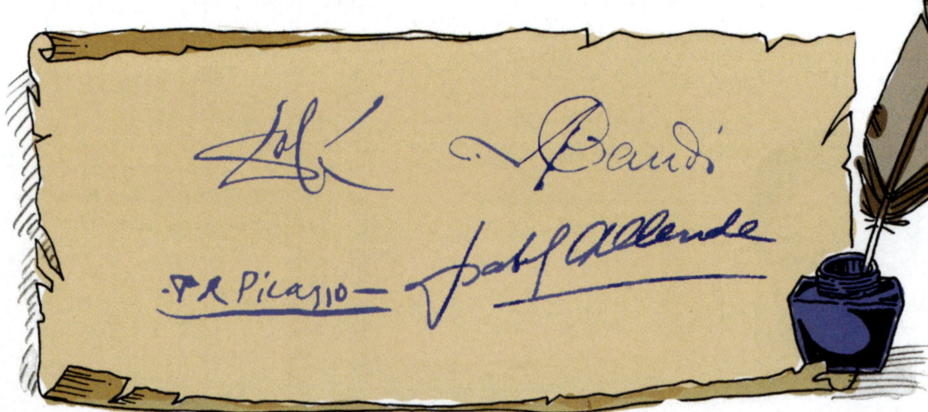

b ¿Cuáles de las siguientes cualidades te parece que podrían convenir a cada personaje?

pragmatismo
sencillez
pasión
sensibilidad
frivolidad
diplomacia
creatividad
educación
extroversión
ambición
sociabilidad
idealismo
inteligencia
amabilidad
frialdad
agresividad

c Elige algunas para cada uno y escríbelas en forma de descripción (como adjetivos).

pragmatismo — pragmático

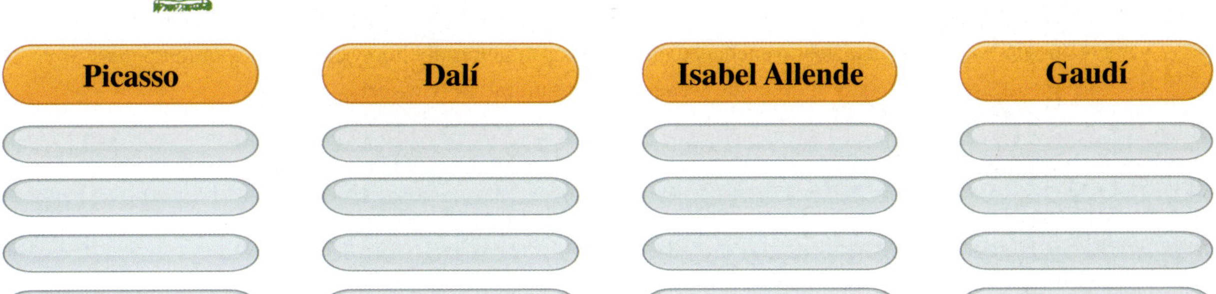
Picasso
Dalí
Isabel Allende
Gaudí

d Para aprender esta útil ciencia disponemos del famoso libro del doctor Grafía Bolívar. Aquí tienes un resumen de sus "claves" para la interpretación de todo lo que la mano pueda escribir. Léelo con atención, tratando de dibujar la letra que se describe en cada momento:

Las características de algunas letras son especialmente determinantes a la hora de establecer una interpretación. Así, por ejemplo, la barra de la "t" es uno de los rasgos más significativos para conocer cómo se enfrenta al mundo el individuo. Si el trazo aparece inclinado hacia arriba, eso significa que ve el futuro color de rosa; si está hacia abajo, en cambio, es casi seguro que tiene una idea muy oscura de su porvenir. Cuando la barra está muy alta o sobre el trazo vertical, estaremos ante una persona de altas aspiraciones e ideales, con tanto amor propio que siempre quiere llevar la razón, mientras que una barra baja es típica de caracteres tímidos y fácilmente influenciables. Por último, la posición atrasada de la barra es propia de alguien que sabe qué hacer, pero no lo hace por falta de confianza en sí mismo, mientras que una barra adelantada corresponde a aquel que siempre hace las cosas con determinación, sin dudar, aunque no siempre sepa bien cómo hacerlas.

También la "i", y especialmente la posición y forma de su punto, proporcionan datos fiables. El punto que está situado justo encima de la letra indica sentido práctico y espíritu de observación. Por el contrario, las personas desordenadas en sus ideas o sus sentimientos tienden a no ponerlo. El punto colocado muy alto indica idealismo y falta de realidad, mientras que la posición adelantada o atrasada con respecto a la letra tiene que ver con la impulsividad o timidez del individuo, respectivamente. Por otro lado, si el punto deja de ser punto y toma otras formas (asterisco, círculo, acento, etc.), se trata de una persona que intenta llamar la atención, bien porque se siente insegura, o bien para acentuar su individualidad.

La percepción material del mundo se refleja principalmente en la manera de hacer las curvas inferiores de letras como "g, y, f, p, q, j". Especialmente, la "g" tiene relación con el tema del instinto y de la líbido sexual. Una curva normal, no muy presionada sobre el papel, indica una vida sexual sin problemas. Si esta presión es mayor, podemos sospechar timidez en el terreno erótico. Cuando no hay curva, y el trazo es excesivamente vertical o enérgico, estamos ante el miedo al sexo y la represión. Por el contrario, una curvatura elegante y más larga de lo normal es síntoma de talento y gusto por los placeres físicos en general. Las personas que trazan esta curva demasiado ancha y exagerada son amantes del lujo y el exceso, y quieren vivir intensamente, aunque su deseo de placer es casi siempre muy egoísta.

e En otros lugares del libro, el doctor Grafía Bolívar resume en cuadros y esquemas su sabiduría sobre otros rasgos importantes de la escritura. Échales un vistazo.

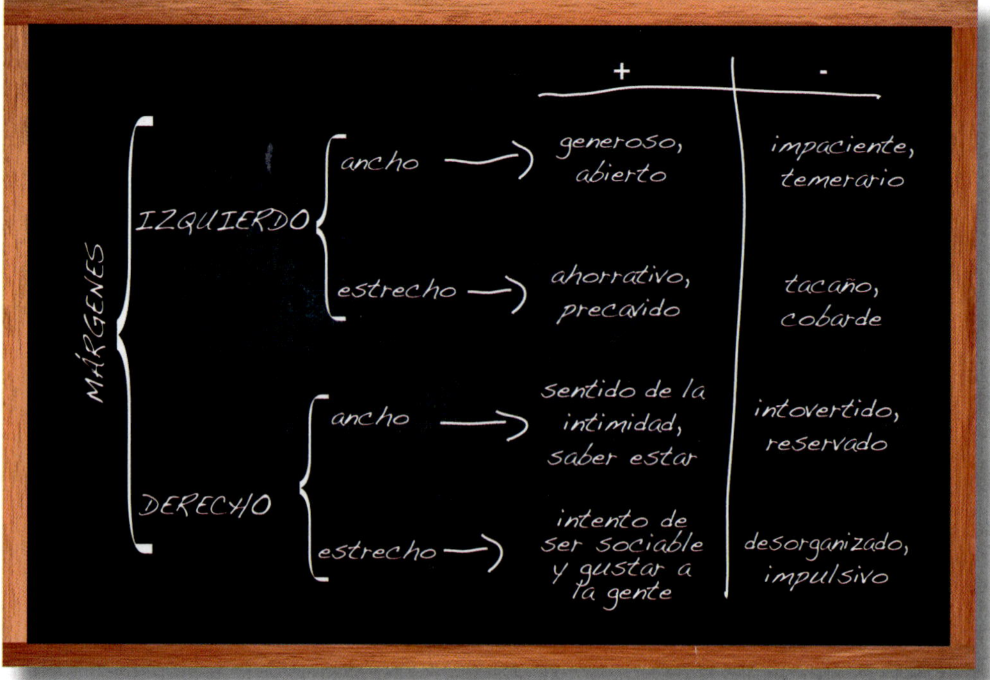
+
-
MÁRGENES
IZQUIERDO
ancho
generoso, abierto
impaciente, temerario
estrecho
ahorrativo, precavido
tacaño, cobarde
DERECHO
ancho
sentido de la intimidad, saber estar
intovertido, reservado
estrecho
intento de ser sociable y gustar a la gente
desorganizado, impulsivo

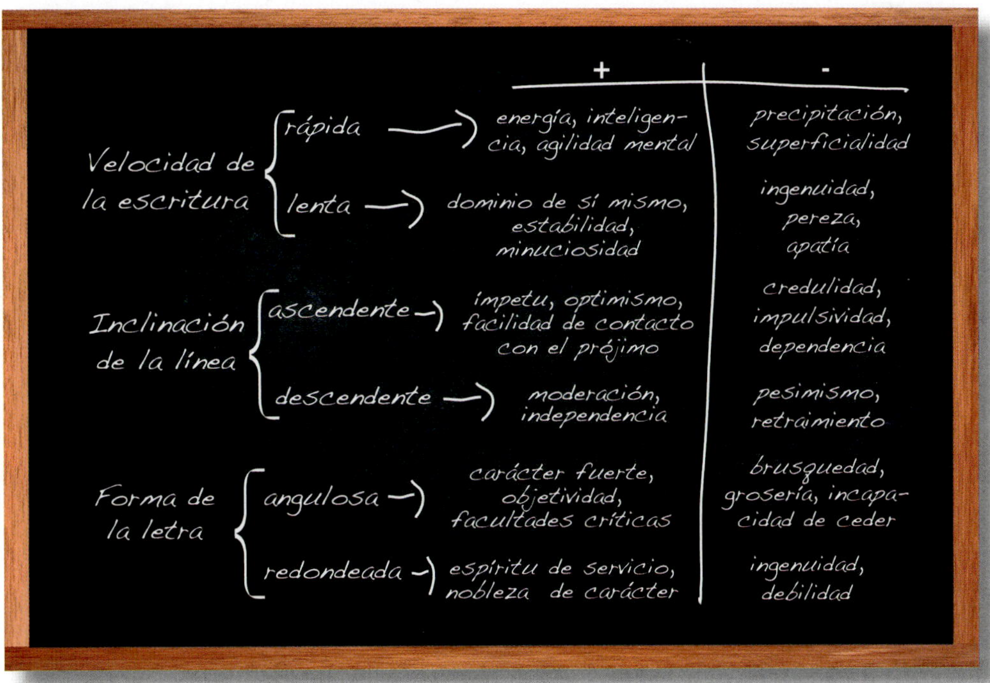
+
-
Velocidad de la escritura
rápida
energía, inteligencia, agilidad mental
precipitación, superficialidad
lenta
dominio de sí mismo, estabilidad, minuciosidad
ingenuidad, pereza, apatía
Inclinación de la línea
ascendente
ímpetu, optimismo, facilidad de contacto con el prójimo
credulidad, impulsividad, dependencia
descendente
moderación, independencia
pesimismo, retraimiento
Forma de la letra
angulosa
carácter fuerte, objetividad, facultades críticas
brusquedad, grosería, incapacidad de ceder
redondeada
espíritu de servicio, nobleza de carácter
ingenuidad, debilidad

¿? ¡!

f Con todos estos datos, ya estamos capacitados para un análisis profesional de la escritura. Intercambia con uno de tus compañeros el texto que habéis escrito para la actividad 11. Analiza los diversos aspectos de su escritura de acuerdo con la información del texto y con la de las pizarras (utiliza el diccionario o pregunta a tu profesor). A continuación, toma notas sobre su interpretación y utiliza como modelo esta ficha.

	RASGO	TIPO	SIGNIFICADO
Barra de la "t"			
Punto de la "i"			
Curva inferior de la "g"			
Velocidad			
Inclinación			
Forma			
Margen izquierdo			
Margen derecho			

La cara es el espejo del alma

g Ahora habla con tu compañero sobre lo que has descubierto sobre él quizá él mismo no lo sabe) e interésate por lo que él sabe de ti. Procura explicarle claramente su manera de ser y de actuar: evita darle simplemente una lista de adjetivos y dale ejemplos de cómo crees que él es y se comporta. Observa este ejemplo:

Tienes un carácter fuerte, o sea, que tienes mucha personalidad y no te dejas llevar por los demás. También está claro que sabes lo que quieres y no paras hasta conseguirlo. Pero esto tiene su parte negativa también. Por ejemplo, sueles ser demasiado seco, y, a veces, no sabes comportarte bien con la gente. Además, como tienes un carácter tan fuerte, normalmente haces siempre lo que tú quieres, sin hacer caso a lo que quieren los demás.
FORMA ANGULOSA
tenacidad
brusquedad
grosería
incapacidad de ceder

h Para organizar tu explicación recuerda que puedes usar:

En cambio, ... Al/por el contrario, ..., mientras que ... Sin embargo, ...	Es decir, ... Por ejemplo, ...
Con respecto a ...	Por otro lado, ... Por otra parte, ... Por último, ...
Eso significa que ... Por eso ... Por lo tanto ...	

13. Un poco de literatura

a Este es casi el único retrato que hay del escritor Miguel de Cervantes, el autor de *El Quijote*. Para usar lo que has aprendido en esta unidad de un modo diferente, intenta describirlo en tres o cuatro frases. Después, puedes leer el retrato que él hizo de sí mismo:

"Este que veis aquí, de rostro aguileño, de cabello castaño, frente lisa y desembarazada, de alegres ojos y de nariz corva, aunque bien proporcionada; las barbas de plata, que no ha veinte años que fueron de oro, los bigotes grandes, la boca pequeña, los dientes ni menudos ni crecidos, porque no tiene sino seis, y ésos mal acondicionados y peor puestos, porque no tienen correspondencia los unos con los otros; el cuerpo entre dos extremos, ni grande, ni pequeño, la color viva, antes blanca que morena, algo cargado de espaldas, y no muy ligero de pies. Este digo, que es el rostro del autor de La Galatea y de Don Quijote de la Mancha, y del que hizo el Viaje del Parnaso,... Llámase comúnmente Miguel de Cervantes Saavedra."

Miguel de Cervantes

Miguel de Cervantes, Prólogo a las *Novelas ejemplares*

b El escritor habla de partes del cuerpo que están en el cuadro y otras que no, con la información que da en el texto, ¿hay algún artista en la clase que se atrevería a dibujarle el cuerpo?

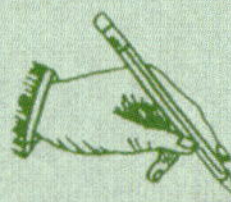

14. Taller de escritura: planificar un texto

Para escribir cualquier cosa, un buen escritor sigue este proceso: planifica la tarea, convierte sus ideas en texto y por último, lo revisa, para incorporar nuevas ideas y corregirlo. Vamos a seguir su ejemplo. Estamos en la fase de planificación: lo primero es conseguir ideas, más tarde las organizaremos.

a Lluvia de ideas: durante diez minutos, apunta todas las palabras (también en tu lengua) que se te ocurran sobre uno de los siguientes temas. ¿Coincides con el resto de la clase?

VERANO: calor, playa, trabajo, ventilador, sudar...

novelas policíacas · comprar · deporte · arte · problemas mundiales

b Racimos de ideas: durante otros diez minutos, anota las palabras que se te ocurran sobre estos otros temas u otros que interesen a la clase. Ponlas en una misma cadena si tienen alguna relación temática.

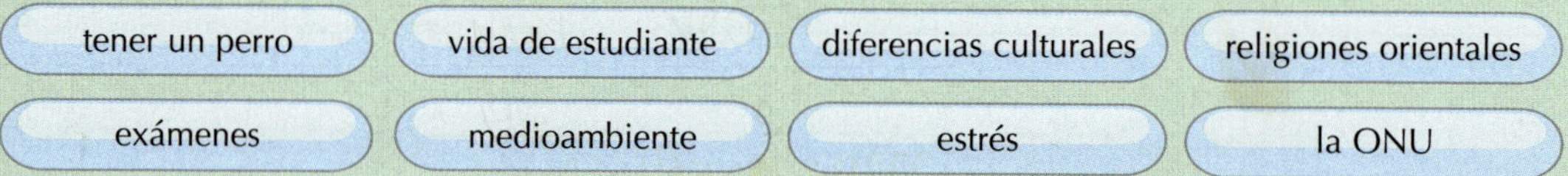
tener un perro
vida de estudiante
diferencias culturales
religiones orientales
exámenes
medioambiente
estrés
la ONU

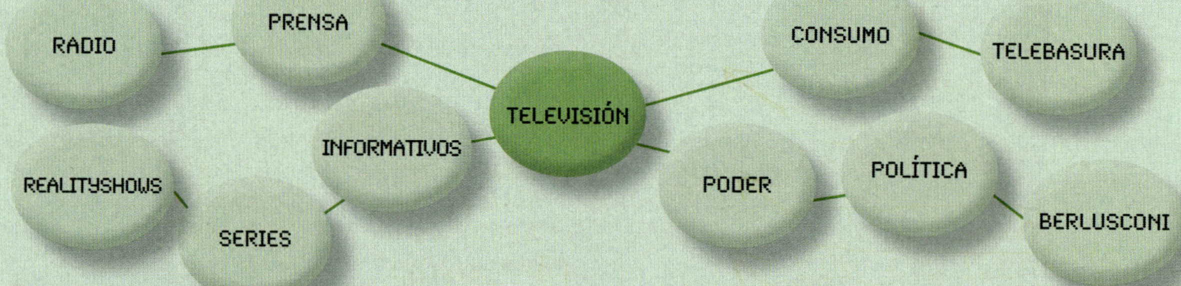
RADIO
PRENSA
CONSUMO
TELEBASURA
TELEVISIÓN
INFORMATIVOS
REALITYSHOWS
SERIES
PODER
POLÍTICA
BERLUSCONI

c Compara tu diagrama con el de un compañero y complétalo con sus ideas. Explicad luego al resto de la clase vuestras diferencias y similitudes.

d Frases clave: en parejas, pensad en un problema que tenéis en el curso o en la escuela, o en una sugerencia para mejorar algún aspecto. Apuntad las cinco ideas principales que queréis tener en cuenta en el escrito al profesor o director, introduciéndolas con la frase: **Lo más importante es que...**

Problema: Os parece que hay demasiados contenidos en el curso.
Lo más importante es que... el tono del escrito no sea agresivo.
...tengamos tiempo para repetir lo que hemos aprendido.
...hagamos prácticas orales y escritas.

e Buscad otras parejas que tengan el mismo problema y decidid entre todos los cinco argumentos más relevantes.

2 Érase una vez

¿De dónde venimos? ¿A dónde vamos?

1. Anota en qué situaciones piensas que se usan los tiempos del pasado y qué se hace con ellos.

2. ¿En qué situaciones podrías decir las siguientes frases?

1. *He desayunado mucho.*
2. *Desayuné mucho.*
3. *Desayunaba mucho.*
4. *Había desayunado mucho.*

3. ¿Son posibles las siguientes producciones?

1. *Ayer, cuando estuve estudiando, me llamó Lola.*
2. *Ahora está bien pero el año pasado estaba fatal.*
3. *El caballo del Cid se llamó Babieca.*
4. *Juan se ponía a comer a las dos y estaba en la mesa hasta las tres.*
5. *Estaba comiendo una hora.*

LUNES
5

DOMINGO
4
SÁBADO
3
2
MARTES
25
29
28

Hablar del pasado.

- Usos de los tiempos del pasado. Perífrasis verbales.
- Marcadores temporales.
- Cuentos.
- Un poco de literatura.
- Taller de escritura.

Érase una vez

1. Lo pasado, pasado está

a Generalmente elegimos un verbo en Pretérito Perfecto o en Pretérito Indefinido de acuerdo con el marcador temporal que utilizamos o que está en el contexto. ¿Recuerdas cuáles de los siguientes marcadores están asociados a uno y otro tiempo verbal?

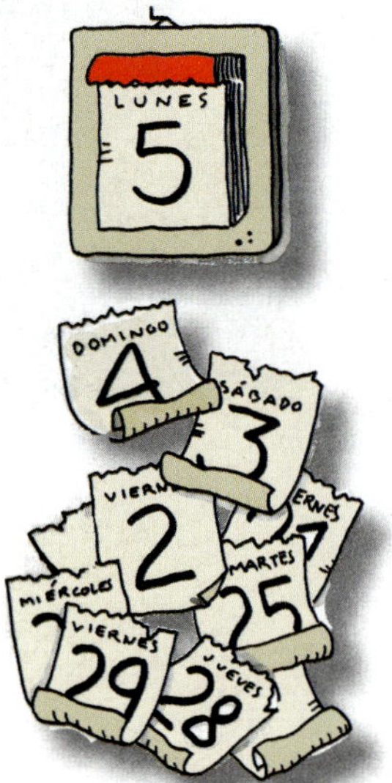

¿**Has ido** a España?

¿**Fuiste** a España?

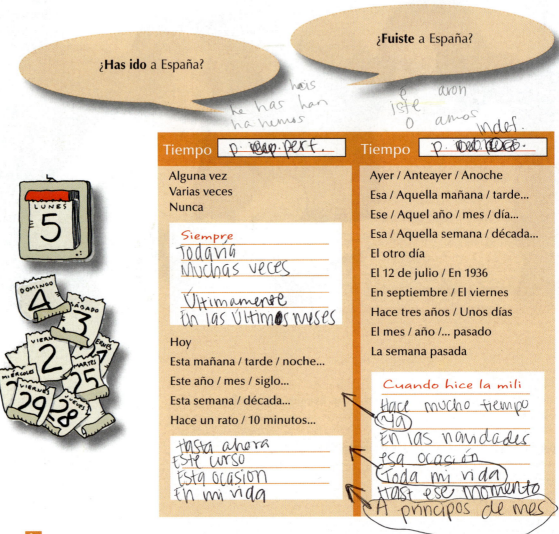

Tiempo ______	Tiempo ______
Alguna vez Varias veces Nunca	Ayer / Anteayer / Anoche Esa / Aquella mañana / tarde... Ese / Aquel año / mes / día... Esa / Aquella semana / década... El otro día El 12 de julio / En 1936 En septiembre / El viernes Hace tres años / Unos días El mes / año /... pasado La semana pasada
Siempre	Cuando hice la mili
Hoy Esta mañana / tarde / noche... Este año / mes / siglo... Esta semana / década... Hace un rato / 10 minutos...	

b ¿Podrías completar la tabla anterior con los siguientes marcadores, de acuerdo con el tiempo que seleccionan normalmente?

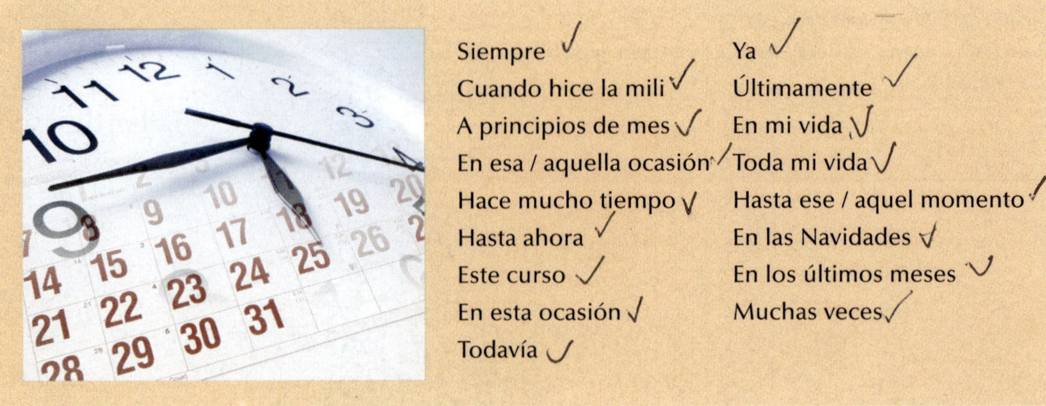

Siempre
Cuando hice la mili
A principios de mes
En esa / aquella ocasión
Hace mucho tiempo
Hasta ahora
Este curso
En esta ocasión
Todavía
Ya
Últimamente
En mi vida
Toda mi vida
Hasta ese / aquel momento
En las Navidades
En los últimos meses
Muchas veces

C Sin embargo, a veces el Perfecto y el Indefinido no se seleccionan de acuerdo con el uso normal de los marcadores. "Lo pasado, pasado está" se dice cuando queremos dejar claro que algún hecho de nuestro pasado no es más que un recuerdo lejano, es decir, que no afecta a nuestro presente. Hacemos, así, una distinción entre aquellos hechos pasados que nos afectan todavía y aquellos que ya no lo hacen. ¿Podemos explicar con esta idea los siguientes usos? ¿En qué contexto concreto tendrían sentido? Discútelo con tu compañero y, a continuación, fíjate en el esquema.

¡Tranquila! Esta mañana estuve en el banco y lo arreglé todo.
No es posible que sea él. ¡Hace una hora que se fue!
¿Y cuando eras joven estuviste alguna vez en una fiesta así?

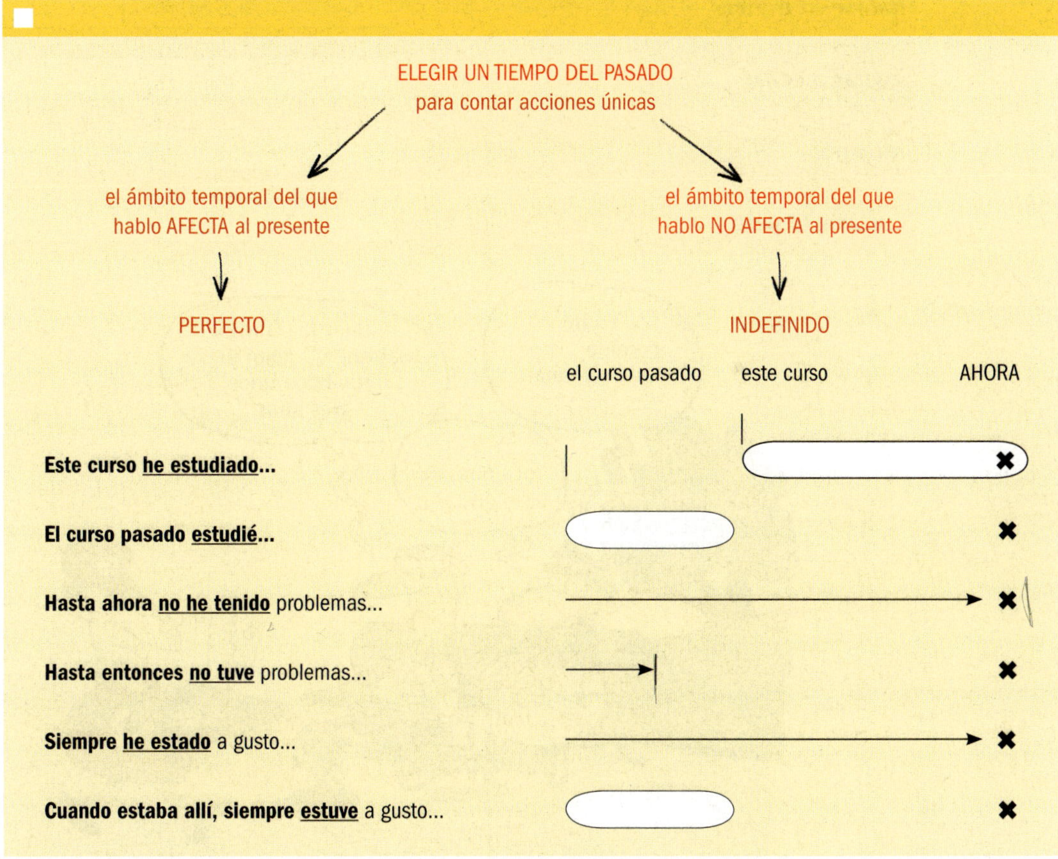
ELEGIR UN TIEMPO DEL PASADO
para contar acciones únicas
el ámbito temporal del que hablo AFECTA al presente
PERFECTO
el ámbito temporal del que hablo NO AFECTA al presente
INDEFINIDO
el curso pasado
este curso
AHORA
Este curso he estudiado...
El curso pasado estudié...
Hasta ahora no he tenido problemas...
Hasta entonces no tuve problemas...
Siempre he estado a gusto...
Cuando estaba allí, siempre estuve a gusto...

d ¿Cuándo fue la última vez que pasaste una noche de película? Completa el cuadro y coméntalo después con tu compañero.

¿CUÁNDO FUE LA ÚLTIMA VEZ QUE...?	FUE / HA SIDO...
comer pizza	Hace unos tres años.
decir: "Me gustas mucho"	
comer patatas fritas	
emborracharte	
coger un avión	
recibir un regalo	
escribir una carta	
desayunar en un bar	
irte de juerga	
decirte alguien algo desagradable	
hablar en francés	
invitar a cenar	
afeitarte	
cortarte el pelo	

Yo **he comido** pizza **esta semana**.
¿Y eso? ¿Es que no te gusta?
Pues la última vez que yo **comí** pizza fue **hace unos tres años**.
PIZZA

2. ¿Cuántos cuentos cuenta el "cuentacuentos"?

a El cuentacuentos es una máquina prodigiosa que está diseñada para producir automáticamente (mediante varios artificios mecánicos y un inyector eléctrico, y alimentada por personajes, situaciones y acontecimientos) infinidad de fantásticos cuentos. ¿Cómo crees que funciona? ¿Podrías explicarlo?

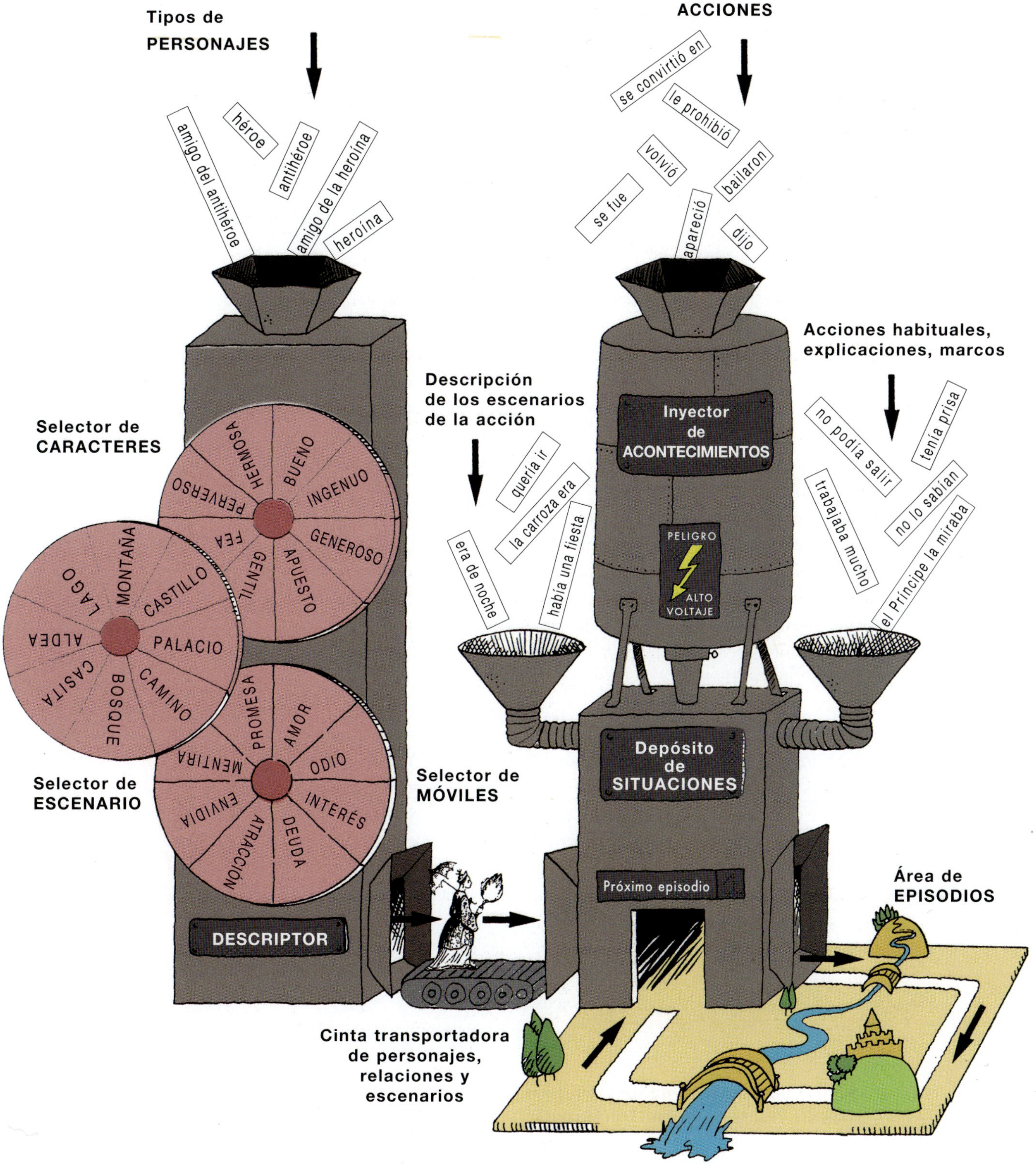

Tipos de PERSONAJES

amigo del antihéroe
héroe
antihéroe
amigo de la heroína
heroína

ACCIONES

se convirtió en
le prohibió
volvió
bailaron
se fue
apareció
dijo

Selector de CARACTERES

HERMOSA
BUENO
INGENUO
GENEROSO
APUESTO
GENTIL
FEA
PERVERSO

Selector de ESCENARIO

MONTAÑA
CASTILLO
PALACIO
CAMINO
BOSQUE
CASITA
ALDEA
LAGO

Selector de MÓVILES

PROMESA
AMOR
ODIO
INTERÉS
DEUDA
ATRACCIÓN
ENVIDIA
MENTIRA

DESCRIPTOR

Descripción de los escenarios de la acción

quería ir
la carroza era
había una fiesta
era de noche

Inyector de ACONTECIMIENTOS

PELIGRO ALTO VOLTAJE

Acciones habituales, explicaciones, marcos

no podía salir
tenía prisa
trabajaba mucho
no lo sabían
el Príncipe la miraba

Depósito de SITUACIONES

Próximo episodio

Cinta transportadora de personajes, relaciones y escenarios

Área de EPISODIOS

b ¿Funcionará de verdad? Aquí tienes una versión, incompleta, de La Cenicienta, producida por el Cuentacuentos. Léela atentamente.

La Cenicienta

Erase una vez un caballero rico y viudo que tenía una hija tan dulce y bondadosa que era admirada por todos cuantos la conocían. Sintiéndose solo, el caballero se casó por segunda vez con una mujer que era el ser más perverso y orgulloso que jamás se haya visto. La mujer tenía también dos hijas que se parecían a ella como dos gotas de agua. Apenas celebrada la boda, la madrastra no tardó en dar prueba de su maldad. No podía soportar las buenas cualidades de la jovencita, porque a su lado sus hijas parecían todavía más antipáticas. De modo que empezó a dejar para Cenicienta las labores más duras y humildes de la casa. La pobrecita lo soportaba todo con paciencia sin quejarse a su padre. Tenía miedo de él, dado que estaba dominado por su nueva esposa y hacía todo lo que ella quería.

Sucedió una vez que el hijo del Rey quiso dar una fiesta con un gran baile para conocer a jóvenes solteras, pues quería casarse, así que invitó a todas las personas notables del país, entre las cuales se encontraban naturalemente las dos hermanastras. Al conocer la noticia, la casa se convirtió en un ir y venir eligiendo los más hermosos trajes, las joyas más caras, los perfumes más delicados. Y todo para las hermanastras, porque nadie pensaba que la pobre huerfanita pudiera asistir a una fiesta tan elegante.

Por fin, llegó la gran fecha y las hermanas salieron de la casa hacia el castillo del Príncipe. Cenicienta las siguió con la vista hasta que se perdieron a lo lejos, y después se echó a llorar. Pero, de pronto, una luz brillante apareció ante sus ojos, una luz que poco a poco tomó la forma de una hermosa mujer. La mujer, que llevaba un precioso vestido de seda transparente, era su Hada Madrina. "¿Por qué lloras tan desconsoladamente, niña? También a ti te gustaría ir al baile, ¿verdad?", le preguntó el Hada con una voz dulcísima. "Sí que me gustaría", respondió Cenicienta, limpiándose las lágrimas. "De acuerdo. Irás", dijo el Hada.

Y entonces el Hada tocó con su varita mágica una sencilla calabaza y ésta se convirtió inmediatamente en una lujosa carroza dorada. Y de la misma forma unos ratoncillos y unas lagartijas que había cerca quedaron convertidos en caballos y cocheros para la carroza. Por último, la varita se posó sobre las viejas ropas de Cenicienta, que se convirtieron en un deslumbrante vestido de oro, plata y piedras preciosas y un par de zapatos de cristal que eran una maravilla. Y cuando estaba todo dispuesto, subió Cenicienta a su carroza; la Madrina, sin embargo, le advirtió que tenía que volver antes de las doce, porque a esa hora en punto el hechizo desaparecería y las ropas, la carroza, los caballos, los cocheros y el vestido se convertirían en lo que eran. Cenicienta prometió que volvería antes y se marchó loca de contenta...

c El Cuentacuentos funciona muy bien hasta que, como todas las máquinas, se calienta. Fíjate en qué pasó con la continuación de la historia:

Ya en el baile, el Príncipe, a quien le anunciaron la llegada de una princesa desconocida por todos, corrió a recibirla, le ofreció su mano para ayudarla a bajar de una magnífica carroza dorada y la condujo al salón en el que se hallaban los invitados. De pronto se hizo un gran silencio: no se oía más que un confuso murmullo de admiración que decía: "¡Qué hermosa es!" "¡Qué espléndido vestido!", "¡Qué maravillosos zapatos de cristal!", "¡Qué frío está entrando por esa puerta!". Empezaron a bailar y bailar, y de vez en cuando el príncipe susurraba dulces palabras al oído de la dama, como "Eres el sol que moja las patas de la mesa", o "Si fueras el viento que corre por la carretera, yo sería el dinero de tu cartera". La joven empezaba a sospechar que el apuesto Príncipe no era muy inteligente, cuando, de repente, apareció Cenicienta en el salón de baile en una alfombra voladora. Al principio intentó llamar la atención del Príncipe con guiños, luego con discretos silbidos, más tarde con gritos, y finalmente dando saltos en medio del salón como una loca, pero el Príncipe no le hizo ningún caso. "Si el Príncipe está con otra -pensó-, yo me vengaré pasando la noche con el Rey". Y así fue: el Rey estaba deseoso de divertirse y bailó con Cenicienta, hasta que el reloj dio las doce menos cuarto. "Tengo que salir volando -dijo para sí", y escapó de los brazos enamorados del Rey en su alfombra, rompiendo vasos, atropellando gente y dejándose atrás, con las prisas, un zapatito de cristal.

Tan grande fue la tristeza del Rey al verse privado de la compañía de la bella desconocida, que ordenó inmediatamente buscar en cada casa del país a la dueña del zapatito. "Aquélla a quien este zapato entre como un guante, será mi esposa". "¿Y la Reina, señor?", preguntó extrañado el ministro. "Está un poco resfriada, pero mejorará", lo tranquilizó el Rey. Y así fue como los servidores del Rey probaron una y otra vez el zapatito a miles de jóvenes, sin obtener resultado, hasta que, por fin, llegaron a la casa donde vivía Cenicienta. "Yo me lo probaré, yo me lo probaré", gritaban excitadas las hermanastras, que siempre querían ser las primeras en todo. El caballero encargado de probar el zapato lo intentó con una y luego con otra, pero el zapatito no correspondía evidentemente a sus enormes pies. "¿Qué número calza usted, hermosa jovencita?", preguntó el caballero a Cenicienta, que había salido de detrás de la cortina con el otro zapatito de cristal. "Un cuarenta y siete", respondió tímidamente la joven. "Entonces nada", sentenció el hombre. Y ya iban a recoger el zapato del suelo cuando la madrastra, que había tropezado con la calabaza, entró atropelladamente en la habitación. El pie de la madrastra fue a caer justamente dentro del zapato. "Le viene de maravilla", exclamaron asombrados todos...

d Un completo desastre, ¿no? Determina con tus compañeros cuáles son exactamente las locuras del relato. ¿Seréis capaces de terminar el cuento juntos?

e ¿Os habéis fijado en cómo se utilizan el Imperfecto y el Indefinido en el cuento de la Cenicienta? Busca tres ejemplos en los que el narrador...

quiere contar algo que pasó en un momento concreto: → *Cenicienta prometió que volvería antes...*

quiere describir algo que pasaba habitualmente: → *Cuando terminaba las tareas de la casa...*

quiere describir cómo eran los personajes, qué pensaban, etc.: → *Cenicienta era mil veces más hermosa...*

quiere describir las situaciones, los contextos en que se produjeron los hechos que cuenta: → *Estaba muy triste porque no podía ir a la fiesta.Pero de pronto una luz brillante apareció...*

3. Todas estas funciones del imperfecto

Todas estas funciones del Imperfecto y del Indefinido son posibles por la diferente perspectiva con que presentamos los hechos con cada una de estas formas y la diferente imagen que producen en la mente de nuestro interlocutor:

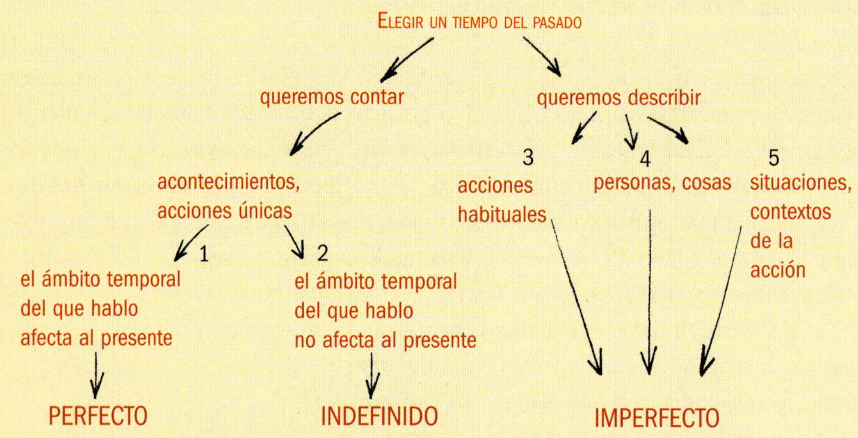
ELEGIR UN TIEMPO DEL PASADO
queremos contar
queremos describir
acontecimientos, acciones únicas
1
el ámbito temporal del que hablo afecta al presente
2
el ámbito temporal del que hablo no afecta al presente
3
acciones habituales
4
personas, cosas
5
situaciones, contextos de la acción
PERFECTO
INDEFINIDO
IMPERFECTO

1. Esta semana **hemos ido** al cine cinco veces.
2. El examen del martes pasado lo **hizo** fatal, pero es que no estudió nada.
3. Cuando yo era más joven, **me levantaba** todos los días temprano y **llevaba** una vida sana.
4. **Era** una mujer alta, rubia y muy educada. **Llevaba** un bolso en la mano.
5. Se presentaron justamente cuando **veíamos** la telenovela.

Con el Indefinido, representamos un hecho terminado, es decir, hasta el final:

Yo me fui
Yo me iba

4. El Príncipe y la Cenicienta

Si alguien te cuenta estas cosas, ¿qué imagen produce en tu mente la forma del verbo en negrita? Identifica en cada caso qué dibujo representa mejor tu interpretación.

A

B

Cenicienta era una experta bailarina y en la fiesta **estuvo bailando** con el príncipe sin parar cuatro horas y cincuenta y dos minutos, lo que en todo el reino se consideró un récord histórico.

A

B

El rey quiso conocer en persona a aquella extraordinaria bailarina y mandó que la llevaran ante él. Pero cuando **llevaban** a Cenicienta a la mesa del rey, la pobre se desmayó de la emoción.

A

B

De pronto apareció el príncipe. Estaba muy preocupado. Le **traía** un vaso de agua a Cenicienta, pero alguien se lo quitó, gritando: "¡Es veneno!".

A

B

El príncipe estaba tristísimo, porque Cenicienta **tenía que irse** antes de las 12:00, y no pudo evitar que grandes lágrimas salieran de sus ojos.

5. ¿Que pasó con Elena?

a En parejas, poneos en el lugar de Pepe Luis y reconstruid su pequeña historia con Elena. Deberéis decidir, para cada verbo en negrita, imperfecto o indefinido, de acuerdo con vuestra interpretación de los acontecimientos, y no podéis cambiar el orden. Las fórmulas del cuadro a la derecha os ayudarán a cohesionar el texto.

¿QUÉ PASÓ AYER?	
1. **Ser** un día triste	Pues
2. **Estar** pensando qué hacer con Elena (yo)	Pero..
3. **Bajar** a la calle (yo)	Porque
4. **Ir** al bar "Manolo" (yo)	Y...
5. **Tomarme** una cerveza (yo)	Cuando..., ...
6. **Olvidarme** de Elena (yo)	De pronto, ...
7. **Acordarme** otra vez de Elena (yo)	Mientras..., ...
8. **Estar** lloviendo	De repente, ...
9. **Volver** a mi casa (yo)	Entonces...
10. **Encontrarme** a Elena en ropa interior (yo)	Así que.....
11. **No querer** hablar conmigo (ella)	Después...
12. **Explicarle** mi relación con Ana (yo)	Y luego....
13. **Irse** (ella)	En ese momento...
14. **Decir**: "Te quiero" (yo)	Al final, ...
15. **Volver** sonriendo (ella)	...un rato...
	...diez minutos...

b ¿Lo habéis hecho bien? ¿La forma que habéis elegido dice transmite exactamente vuestra visión de la historia? Lo sabréis respondiendo a las siguientes preguntas:

1) ¿Cómo fue el día para Pepe Luis? ¿Fue un día triste o feliz?
2) Mientras Pepe Luis estaba bajando las escaleras para ir al bar, ¿tenía a Elena en su mente?
3) ¿Qué camino hizo Pepe Luis para llegar al bar?
4) ¿Dónde tomó la cerveza Pepe Luis?
5) Cuando Pepe Luis se olvidó de Elena por un momento, ¿qué cantidad de cerveza había en su vaso?
6) ¿Necesitó Pepe Luis su paraguas para volver a casa?
7) ¿Dónde encontró a Elena en ropa interior?
8) ¿Le dijo Elena a Pepe Luis por qué estaba enfadada?
9) ¿Escuchó Elena todas las explicaciones de Pepe Luis sobre su relación con Ana?
10) ¿Cuando Pepe Luis dijo "te quiero", pudo Elena oír sus palabras de amor?
11) ¿Cómo te imaginas la conclusión, es decir, la "última foto" de esta pequeña historia?

6. Vamos a precisar

a Este es el modo más general de tratar las acciones, usando sólo la forma simple del verbo. Pero hay muchas formas de introducir una perspectiva determinada para ser más exactos:

Cuando queremos destacar que lo expresado por el verbo...	podemos usar:	por ejemplo:	
...es anterior a otra acción o descripción ya mencionada, y está en relación directa con ella	Pluscuamperfecto	información principal:	No escuché tu llamada porque mi marido **había desconectado** el teléfono.
		circunstancias:	Cuando llegamos a la playa, **había salido** el sol y el mar estaba precioso.
...es el desarrollo de una acción	**estar** + Gerundio	información principal:	Ayer **estuve durmiendo** todo el día.
		circunstancias:	**Estaba cenando** cuando me enteré de la noticia.
...es un estado	**estar** + Participio	información principal:	**Estuvieron callados** todo el rato.
		circunstancias:	Ahora está alegre, pero hace un rato **estaba muy deprimido.**
...es una intención no realizada todavía en el momento del que se habla	**ir a** + Infinitivo	información principal:	**Fui a poner** la tele, y el mando a distancia no estaba.*
		circunstancias:	Justo cuando **iba a decírselo**, apareció su novio.
...se detiene justo antes de producirse	**estar a punto de** + Infinitivo	información principal:	En aquella ocasión **estuvimos a punto de** estrellamos.
		circunstancias:	Era todavía de noche, pero **estaba a punto de** amanecer.

* Este uso es excepcional.

b Fíjate en cuántas perspectivas podemos transmitir de una acción como, por ejemplo, **hablar**:

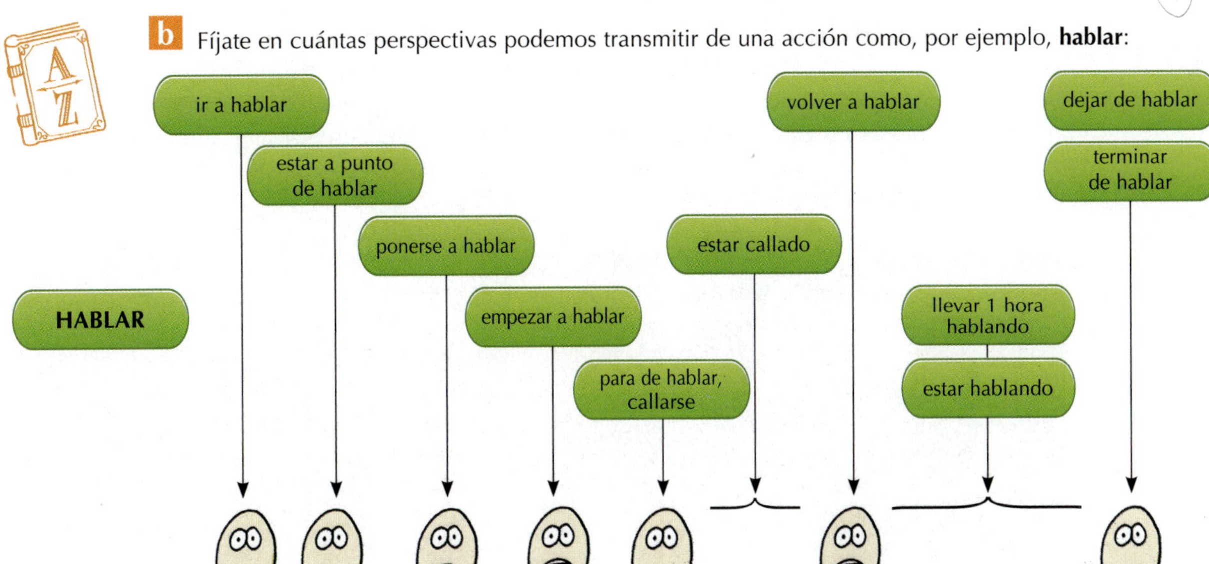
HABLAR
ir a hablar
estar a punto de hablar
ponerse a hablar
empezar a hablar
para de hablar, callarse
estar callado
volver a hablar
llevar 1 hora hablando
estar hablando
dejar de hablar
terminar de hablar

c ¿Cuáles de estas perífrasis conoces? Para comprobarlo, reproduce el cuadro con otros verbos, por ejemplo, **estudiar** o **andar**...

7. Él estaba cómodo en casa y...

a Escucha esta canción. ¿Te ha pasado alguna vez algo parecido? ¿Por qué no se lo cuentas a tus compañeros?

2

¿?
¡!

Cómodo estoy en casa...
Cómodo estoy en casa... ¡Humm...!
cómodo estoy en casa...
qué cómodo estoy en casa...

Ella está en un bar y por mí allí se va a quedar,
no me importa qué se cuece en la ciudad...
hoy no estoy para dar con mis huesos en ningún lugar,
que no sea el tacto dulce del sofá.

Cambiaré de canal, cada vez se sintonizan más,
y seguiré ese libro que tenía a medias.
Cuando me iba a sentar el teléfono empezó a sonar...
era ella que llamaba desde un bar.

Cómodo estaba en casa...

Siempre fui incapaz de decir que no, y la verdad,
esa chica, bien pensado, no está mal.
Nunca a mí me hizo mal una copa antes de acostar,
no hace falta plantearse nada más.

Trataré de llegar con un look que tire para atrás,
alquilaré esta noche, si es preciso, un Porsche,
cuando me iba a afeitar el teléfono volvió a sonar...
y era ella que seguía en el bar.

Cómodo estaba en casa...

Trataré de llegar con un look que tire para atrás,
alquilaré esta noche, si es preciso, un Porsche,
ya en la puerta me coloco el pelo y al entrar...
sólo el barman y con ganas de cerrar,
no me saca de casa nunca más.

8. Un poco de literatura

a Os vamos a contar un cuento. Un cuento antiguo, al estilo antiguo, con protagonistas antiguos y palabras antiguas. Su autor es Rubén Darío (1867-1916), un poeta nicaragüense que vivió y trabajó en España a finales del siglo XIX y principios del XX. Se llama "A Margarita Debayle" y empieza así:

Margarita, está linda la mar,
y el viento,
lleva esencia sutil de azahar;
yo siento
en el alma una alondra cantar;
tu acento.
Margarita, te voy a contar
un cuento.

b Pero para que con el cuento no os durmáis, tendréis que trabajar vosotros un poquito. Os damos los fragmentos desordenados y vosotros tendréis que ponerlos en orden. Es la historia de un rey y de las aventuras de su hija en una estrella. Poneos manos a la obra si queréis saber lo que les sucedió a estos personajes fantásticos. Fijaos en que están señaladas la primera estrofa ("Este era un rey que tenía...") y la última ("Y así dice...").

Una tarde la princesa vio una estrella aparecer; la princesa era traviesa y la quiso ir a coger.

La princesa no mentía. Y así, dijo la verdad: "Fui a cortar la estrella mía en la azul inmensidad". (...)

Y el papá dice enojado: "Un castigo has de tener: vuelve al cielo y lo robado vas ahora a devolver".

Y el rey dijo: "¿Qué te has hecho? Te he buscado y no te hallé; y, ¿qué tienes en el pecho, que encendido se te ve?"

Pues se fue la niña bella, bajo el cielo y sobre el mar, a cortar la blanca estrella que la hacía suspirar.

1 **Este era un rey que tenía un palacio de diamantes, una tienda hecha del día y un rebaño de elefantes.**

Y siguió camino arriba por la luna y más allá; mas lo malo es que ella iba sin permiso del papá.

Y el papá dice enojado: "Un castigo has de tener: vuelve al cielo y lo robado vas ahora a devolver".

Cuando estuvo ya de vuelta de los parques del Señor, se miraba toda envuelta en un dulce resplandor.

12 **Y así dice: "En mis campiñas esa rosa le ofrecí; son mis flores de las niñas que al soñar piensan en mí. (...)**

La quería para hacerla decorar un prendedor, con un verso y una perla, y una pluma y una flor. (...)

un quiosco de malaquita, un gran manto de tisú y una gentil princesita, tan bonita, Margarita, tan bonita como tú.

9. Taller de escritura: organizar las ideas

a Fíjate en el siguiente texto. ¿Qué estructura tiene? ¿Qué dice el autor en cada párrafo?

SOFISMAS SOBRE LITERATURA POPULAR

El pueblo de hoy no es esa fresca y virginal fuente de toda sabiduría y toda belleza que imaginan ciertos estéticos del populismo, sino el alumnado de una pésima universidad, envenenado por el folletín de la historieta o la fotonovela, por un cine para oficinistas y por una retórica para chicas semianalfabetas y cursis.

Acaso el pueblo, tal como existía en la primitivas comunidades, tenía un sentido profundo y verdadero del amor y la muerte, de la piedad y el heroísmo. Ese sentido profundo y verdadero que se manifestaba en la mitología, en sus cuentos folklóricos y leyendas, en la alfarería y en sus danzas rituales. Cuando el pueblo estaba aún entrañablemente unido a los hechos esenciales de la existencia: el nacimiento y la muerte, a la salida y la puesta del sol, a las cosechas y al comienzo de la adolescencia, al sexo y al sueño. Pero, ahora, ¿qué es, realmente, el pueblo? Y, sobre todo, ¿cómo puede tomárselo como piedra de toque de un arte genuino cuando está siendo falsificado, cosificado y corrompido por la peor literatura y por un arte de bazar barato? Basta comparar la vulgaridad de cualquier estatuita fabricada en serie para el adorno del hogar… o un fetiche africano para advertir el enorme foso que se ha abierto entre el pueblo y la Belleza. En la tribu más salvaje del Amazonas o del África Central no encontraremos jamás la vulgaridad ni en sus potiches ni en sus vasijas ni en sus trajes que hoy nos rodea por todos lados.

Así llegamos a otra conclusión que podría parecer paradojal. Y es que en nuestro tiempo sólo los grandes e insobornables artistas son los herederos del mito y de la magia, son los que guardan en el cofre de su noche y de su imaginación aquella reserva básica del ser humano, a través de estos siglos de bárbara enajenación que soportamos.

No es, en suma, el artista quien está deshumanizado, no es Van Gogh o Kafka quienes están deshumanizados, sino la humanidad, el público.

Ernesto Sabato, (1979) *El escritor y sus fantasmas*

b En casi todo escrito hay un párrafo que presenta el tema, varios párrafos en los que se desarrolla y un párrafo final que sirve de conclusión o de cierre. En algunos tipos de textos, argumentativos o expositivos, hay además ciertas estructuras que ayudan a organizar las ideas que tenemos. Une las siguientes estructuras con su descripción.

- cronológica
- contrastiva
- consecutiva
- enumerativa

1. Con esta estructura se presentan las ideas en paralelo, haciendo hincapié en las diferencias y similitudes de dos elementos, argumentando a favor o en contra de algo o comparando varios aspectos de una misma cosa.
2. Con esta estructura se hace un listado de distintos aspectos relacionados con un tema, pero sin establecer ninguna relación entre ellos.
3. Con esta estructura se describe el desarrollo de algo en el tiempo: alude a su pasado, a la situación actual y a las perspectivas futuras.
4. Con esta estructura se establece una relación de consecuencia entre dos grupos de ideas: p.e, causas y efectos o problemas y soluciones.

c En parejas. Aquí tenéis una lista de temas. Decidid qué tipo de estructura conviene a cada uno.

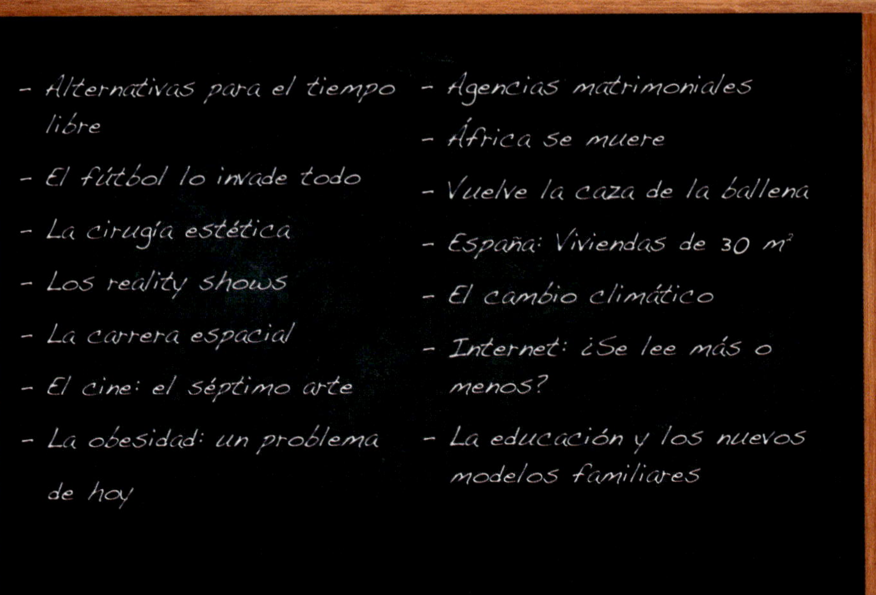
- Alternativas para el tiempo libre
- El fútbol lo invade todo
- La cirugía estética
- Los reality shows
- La carrera espacial
- El cine: el séptimo arte
- La obesidad: un problema de hoy
- Agencias matrimoniales
- África se muere
- Vuelve la caza de la ballena
- España: Viviendas de 30 m²
- El cambio climático
- Internet: ¿Se lee más o menos?
- La educación y los nuevos modelos familiares

d Expón uno de esos temas con las cuatro diferentes estructuras. Para ello, haz un guión en el que redactes la frase inicial de cada párrafo.

LOS REALITY SHOWS.

Estructura cronológica:

- 1er párrafo: Si hace zapping con frecuencia se dará cuenta de que no hay canal de TV en el que no haya un par de reality shows a cualquier hora del día.

- 2º párrafo: Hace unos años era impensable que alguien fuera a TV a contar sus miserias ante las cámaras...

- 3er párrafo: ¿Qué nos espera a los telespectadores?...

e Intercambia tus esquemas con los de un compañero. Escribe dos o tres ideas de las que se podría hablar en cada uno de los párrafos de su guión. Por último, comprueba si coinciden con lo que tu compañero había pensado.

f Elegid entre toda la clase el guión sobre el que queréis trabajar como tarea para casa.

3 Busque, compare y si encuentra algo mejor...

¿De dónde venimos? ¿A dónde vamos?

1. **¿Qué significan las siguientes palabras?**
   anuncio / eslogan / persuadir / marca / publicidad

2. **¿Entiendes lo que quieren decir las siguientes frases?**
   1. *A mí esta música* ***me pone como una moto****.*
   2. *Coge las llaves* ***por si las moscas****.*
   3. *¡Venga,* ***vamos al grano****!, ¿qué te pasa?*
   4. *A ti lo que te hace falta es* ***echar una cana al aire****.*

3. **Explica un posible contexto de las siguientes frases: ¿Quién habla, a quién, a qué se refiere? Presta atención a los pronombres.**
   1. *¡Cállate ya! Te lo compro, pero luego no lo rompas.*
   2. *Se lo he contado y se ha enfadado mucho. No quiere ser padre todavía.*
   3. *Pues yo se lo dije antes de que se la operara.*

4. **¿Cómo sería el producto ideal, más revolucionario, novedoso y divertido que te gustaría inventar y anunciar?**

¡VENGA!
¡COMA!
¡COMPRE!
¡CONÓZCANOS!
¡VENDA!
¡VIAJE!
¡SEA FELIZ!
¡PRUEBE!
¡FUME!

Análisis y creación de anuncios publicitarios.

- Pronombres personales.
- Expresiones y recursos retóricos.
- Anuncios publicitarios.
- Un poco de literatura.
- Taller de escritura.

1. Lemas publicitarios

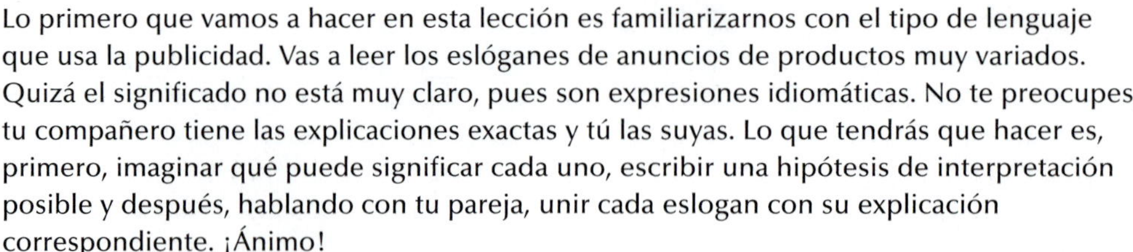

Lo primero que vamos a hacer en esta lección es familiarizarnos con el tipo de lenguaje que usa la publicidad. Vas a leer los eslóganes de anuncios de productos muy variados. Quizá el significado no está muy claro, pues son expresiones idiomáticas. No te preocupes, tu compañero tiene las explicaciones exactas y tú las suyas. Lo que tendrás que hacer es, primero, imaginar qué puede significar cada uno, escribir una hipótesis de interpretación posible y después, hablando con tu pareja, unir cada eslogan con su explicación correspondiente. ¡Ánimo!

ALUMNO A

NO TE CORTES

INTERPRETACIÓN POSIBLE:

EXPLICACIÓN REAL:

No le des más vueltas. Ve al grano

INTERPRETACIÓN POSIBLE:

EXPLICACIÓN REAL:

PARA QUE HAGAS EL MEJOR PAPEL

INTERPRETACIÓN POSIBLE:

EXPLICACIÓN REAL:

Ponte como una MOTO

INTERPRETACIÓN POSIBLE:

EXPLICACIÓN REAL:

DÉJALOS CON LA BOCA ABIERTA

INTERPRETACIÓN POSIBLE:

EXPLICACIÓN REAL:

EXPLICACIONES DE LOS ESLÓGANES DEL COMPAÑERO:

ESLOGAN:

Se usa esta expresión para decir que te dedicas a algo enteramente, con todas tus fuerzas y toda tu voluntad. O sea, que utilizas todas tus capacidades físicas y mentales para hacer una cosa.

ESLOGAN:

Se dice esto cuando algo depende de ti, y, si tú quieres, lo puedes conseguir. Por ejemplo, ha salido al mercado un método fantástico y tienes la posibilidad de aprender un idioma de una forma rápida y eficaz, lo único que tienes que hacer es conseguirlo para poder empezar a practicar.

ESLOGAN:

No tiene nada que ver con el pelo. Significa tener una aventura, o bien salir de la rutina y la monotonía de la vida personal y buscar nuevas experiencias.

ESLOGAN:

Se usa esta expresión, por ejemplo, si está nublado. Entonces pienso que puede llover y cojo el paraguas, por si acaso. O, por ejemplo, si tengo que salir a la calle y voy a llegar tarde, cojo una chaqueta, por si por la noche hace frío.

ESLOGAN:

Se dice cuando, por ejemplo, explicas una cosa con mucho cuidado, paso por paso, despacio, especificando, cuidando todos los detalles.

ALUMNO B

EXPLICACIONES DE LOS ESLÓGANES DEL COMPAÑERO:

EN CUERPO Y ALMA

INTERPRETACIÓN POSIBLE:

EXPLICACIÓN REAL:

ESLOGAN:

Se dice esto cuando una persona está muy animada, con mucha fuerza, con muchas ganas de hacer cosas. Está relacionado con la actividad y la energía. También se puede decir que algo te pone de esa manera cuando te excita o te impulsa.

Está en tus manos

INTERPRETACIÓN POSIBLE:

EXPLICACIÓN REAL:

ESLOGAN:

La expresión significa quedar bien cuando haces una actividad, o sea, actuar de manera satisfactoria públicamente. Por ejemplo, si tienes una reunión y tienes que dar una buena impresión a otras personas.

PUNTO X PUNTO

INTERPRETACIÓN POSIBLE:

EXPLICACIÓN REAL:

ESLOGAN:

Este verbo, con pronombre, no significa partir, sino tener miedo o vergüenza a la hora de hacer algo. Por ejemplo, se lo podemos decir a una persona tímida que no quiere hablar en una fiesta con gente que no conoce bien.

Por si las moscas

INTERPRETACIÓN POSIBLE:

EXPLICACIÓN REAL:

ESLOGAN:

Esta expresión significa sorprender a la gente, fascinar a alguien porque haces o dices algo extraordinario, fuera de lo común.

Echar una cana al AIRE

INTERPRETACIÓN POSIBLE:

EXPLICACIÓN REAL:

ESLOGAN:

Lo contrario es andarse por las ramas. Se usa cuando quieres tratar una cuestión en sus aspectos fundamentales, y no dar vueltas alrededor dejando de lado lo esencial.

2. Dobles sentidos

a Has visto que las expresiones del ejercicio anterior tienen un significado que no es el literal. En la publicidad muchas veces funcionan los dos sentidos. Imagina, por ejemplo, que para anunciar anillos o esmalte de uñas usáramos el eslogan: "Está en tus manos". Funcionaría bastante bien, porque el consumidor reconoce los dos significados y asocia bien las dos ideas.

Está en tus manos.

LOLA'S
esmalte de uñas

SENTIDO LITERAL: algo que tienes entre las manos, que puedes coger.

SENTIDO METAFÓRICO: algo que tú tienes la posibilidad y decisión de controlar o realizar.

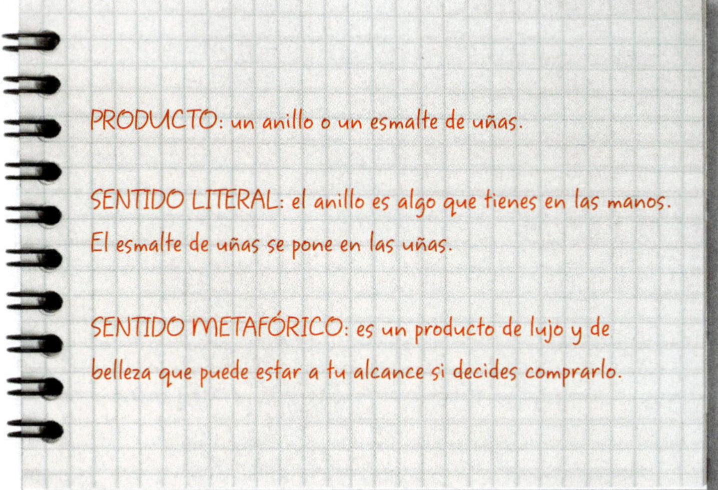
PRODUCTO: un anillo o un esmalte de uñas.
SENTIDO LITERAL: el anillo es algo que tienes en las manos. El esmalte de uñas se pone en las uñas.
SENTIDO METAFÓRICO: es un producto de lujo y de belleza que puede estar a tu alcance si decides comprarlo.

b ¿Por qué no piensas en productos que puedan ser anunciados por los titulares del ejercicio anterior y que funcionen con los dos sentidos? Elabora una ficha como esta para cada uno.

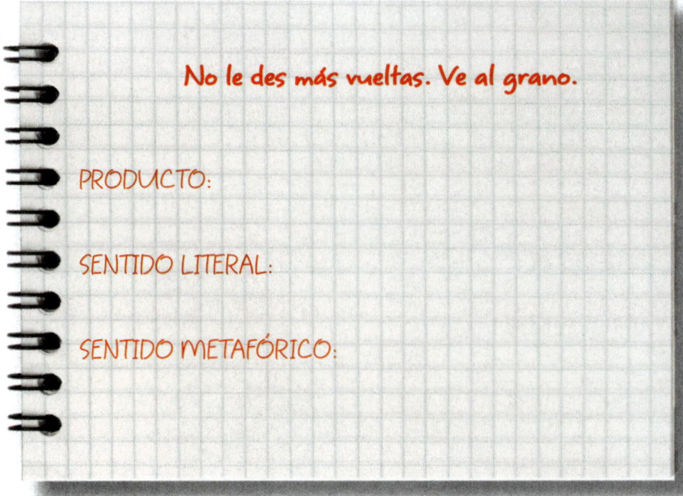
No le des más vueltas. Ve al grano.
PRODUCTO:
SENTIDO LITERAL:
SENTIDO METAFÓRICO:

3. Adivina el producto

a Ahora vamos a ver qué productos podrían anunciar los siguientes lemas. Se trata de discutir bien el significado y las posibilidades que cada uno tiene. La clasificación es bastante abierta, y, a menudo, depende de las connotaciones que queramos darle a cada mensaje. Escribe el lema en cada una de las secciones y especifica el producto que podría anunciar.

Abre un ( )

Ni una gota

El aire es libre

Bueno por lo que tiene.
Bueno por lo que no tiene.

¡Vaya cara!

No te arrepentirás

¿ESTÁS SEGURA?

SANA Y NATURAL

Fabricantes de caricias

Relájate

Mamá... CACA.

Póntelo, pónselo.

Autoemoción

Quédate solo con lo mejor del campo

NO RESISTIRÁS LA TENTACIÓN

Alíña tu vida

QUE LA SUERTE TE ACOMPAÑE

¿QUÉ TE DIRÍA TU MADRE SI TE VIERA ASÍ?

PISA FUERTE

¡Qué bien, qué bien, hoy comemos con Isabel!

Pañales para niño: Mama... caca PERFUMERÍA Y ASEO	ALIMENTACIÓN
VESTIMENTA	BEBIDAS
HOGAR	DINERO
AUTOMOCIÓN	VARIOS

b Ahora tenéis que hacer un trabajo de campo y averiguar a qué producto corresponde realmente cada lema preguntando a nativos o en internet. En la próxima clase, entre todos explicaremos nuestro hallazgos.

4. Técnicas de persuasión

A continuación te presentamos diferentes técnicas de persuasión que suele usar la publicidad: son los mecanismos para convencernos y vendernos el producto, manipulando el lenguaje y jugando con él. Lee las explicaciones y coloca el nombre que les corresponda.

Ciencia y tecnología | **No ser menos que el vecino** | **El nombre de la marca** | **Asociación de ideas** | **Palabras clave** | **Identificación** | **Sorpresa**

¿A quién no le llama la atención un producto que tenga "diclorosidenol", por ejemplo? No sabemos lo que es, pero, si está analizado con ese lenguaje, seguro que nos fascina; cualquier descubrimiento de la inteligencia humana da seguridad al consumidor. Cualquier mensaje presentado de forma racional y cabal tiene una indudable autoridad.

Estamos tan acostumbrados en nuestra sociedad a ver imágenes, que ya pocas cosas nos llaman la atención. Por eso los anuncios tienen que usar recursos que digan algo nuevo, que llamen la atención de cualquier manera: todo es válido. Se valora sobre todo la originalidad, porque la publicidad se consume rápidamente y no se puede aburrir al consumidor. Casi siempre se apela a la retina. Pocas veces a la inteligencia.

La mayoría de los anuncios nos invitan a relacionar impresiones, sentimientos e imágenes. Una cosa nos puede recordar otra, aunque estos recuerdos suelen ser más imaginarios que reales. Existen símbolos básicos que identificamos directamente con ideas muy inmediatas. Por ejemplo, un paisaje de una isla desierta, con el agua azul y arenas blancas, nos recuerda el paraíso, el descanso, el placer. La nieve, la Navidad, se relaciona inmediatamente con la familia, la intimidad y la idea de amor y fraternidad.

En la mayoría de los anuncios se presenta el producto con palabras que evocan ciertos sentimientos, asociaciones, actitudes... Suelen ser siempre positivas, directas, sugerentes y casi "mágicas", y resumen la identidad del producto de manera clara y contundente. Una palabra también, a veces, vale más que mil imágenes.

Hay productos que son tan cotidianos que han formado parte de nuestro vocabulario normal. Si quiere beber algo, mucha gente pide directamente un... o una... Si quieres comprar unos pantalones pides unos... Muchas veces ni siquiera sabes cuál es el nombre del objeto, sino el de la marca, como pasa en España con algunos electrodomésticos.

En una sociedad de consumo no todos los productos están al alcance de la mano, pero muchas veces se provoca al consumidor para que compre cosas innecesarias o superfluas pero que "tiene que tener", pues todo el mundo lo tiene. Puede quedar en ridículo si no usa tal o cual producto.

Los anuncios están diseñados a la medida de los sujetos. Están dirigidos a los seres humanos: a nuestros deseos, miedos, penas, alegrías y frustraciones. Las imágenes constantemente marcan ese yo que nos gustaría tener o poseer. E inconscientemente nos proyectamos sobre esas personas que sirven de modelos ideales.

5. Seamos críticos

Aquí tienes estos anuncios. Intenta analizarlos haciendo una descripción de estos puntos:

1. Qué tipo de producto anuncian.
2. Para qué público.
3. Diseño gráfico: descripción de las imágenes.
4. La técnica o técnicas de persuasión que emplean

NUEVO NISSAN QASHQAI.
MÁS DURO. MÁS ESTILO.
URBANPROOF. MASTERED.
NISSAN
SHIFT the way you move

CUPONAZO DE LOS VIERNES
9.000.000 de euros
y 5 PREMIOS de 150.000 euros
EMPIEZA A VER LA VIDA DE OTRA MANERA
ONCE
www.juegosonce.com

Nueva garrafa
Font Vella
+ECOLÓGICA
ECOLIGERA
+ECONÓMICA
la 1ª con plástico reciclado
40% + Barata
barcelona world race

6. Bueno, bonito y barato

Vamos a trabajar en grupos para diseñar nuestro producto ideal. Seguiremos el esquema abajo propuesto. Tenemos que echar mano de toda nuestra imaginación para "inventar" el producto más original y la campaña publicitaria más apropiada y eficaz. Después cada grupo lo explicará al resto de la clase.

EL PRODUCTO:

Tipo de producto:

Características: cualidades / función:

Nombre del producto:

Público al que va dirigido:

Precio:

LA TÉCNICA PUBLICITARIA:

Tipo de anuncio: prensa, radio, televisión...:

¿Qué mensaje queremos transmitir?:

TEXTO:

¿Qué técnica de persuasión vamos a usar?:

Lema, eslogan o frase para caracterizar el producto:

IMAGEN PARA CARACTERIZAR EL PRODUCTO:

¿Qué técnica de persuasión vamos a usar?:

Nuestro anuncio, ¿es "políticamente" correcto?:

¿Respeta la igualdad de sexos, raza, clase, ideología...?

¿Incluye alguna idea de discriminación o marginación?

COMPOSICIÓN:

¿Podéis diseñar cómo sería el resultado final del anuncio?

7. ¿A qué te refieres?

a La publicidad está llena de pronombres, vuelve a la página 49 y fíjate, ¿sabes para qué sirven y a qué se refieren? En este ejercicio vamos a trabajar con ellos. Mira las frases y en parejas, vamos a adivinar a qué refiere. Al final podéis mirar las soluciones, pero, cuidado, están escritas al revés.

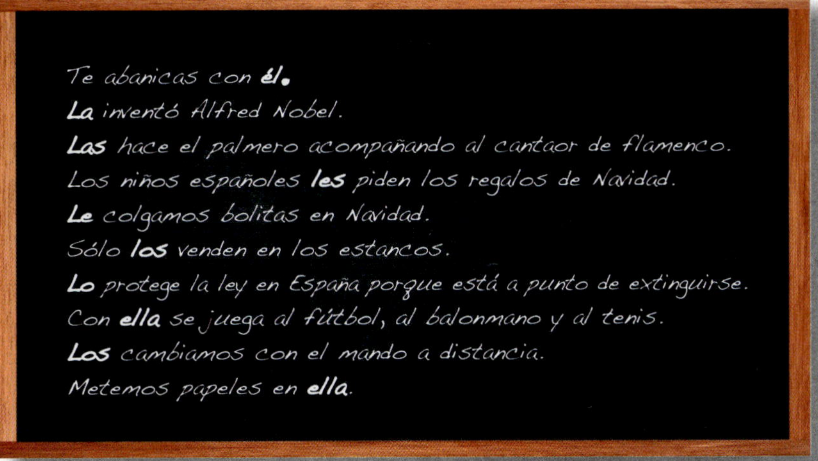
Te abanicas con **él**.
La inventó Alfred Nobel.
Las hace el palmero acompañando al cantaor de flamenco.
Los niños españoles **les** piden los regalos de Navidad.
Le colgamos bolitas en Navidad.
Sólo **los** venden en los estancos.
Lo protege la ley en España porque está a punto de extinguirse.
Con **ella** se juega al fútbol, al balonmano y al tenis.
Los cambiamos con el mando a distancia.
Metemos papeles en **ella**.

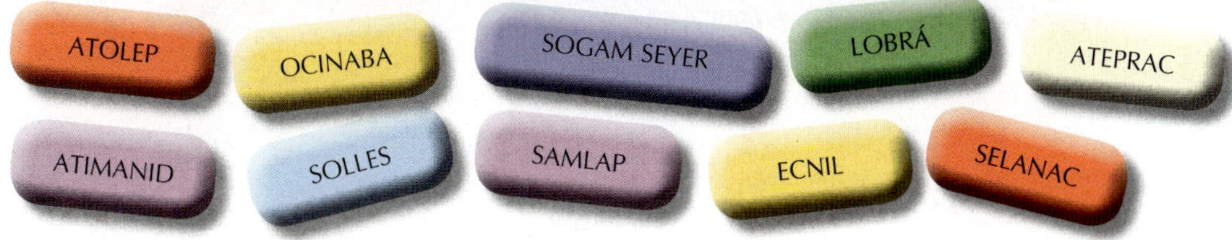
ATOLEP
OCINABA
SOGAM SEYER
LOBRÁ
ATEPRAC
ATIMANID
SOLLES
SAMLAP
ECNIL
SELANAC

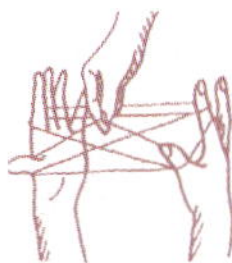

b Ahora estáis preparados para hacer un concurso: inventad vuestras propias frases como las del ejercicio anterior para que los compañeros adivinen el referente del pronombre.

Date cuenta de que lo fundamental para entender el sistema de pronombres personales en español es reconocer la función que tienen, es decir, si son sujeto (Nominativo), Complemento Directo (Acusativo) o Complemento Indirecto (Dativo). Este cuadro te puede ayudar:

Tónicos	Átonos		Tónicos
Sujeto	Complemento Directo	Complemento Indirecto	Detrás de preposición
yo **tú**	**me** **te**		**mí (conmigo)** **ti (contigo)**
él, ella	**lo, la**	**le (se)**	**él, ella / si**
nosotros **vosotros**	**nos** **os**		**nosotros** **vosotros**
ellos, ellas	**los, las**	**les (se)**	**ellos, ellas / si**

Recuerda:
• Le he dado a ella mi boli.
• Le he dado mi boli.
• Se lo he dado.

El orden de los pronombres es siempre:
CI (Dativo) + CD (Acusativo), delante o detrás del verbo.

Recuerda:
dad + os + lo

CI + CD, detrás del verbo si éste es:

Infinitivo: dár**<u>oslo</u>**
Gerundio: dándo**<u>oslo</u>**
Imperativo: dá**<u>oslo</u>**

CI + CD, delante del verbo en todos los otros casos:

<u>Os lo</u> da.
<u>Os lo</u> ha dado.

Hablando, se usa siempre una forma átona del CI (Dativo) aunque el complemento esté explícito:

| Ella **<u>le</u>** dijo **a Carlos** que sí.
| Ella **<u>le</u>** dijo que sí.

Ella dijo a Carlos que sí.

8. Fallo técnico

3

El otro día en Radio Vox ocurrió un desastre total cuando los de control de sonido pusieron una grabación de publicidad en la que faltaban las intervenciones de dos personajes, que son las que tienes aquí. ¿Por qué no las completas? Tienes que tener en cuenta lo que vas a oír, así que, ¡atento!

● Niño: Buenos días, mamá.
○ Mamá: Buenos días, hijo mío. Vamos a darle una sorpresa a tu padre. Hoy haremos nosotros el desayuno.
● ______________________________
○ M: Sí, ayúda__. Saca el zumo del frigorífico.
● ______________________________
○ M: Porque ___ hacen con las mejores naranjas.¿___ pasas la mantequilla?
● ______________________________
○ M: Claro. A TALCUAL ___ interesa siempre lo mejor.
● ______________________________
○ M: Sí, para que ___ pusieras grande y fuerte.
● ______________________________
○ M: También. ¿Y tú cómo ___ sabes?
● ______________________________
○ M: ¡Ah! Bueno, el desayuno ya está. ¿Quieres llevár_____ tú?
● ______________________________
▲ Papá: ¡Hum! ¿___ has preparado tú solo?
● ______________________________

TALCUAL
desayunos en familia.

9. Remedios de la abuela

Estos textos que ves aquí son remedios caseros que la abuela recordaba para solucionar problemas muy comunes, pero cuando los escribió estaba ya muy viejecita y la cabeza empezaba a fallarle un poquito. ¿Por qué no intentas arreglarlos utilizando los pronombres que creas necesarios?

QUEMADURAS

Puede calmar rápidamente el dolor de las pequeñas quemaduras si tiene usted una col a mano. Tome la col, arranque unas cuantas hojas a la col y haga una pasta machacando las hojas de la col. Aplique la pasta sobre la quemadura y deje la pasta un buen rato sin tapar la pasta.

CURAR LA GRIPE CON AJOS

Elija cinco o seis dientes de ajo, lave los dientes de ajo y quite la piel superficial a los dientes de ajo. Haga a cada uno de los dientes de ajo un corte en el centro. Ponga una olla con medio litro de agua al fuego y añada al agua cinco cucharadas de azúcar. Cuando el agua empiece a hervir, eche los dientes de ajo en el agua hasta que los dientes de ajo estén blandos. Después, cuele el líquido y deje el líquido enfriar. Guarde el líquido tapado y tome dos cucharadas pequeñas cada dos horas.

10. ¿De qué hablas?

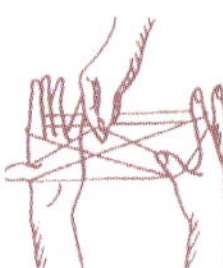

Vamos a hacer un esfuerzo más por controlar los pronombres. Entre toda la clase podéis hacer un concurso con estas frases tan intrigantes: cada uno intenta adivinar a qué se refieren los pronombres de cada una y en qué situación podrían decirse; después, votáis la mejor solución, la más verosímil o la más original.

- Voy a tirártelo a la cara si no me lo explicas antes de devolvérselas.
- No me importa dejártelo, pero no se lo digas a nadie, por favor.
- Dice que la tiene muy bonita, pero no te lo creas, no es para tanto.

11. El más complicado de todos

Vuelve al cuadro de los pronombres y fíjate en **se**: seguramente se es el pronombre más complicado porque puede funcionar de forma muy diferente:

1. Sustituye a **le**, cuando aparece junto a **lo/la/los/las,** como has visto en el cuadro.
   - **Se** lo he dado.
2. Puede expresar impersonalidad:
   - **Se** habla español.
   - **Se** arreglan máquinas de coser.
3. Presenta un suceso como involuntario o accidental, junto a **me/te/le/nos/os/les**:
   - Esta mañana todo **se** me cae de las manos.
4. Puede ser reflexivo:
   - **Se** mira mucho al espejo.
   - **Se** lava las manos.
   - Lava sus manos.

   O recíproco:
   - Pepe y Pepa **se** besaron.
5. Aparece junto al verbo y, a veces, le cambia el significado totalmente o en parte: no es lo mismo **quedar con un amigo** que **quedarse con un amigo**. Tampoco es lo mismo...

ir — **irse**
volver — **volverse**
comer — **comerse**

¿Recuerdas otros verbos como éstos? Comenta con tus compañeros y con tu profesor sus significados. Luego, cada uno de vosotros puede buscar un ejemplo que explique el significado de uno de los verbos.

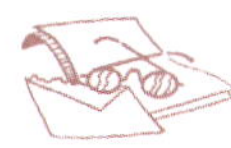

12. El gordo

¿Y SI CAE AQUÍ?
EL GORDO DE NAVIDAD
LOTERÍA NACIONAL
22 de diciembre de 2010
YA HAY LOTERÍA DE NAVIDAD
Lotería Nacional
LAE

Lee bien este anuncio.¿Comprendes bien todas las palabras? ¿Significa eso que entiendes realmente el mensaje? Por ejemplo, **gordo** no califica sólo a personas con kilos de más... También se refiere a otra cosa. ¿Sabes qué es?

Los anuncios, como otros muchos textos, sólo tienen sentido en su contexto cultural. Se diseñan para personas que conocen detalles y particularidades de su ambiente, sus hábitos de comunicación, sus fiestas, su carácter, su comida... Aquí tienes un anuncio español. ¿Qué rasgos típicos de la cultura española aparecen? Comentadlo entre todos.

13. Un poco de literatura

a Vamos a leer un poema de Pedro Salinas, un autor que, como muchos otros españoles de su tiempo, tuvo que pasar una buena parte de su vida fuera de España, debido a sus diferencias ideológicas con la dictadura que empezó con la Guerra Civil (1936-1939) y terminó con la muerte de Franco (1975). Salinas murió en Puerto Rico, en 1951, por lo que no volvió a ver su país nunca más. Muchos de sus libros hablan de amor, con un lenguaje depurado y profundo. Este poema es un ejemplo perfecto:

Para vivir no quiero
islas, palacios, torres.
¡Qué alegría más alta:
vivir en los pronombres!

Quítate ya los trajes,
las señas, los retratos;
yo no te quiero así,
disfrazada de otra,
hija siempre de algo.
Te quiero pura, libre,
irreductible, tú.
Sé que cuando te llame
entre todas las gentes
del mundo,
sólo tú serás tú.
Y cuando me preguntes
quién es el que te llama,
el que te quiere suya,
enterraré los nombres,
los rótulos, la historia.
Iré rompiendo todo
lo que encima me echaron
desde antes de nacer.
Y vuelto ya al anónimo
eterno del desnudo,
de la piedra, del mundo,
te diré:
"Yo te quiero, soy yo".

(Pedro Salinas, *La voz a ti debida*, 1933)

b ¿Qué crees que quiere decir eso de "vivir en los pronombres"?

14. Taller de escritura: redactar una frase

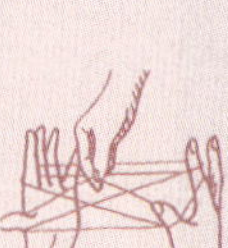

a Cuando ya disponemos de nuestras ideas organizadas en un esquema, comienza la segunda fase del proceso de escribir: convertirlas en un texto. Empezamos elaborando frases, que después se agrupan en párrafos y finalmente componen el texto. Así que la frase es nuestro punto de partida. Lo primero que debes saber es que en español la longitud media de una frase es mayor que en otras lenguas: suele contar con alrededor de 20 palabras. En pequeños grupos, intentad hacer la frase más larga en dos minutos. Fijaos en el ejemplo.

El niño juega con una pelota
Por la tarde el niño juega con una pelota.
El niño que vive enfrente juega con una pelota azul.
Por la tarde, al volver del colegio, el niño que vive enfrente juega con una pelota azul que le regalaron por Navidad.

1. Este libro cuenta la historia de un viaje.
2. Se ve un paisaje precioso desde la ventana.
3. El asesino se acercó a la víctima.
4. El lenguaje de los anuncios tiene que convencer.

b Identifica en los siguientes fragmentos ciertos elementos con los que puedas unir dos ideas en una sola frase y busca cómo se dicen en tu lengua. ¿Se te ocurren otros conectores que unan ideas en la misma frase?

... el accidente pudo evitarse gracias a que un pesquero avisó al guardacostas...

Según dicen los expertos, este descubrimiento va a revolucionar la industria alimenticia.

...estos recursos energéticos son limitados, por lo que conviene no malgastar la energía acumulada...

...aunque se mantuvo fuera de los círculos literarios, nuestro autor se vio influido por ellos...

... no llegó a marcar el gol, a pesar de que el portero se había tirado al lado contrario...

...como el otoño se hace más largo, las aves inician las migraciones más tarde...

c Vamos a jugar por parejas. Cada una tiene que ampliar una frase del apartado **b** con uno de los conectores del apartado **c** siguiendo la instrucción que recibe de la pareja de su derecha (por ejemplo: ampliar la frase 1 con el conector **gracias a**). Se pasa turno si se tarda en responder.

4 Vivir del cuento

¿De dónde venimos? ¿A dónde vamos?

1. **¿Cómo corriges a alguien que dice lo siguiente?:**
   1. En Chile no se habla español.
   2. La capital de Cataluña es Madrid.
   3. Colón descubrió las costas de Alaska en 1492.

2. **Responde a cada una de las siguientes preguntas usando diferentes formas para las respuestas:**
   ¿Cuándo empezaste a estudiar español?
   ¿Cuánto tiempo llevas estudiando español?

3. **Escribe una frase donde aparezca cada una de las siguientes palabras:**
   en cuanto / después de / antes de que / todavía / ya / de pronto

4. **Qué elementos suelen aparecer en los cuentos infantiles y tradicionales? Por ejemplo: un príncipe, un castillo...**

Contar historias.

- Corregir informaciones erróneas.
- Relaciones temporales entre acciones. Cantidad de tiempo y fecha.
- Marcadores temporales.
- Organizadores del relato.
- Cronología, relato histórico, anécdotas, sueños, cuentos.
- Un poco de literatura.
- Taller de escritura.

1. Donde dije digo, digo Diego

¿Recuerdas el inolvidable cuento de la Cenicienta? Aquí hay alguien que confunde un poco las cosas. Fíjate en estos recursos para corregir afirmaciones falsas:

Sustituyéndolas por las verdaderas:

"Y entonces Cenicienta se subió en el Ferrari...". "Cenicienta no prometió nada..."	**No** era un Ferrari, **sino** una carroza. **Sí (que)** lo prometió.

Añadiendo, además, datos suplementarios que demuestran su falsedad:

"La madrastra cuidaba mucho de Cenicienta...	**No** cuidaba de ella. **Es más**, la obligaba a trabajar como una criada No **solo** no cuidaba de ella, **sino que** la obligaba a trabajar como una criada

Reproduciendo toda la afirmación:

"Y el rey estaba bailando con Cenicienta..."	**No era el rey quien/el que** bailaba con ella, **sino el príncipe**.
"Se organizó una fiesta en el Ayuntamiento..."	**No fue en el ayuntamiento donde** se hizo la fiesta, **sino en el palacio**.
"Y le dijo que tenía que estar de vuelta a las siete y cuarto"	**No era a las siete y cuarto cuando** tenía que volver, **sino a las doce**.

2. Examen de historia

a Francisco Recuerda tenía un examen de Historia de Hispanoamérica. Éste es el esquema que él estudió. Léelo atentamente:

EMILIANO ZAPATA Y LA REVOLUCIÓN MEXICANA

1879 - Nace en Anecuilco (México) el 8 de agosto.

1897 - Es arrestado por tomar parte en una protesta campesina contra los hacendados que les habían arrebatado las tierras.

1909 - Es elegido presidente de la Junta de Defensa de su pueblo. Después de estériles negociaciones con los propietarios de las tierras, Zapata ocupa mediante la fuerza las tierras usurpadas a los campesinos y las distribuye.

1910 - El movimiento campesino de Zapata, desde Morelos, y las guerrillas de Pancho Villa en Chihuahua, apoyan el regreso de Francisco Madero, exiliado en San Antonio (Texas) por el dictador Porfirio Díaz.

1911 - El 6 de noviembre Madero entra triunfante en México. Díaz, obligado a dimitir, se exilia a Europa. Pero Madero no parece dispuesto a reformas radicales. Zapata proclama el Plan de Ayala, que declara a Madero incapaz de llevar a cabo los objetivos de la revolución. El presidente encarga al generalVictoriano Huerta la represión de los sublevados.

1913 - Huerta manda asesinar al presidente Madero y se apodera del gobierno, estableciendo una dictadura semejante a la de Porfirio Díaz. El hacendado del norte, Venustiano Carranza, hace público el 26 de marzo el llamado Plan de Guadalupe, con el objetivo de destituir a Huerta y restablecer el orden constitucional.

1914 - Exiliado Huerta, el 10 de octubre, los cau-dillos Villa y Zapata acuden a la Convención Revolucionaria de Aguascalientes, convocada por Carranza, que supuso finalmente la ruptura con Carranza y el inicio de una nueva guerra civil. El 24 de noviembre Zapata ordena a sus tropas (25.000 hombres) la ocupación de México capital.

1917 - Los generales de Carranza vencen a Villa y aíslan a Zapata.

1919 - Emiliano Zapata es traicionado y asesinado a tiros por los soldados carrancistas en una encerrona. Su cuerpo es trasladado a Cuautla y enterrado allí.

b Aquí tienes el examen que hizo el pobre Francisco. Discute con tu compañero cuáles son los errores del examen. Después, escribid un informe ordenado formulando, como en el ejemplo, la corrección de cada error. Podéis consultar el esquema del apartado 1:

No fue el 12 de septiembre cuando nació, sino el 8 de agosto.

Emiliano Zapata nació el 12 de septiembre de 1879 en Morelos. A los 18 años encabezó una protesta campesina contra los hacendados, y . En 1909 fue el encargado de negociar con ellos la redistribución de las tierras, y lo consiguió pacíficamente. Al año siguiente, el caudillo Pancho Villa apoyó el regreso a México de Francisco Madero, pero Zapata no lo apoyó. De todos modos, el 6 de noviembre de 1911 Madero entró triunfante en San Antonio. Díaz se exilió y Zapata, que no creía en la capacidad del nuevo presidente Madero para llevar adelante la revolución, proclamó el "Plan de Ayala" contra él. Madero encargó al general Huerta la lucha contra los sublevados. Huerta fue siempre fiel al presidente, y cuando éste dejó el cargo le sucedió en el poder, estableciendo una dictadura. Fue entonces cuando Pancho Villa hizo público el "Plan de Guadalupe". El hacendado del norte Venustiano Carranza combatió al régimen de Huerta y finalmente consiguió que se exiliara. En la convención de Aguascalientes, Villa, Zapata y Carranza alcanzaron un acuerdo para poner fin a la guerra. Pero el destino estaba escrito: en 1917 Emiliano Zapata fue asesinado por soldados maderistas. Su cuerpo fue trasladado a Chihuaua y enterrado allí.

c Piensa ahora con tu compañero en algún cuento (La Cenicienta, Caperucita Roja, La Bella Durmiente...), o en alguna historia conocida por todos, o en alguna anécdota relacionada con los compañeros de clase. Vais a preparar un pequeño relato introduciendo tres informaciones erróneas, y después lo vais a leer a los demás. El resto de la clase tomará notas e intentará descubrir y corregir esos errores.

3. El cristal con que se mira

a Lee los siguientes fragmentos y decide a qué tipo de texto pertenecen, fijándote en el estilo, en el tipo de información que proporcionan, y en el vocabulario. ¿Notas algún uso especial del Imperfecto?

1
Al filo de las cuatro de la tarde se celebraba la reunión de gobierno, en la que el Rey exponía lo que iban a ser las líneas de actuación en materia de gasto público...

2
Pues en ese momento estaba todo el mundo hablando sobre el dinero o algo así, y de golpe aparecía el Rey y todo el mundo se ponía muy serio, y empezaba la reunión...

3
Un buen día, el Rey apareció en la reunión, donde todo el mundo discutía el dinero que se iba a destinar a hacer cosas por el pueblo, y de pronto...

4
Pues resulta que el Rey, al comenzar la reunión, fue a darle la mano a uno de los ministros, y el hombre no se dio cuenta y, de buenas a primeras, se puso a rascarse la nariz. Total, que el Rey se quedó con la mano en el aire...

Un sueño | **Una noticia** | **Un cuento** | **Una anécdota**

b ¿Por qué no intentas ahora, con tu compañero, reescribir la siguiente historia en pasado como un sueño, una noticia, una anécdota y un cuento? Puedes cambiar todo lo que necesites, incluso la información, y elegir cualquier punto de vista. Si no te gusta, inventa otra diferente.

5:45 de la tarde. Un guardia civil de alta graduación penetra con otros más en el Congreso de los Diputados. Pone una pistola en la cabeza del Presidente del Congreso y conmina a los diputados a echarse al suelo. Ante la pasividad de éstos, confundidos, los guardias empiezan a disparar al aire, cayendo trozos de techo sobre los diputados que están en la sala...

G

4. Todo es relativo

a Fíjate en los siguientes recursos para relacionar dos momentos del pasado:

Sucesión	**Cuando** llegué a la estación, ya había salido el tren.
Sucesión inmediata	**En cuanto** **Tan pronto como** recibió el permiso, se puso en marcha. **Apenas**
Límite inicial	**Desde que** lo dejó su mujer, no es el mismo.
Límite final	Seguimos conduciendo **hasta** quedarnos sin gasolina. El niño estuvo llorando **hasta que** llegamos. El niño estuvo llorando **hasta** llegar nosotros.
Anterioridad	**Antes de** salir, me puse el abrigo. **Antes de que** llegaran, llamé por teléfono. **Antes** de llegar ellos, llamé por teléfono.
Posterioridad	**Después de** decírmelo se fue. **Después de que** me lo dijeras, me tranquilicé. **Después** de decírmelo tú, me tranquilicé.
Simultaneidad	**Mientras** ella arreglaba el coche, yo terminé la comida.

b Analizando los ejemplos, ¿podrías formular con tu compañero las reglas para usar estos marcadores temporales?

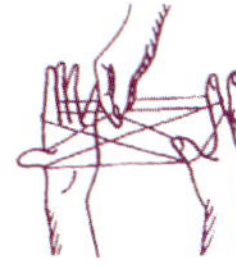

5. Dime cuándo, cuándo, cuándo

a ¿Qué tal se te dan los problemas lógicos? Sigue los pasos y diviértete.

1. Este es un juego por parejas: uno de vosotros es A y el otro es B.
2. Tenéis que imaginar que cada uno de vosotros hizo ayer las cosas de la columna de la izquierda, así que lo primero es ORDENARLAS INDIVIDUALMENTE en la columna derecha de la manera que os parezca más lógica.
3. Lo siguiente es AVERIGUAR en qué orden las hizo el compañero. Para ello sólo está permitido:
   - hacer preguntas con **¿Cuándo** + Indefinido?
   - hacer sólo una pregunta cada vez.
4. Para responder puedes utilizar: **cuando**, **en cuanto, justo cuando**, **en el momento en que**, **antes de (que)**, **después de (que)**
5. Gana el primero que consigue reconstruir el orden exacto en el que el compañero hizo las cosas, completando su columna derecha.

● ¿Cuándo compraste las cosas para el desayuno?
○ Antes de volver a casa.

● ¿Y tú cuándo te quitaste la ropa?
○ En cuanto volví a casa.

PERSONA **A**		
Bajar a comprar el periódico	1	Me levanté.
Volver a casa	2	
Caerte en un charco	3	
Levantarte	4	
Ponerte a estudiar	5	
Decidir darte una vuelta	6	
Ponerse a llover de golpe	7	Me puse a estudiar.
Salir a la calle	8	
Comerte todo lo del frigorífico	9	
Quitarte la ropa inmediatamente	10	
Cansarte y tirar el libro por la ventana	11	Se puso a llover.

PERSONA **B**		
Volver a casa	1	Sonó el despertador.
Ir a abrir La puerta	2	
Salir a Comprar algo	3	
Sonar el Despertador	4	
Levantarte Para desayunar	5	
Caerte un libro En la cabeza	6	
Ver a una Persona en Un charco	7	Compré algo.
Encontrar El frigorífico Vacío	8	
Darte un Ataque de risa	9	
Enfadarte e Irte a desayunar A un bar	10	Me enfadé y me fui a desayunar a un bar.
Comprar algo	11	

b Después de completar la historia del día de ayer, ¿crees que tu compañero y tú, en esta ficción, os conocéis de algo?

6. Historias para no dormir

Lee el principio de esta historia e intenta continuarla. Para tener datos sobre la continuación vas a escuchar una serie de sonidos y ruidos de las cosas que pasan. Toma nota y piensa qué pudo suceder.

4

Me había quedado solo en la casa. Era sábado por la noche. De repente estalló una tormenta terrible...

7. Un poco de Historia y Matemáticas

a ¿Recuerdas cómo hablar de momentos concretos y de cantidades de tiempo?

¿Cuándo te casaste? Hablo de un momento concreto	Fecha	Ayer. El jueves. La semana pasada. En 1994 / En el 94.
	Hace + período	**Hace** tres días.
	Hace + período (+ **que**)	**Hace** dos años (**que** me casé).
¿Cuánto tiempo llevas casado? Hablo de una cantidad de tiempo	(**Llevo**) + período	(**Llevo**) dos meses. (**Llevo**) un año.
	Desde + fecha	**Desde** ayer. **Desde** el 94.
	Desde hace + período	**Desde hace** tres días.
	Hace + período (+ **que**)	**Hace** dos años (**que** estoy casado).

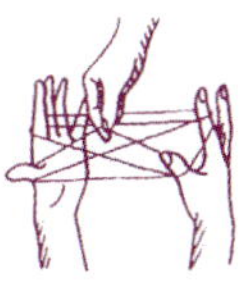

b El siguiente "test de habilidad matemática" te dirá si tienes problemas con la aritmética, con la historia o con el español. Vamos a ver quién de la clase es más rápido contestando a estas preguntas. Fíjate especialmente en si la pregunta te pide una fecha o una cantidad de tiempo.

1. ¿Cuándo empezó la Segunda Guerra Mundial? _____
2. ¿Cuándo terminó? _____
3. ¿Cuánto duró? _____
4. En 1943, ¿cuánto tiempo llevaba? _____
5. En 1936, ¿cuánto tiempo le faltaba para empezar? _____
6. ¿Cuánto tiempo hace que terminó? _____
7. En 1964, ¿cuánto tiempo hacía que había terminado? _____
8. Hablando de otra cosa, ¿desde cuándo estás en clase hoy? _____
9. ¿Cuánto tiempo llevas en clase, entonces? _____
10. ¿Cuánto tiempo llevarás dentro de diez minutos? _____
11. ¿Hasta cuándo vas a estar? _____
12. ¿Cuánto tardarás en salir? _____
13. Al final de la clase, ¿cuánto tiempo hará que estás viendo al profesor? _____
14. ¿Cuánto tiempo hace que odias este ejercicio? _____

Si no estás muy seguro, puedes usar:
Más o menos...
Sobre...

¿?
¡!

c ¿Quién ha sido el más rápido de la clase en completar el test? Vamos a comprobar si todas sus respuestas son apropiadas. Después, vamos a prepararle a cada uno una pregunta de este tipo y le vamos a hacer un segundo test oral para comprobar si es tan rápido leyendo como escuchando. ¡Que sean difíciles!

8. Preguntas indiscretas

G

a Fíjate en los siguientes marcadores temporales. ¿Los conoces todos?

todavía
ya
aún
últimamente
antes
luego después
más tarde
de momento
por el momento
enseguida
cuanto antes

Todos estos marcadores se pueden utilizar para hablar del presente o del pasado:

Ya he terminado el trabajo. **Después** voy a ir al cine **Enseguida** voy a ayudarte.	El día 15 **ya** había terminado el trabajo. **Después** fui al cine. Fui a ayudarle **enseguida**.

Pero hay otros marcadores, también muy usuales, que son diferentes según nos refiramos al presente o al pasado:

Ahora / **En este momento** estoy ocupado. **Hoy** no voy a salir. Hace mucho frío.	**Entonces** / **En aquel momento** estaba ocupado. **Ese** / **Aquel día** no salí, porque hacía mucho frío.

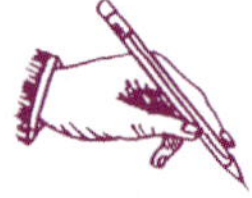

b Piensa en una cosa que hiciste, has hecho o harás anteayer, ayer, hoy, mañana y pasado mañana, como en el ejemplo, y completa los cuadros.

AYER: fui al cine
HOY: he madrugado
MAÑANA: voy a estudiar

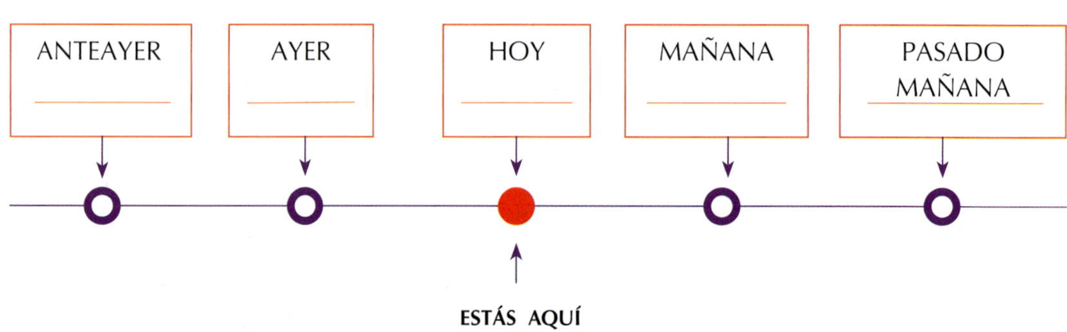
ANTEAYER
AYER
HOY
MAÑANA
PASADO MAÑANA
ESTÁS AQUÍ

c Ahora piensa que ha pasado una semana y que quieres contar lo que hiciste cada día. Completa los cuadros con la expresión de tiempo adecuada. En la siguiente lista tienes las que necesitas:

Al día siguiente **Ese / Aquel día** **Dos días antes**
El día anterior / Antes **Dos días después / A los dos días**

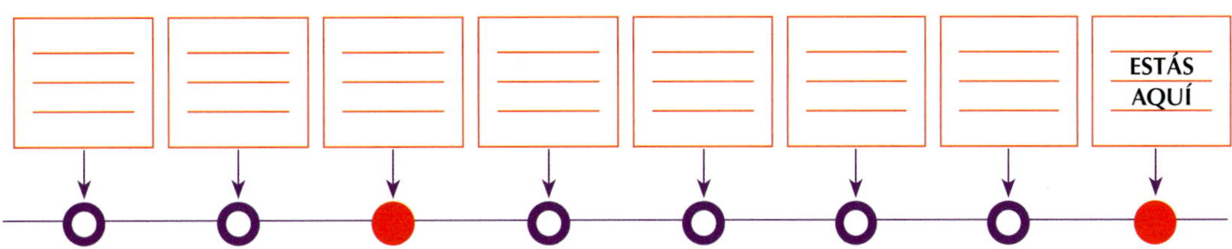
ESTÁS
AQUÍ

d ¿Recuerdas la última Nochevieja, el día de un examen muy importante o la mejor cita de tu vida? ¿Qué pasó aquel día? ¿Y antes? ¿Y después? Cuéntaselo a tu compañero usando las expresiones que acabamos de estudiar.

9. Diario de Francisco Recuerda

a Lee atentamente este extracto de un diario y señala las formas que sirven para referirse al momento en que se produce algo.

Diario de Francisco Recuerda

Miércoles, 12 de septiembre

Querido diario:

Hace ya tres días que no te escribo y en este momento temo que se me va a olvidar todo si no lo dejo escrito. ¡Esta mala cabeza mía! Bueno, te diré primero que hoy me he levantado con una resaca tremenda, porque anoche estuve de marcha hasta las tantas, y esta mañana me parecía imposible seguir despierto todo el día, pero ahora estoy mejor, escribiendo y tratando de recordar. Y lo cierto es que hay cosas que son difíciles de olvidar, especialmente mi encuentro con Eva, la última persona en el mundo a la que esperaba ver. Eso fue justamente ayer, ayer por la mañana para ser exactos. Estaba radiante. Me saludó con una sonrisa y me dijo que se alegraba de verme. Era mentira, naturalmente, pero a mí me gustó. Llegó anteayer en avión desde Holanda, por lo visto, y todavía estaba un poco despistada. Total, que tomamos una cerveza y conseguí, después de mucho esfuerzo, quedar con ella para mañana, así que estoy muy emocionado. Tendré que ser rápido, porque pasado mañana se va a Málaga, donde tiene la casa, y será difícil verla otra vez. Además, me ha dicho que el lunes próximo vuelve a Holanda, porque tiene una entrevista dentro de dos semanas y tiene que prepararse. En fin, querido diario, que sea lo que Dios quiera. Mañana es mi última oportunidad. Espero dormir bien esta noche, porque anoche no dormí nada. Así que adiós y deséame suerte. Mañana te cuento.

b ¿Que pasaría con esa importante cita? ¿Conseguiría Francisco su propósito? Presta atención a lo que nos cuenta ahora el propio Francisco:

> Pues sí, hacía tres días que no escribía nada, y en aquel momento tenía miedo de olvidarlo todo. Aquel día me había levantado con resaca, porque la noche anterior había bebido más de la cuenta, y aquella mañana creía que no podría seguir despierto todo el día; pero entonces, cuando estaba escribiendo el diario, ya me encontraba mejor. Estaba además muy ilusionado por lo de la cita con Eva. Había llegado de Holanda dos días antes, y me la encontré casualmente por la calle el día anterior... bueno, la mañana anterior exactamente. Se puso contenta de verme, o por lo menos eso dijo, y después de unas cervezas quedamos para el día siguiente. Yo estaba muy nervioso, porque era mi última oportunidad de saber si todavía sentía algo por mí, y además temía no poder dormir, como me había pasado la noche anterior. Y en efecto, esa noche tampoco pude pegar ojo. Pero bueno, al día siguiente, puntual como un reloj, allí estaba yo esperándola con unas ojeras horrorosas. Cuando entró por la puerta del bar me levanté para recibirla, pero tenía un chicle en el zapato y tropecé con el camarero. Al pobre se le cayó todo al suelo y yo no sabía qué hacer. Me disculpé torpemente con él y la invité a sentarse, mientras trataba inútilmente de disimular la salsa de tomate que me había llenado el bolsillo de la camisa. La conversación fue terrible. Yo tartamudeaba por los nervios y la vergüenza, y ella hablaba siempre con la boca llena, de modo que no recuerdo nada de lo que allí se dijo, excepto que hablaría conmigo después de la entrevista que tenía en Holanda dos semanas después para decidirse. Así que dos días después se fue a Málaga y el lunes siguiente cogió su avión y volvió a su país, y yo me quedé esperando su llamada. A las dos semanas justas me telefoneó, efectivamente, para decirme que se había casado con un camionero portugués que tenía tres hijos.

G

c ¿Has notado que la mayoría de los marcadores temporales son diferentes? Subráyalos y compáralos con el diario. ¿Puedes completar el cuadro siguiente con esas correspondencias?

Referencia al momento de la enunciación	Referencia a un momento no presente, del que se está hablando
ahora en este (mismo / preciso) momento / instante	entonces
hoy	
esta mañana / tarde / noche	
ayer	
anoche	
ayer por la mañana / tarde / noche	
anteayer antes de ayer	
mañana	
pasado mañana	
el lunes / mes / año próximo el lunes / mes / año que viene	
dentro de un mes / un año / poco	
hace dos días / un año / poco	

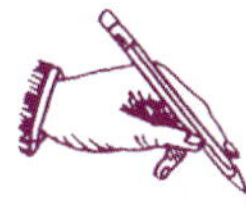

10. Cuentos chinos

Ahora vamos a contar cuentos. En grupos, elegid varias de las siguientes ilustraciones y escribid una historia coherente. Recuerda que, en español, los cuentos suelen comenzar con la presentación del protagonista (Érase una vez una princesita...) y terminar con algún pareado, como: Y fueron felices, y comieron perdices, o Colorín, colorado, este cuento se ha acabado.

Introducir episodios	Introducir una acción importante en un episodio	Introducir episodios paralelos
historias: **Una vez** **Un (buen) día** **En una ocasión**	**Y entonces** **En ese (preciso) momento** **De pronto** **De repente** **De golpe**	Acción A. **Mientras,** / **Mientras tanto,** / **Entretanto,** Acción B *oraciones diferentes*
anécdotas: **El otro día** **Hace un par de semanas**	**Repentinamente** **Inesperadamente** **De improviso** *formal*	**Mientras** / **Al (mismo) tiempo que** Acción A, Acción B Acción A **mientras** / **al (mismo) tiempo que** Acción B *la misma oración*

5 Kms
4 Kms

RRRR!

POF
POF
POF

11. Un poco de historia... y literatura

Ya sabéis que los árabes estuvieron en España mucho tiempo, casi ocho siglos. Llegaron en el año 711, ocuparon prácticamente toda la Península Ibérica, que recibió el nombre de Al-Andalus y después, poco a poco, fueron perdiendo terreno, empujados por los cristianos del norte que se organizaron para luchar contra los que consideraban "invasores". En enero de 1492, tras una larga guerra contra los Reyes Católicos, Boabdil, el último rey musulmán de España, entregó las llaves de su reino, Granada, a Isabel y Fernando, se retiró a unas montañas cercanas a la capital, las Alpujarras, y dejó definitivamente a su país en manos de los reyes cristianos. Lo que vamos a contaros ahora es la fantástica historia que surgió para explicar los motivos por los que los árabes entraron en España y la conquistaron. Ya veréis que es una historia interesante, con suspense, intrigas... ¡como en aquellos tiempos no existía el cine, había que hacer algo!, ¿no?

Para que vosotros trabajéis también un poquito, os dejamos los verbos sin colocar -los tenéis debajo-. Ponedlos, pero recordad que esto sucedió hace muchos, muchos años.

Cuenta la leyenda que por aquellos años, ______ en Ceuta un noble visigodo, el conde don Julián, que ______ gobernador de aquella ciudad. Al parecer, éste no ______ muy buenas relaciones con don Rodrigo, el rey.

Don Julián ______ una hija que ______ Florinda y que ______ conocida con el sobrenombre de la Cava. Un día, el rey don Rodrigo ______ a Florinda mientras ______ e inmediatamente ______ de ella. A pesar de que la pobre muchacha no ______, don Rodrigo se la ______ a su palacio y la hizo cautiva. Florinda ______ a su padre cartas en las que le ______ todas las desgracias que le ______ en manos del cruel rey.

Cuando el conde ______ de los sufrimientos de su hija, ______ vengarse y ______ ayuda a Muza, que ______ el jefe de algunos grupos de árabes del desierto africano, para luchar contra el rey visigodo. Julián, le ______ toda España a Muza a cambio de su ayuda.

Una noche, mientras ______ con la Cava, don Rodrigo ______ en sueños la voz de una joven anunciándole los desastres que ______ a tener lugar en España. Cuando ______ un mensajero le ______ a noticia de que las tropas musulmanas ______ invadiendo la Península.

Lleno de tristeza y sintiéndose culpable, el rey ______ la batalla y el trono y se ______ a las montañas. ______ una pequeña ermita donde ______ un hombre que le ______ lo que ______ que hacer para pagar su culpa: don Rodrigo ______ devorado por una serpiente gigante dentro de un pozo oscuro y profundo.

estar
decidir
morir
llevar
ser
tener
ser
escribir
enterarse
enamorarse
llamarse
ver
haber
vivir
oír
dormir
suceder
contar
tener
prometer
tener
encontrar
despertarse
decir
ser
querer
bañarse
pedir
abandonar
ir
llevar

12. Taller de escritura: crear párrafos (I)

Un párrafo es una unidad textual que debe desarrollar una idea. Por eso, no basta que sus frases tengan que ver con el tema: deben estar conectadas lógicamente entre sí y dejar clara la intención del autor. A esta relación lógica se le llama **coherencia**.

1. Coherencia dentro del párrafo.

a Lee este fragmento de una biografía escrita por un alumno. ¿Por qué no es un párrafo coherente?

P. se crió con su madre en la casa de sus abuelos en Soria (1). En esa casa P. se convierte en un niño mimado y consentido, entregado solo a sus caprichos (2). P. dice que el hecho de no tener papá le confería un estatus privilegiado (3). Tiene malos recuerdos de esa casa (4). Además dice que era un niño solitario (5). Le gustaba nadar y era el único deporte en el cual tenía cierto éxito (6). Estuvieron en Soria hasta finales de 1945, cuando se mudaron a Madrid (7).

b La intención del autor es hablar del carácter y las aficiones de P. en su infancia. Tacha las frases que no son relevantes para ese tema.

c Entre (5) y (6) no hay relación lógica. ¿Cómo esperarías que continuaran las ideas que introducen?

d Subraya los elementos que no están en el texto original y explica por qué le dan más coherencia al párrafo.

... Dice que era un niño solitario, que evitaba los juegos compartidos. Quizá por eso le gustaba nadar, y de hecho era el único deporte en el que tenía cierto éxito. Parece que llegó a competir con el equipo del colegio.

e Reescribe todo el párrafo con las modificaciones que has hecho. Busca un modo coherente de cerrarlo y escribe la primera frase del párrafo siguiente.

2. Coherencia entre párrafos

a Piensa en la coherencia de esta frase con su entorno:

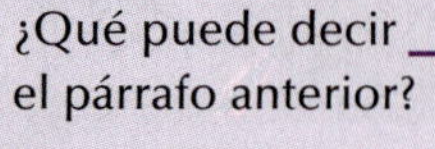

¿Qué puede decir el párrafo anterior? → Desde entonces no he dejado de leer a Onetti → ¿Qué puede decir el párrafo que introduce la frase?

b Escribe un párrafo de unas seis frases (complejas) que la precedan y otro párrafo de igual extensión que se inicie con ella.

c En parejas, por turnos, leed de una en una las frases de vuestro texto, dando tiempo al compañero a imaginar qué frase coherente con ella ha podido escribir. ¿Quién ha adivinado más? ¿Habéis escrito un texto parecido?

d Cada pareja propone una frase para empezar una valoración de un autor, un músico, una película... Sucesivamente, las demás parejas añaden otra frase a la de la pareja anterior para desarrollar su idea. Pero atención: cada siete frases hay que cambiar de párrafo para introducir una idea nueva.

5 Cosas de casa

¿De dónde venimos? ¿A dónde vamos?

1. Qué objetos podemos encontrar en...?

a) una cocina:

b) un cuarto de baño:

c) un cuarto de estar:

2. ¿Cómo le explicarías a un extraterrestre qué son los siguientes objetos?

a) una mesa:

b) un coche:

c) un reloj:

3. ¿En qué situación podemos decir las siguientes frases?

1. ¿Tienes algo que corte?

2. ¿Tienes la cosa esa que corta madera?

4. Responde a estas preguntas tan estúpidas usando el máximo de lógica:

1. ¿Para qué se pone sal en las comidas?

2. ¿Cuándo sabemos que el agua está hirviendo?

3. ¿En qué momento echas los espaguetis en el agua?

4. ¿Después de qué acción está el café más dulce?

5. ¿Hasta qué momento tenemos que esperar para beber un café que está a 80 grados?

Definir y dar instrucciones

- Usos del subjuntivo en oraciones relativas, temporales y finales.
- Vocabulario del hogar. Expresiones y frases hechas.
- Recetas de cocina.
- Un poco de literatura.
- Taller de escritura.

1. Todo es relativo

Describe el objeto más raro, más curioso o más inútil que tengas en tu casa. Pero no digas cómo se llama. Tus compañeros van a intentar adivinarlo, así que las primeras pistas no deben ser muy fáciles. Adivina de qué cuatro objetos estamos hablando en el siguiente ejemplo:

	nombre del objeto
1ª PISTA Tengo una cosa muy bonita **que** compré en Rusia. **2ª PISTA** Es una cosa **de la que** se sacan otras iguales pero más pequeñas.	
1ª PISTA Tengo algo muy valioso **que** es de porcelana china. **2ª PISTA** Es algo **en lo que** se ponen flores.	
1ª PISTA Tengo una cosa antigua **que** explica como encontrar un tesoro. **2ª PISTA** Es una cosa **por la que** los piratas se pelean en las películas.	
1ª PISTA Tengo un objeto **que** todo el mundo olvida o pierde alguna vez. **2ª PISTA** Es un objeto **sin el que** la gente no sale cuando llueve, pero el mío es antiguo y sirve para protegerse del sol.	

Como has visto, a veces necesitamos una preposición para describir los objetos. En tal caso utilizamos esta estructura:

Antecedente	Preposición o frase preposicional	Artículo que concuerda con el antecedente	Pronombre relativo
objeto utensilio aparato mueble lugar ... persona cosa máquina herramienta ... algo	a ante / delante de bajo / debajo de con contra de desde en /dentro de entre hacia hasta para por / por medio de / mediante a causa de / a través de según sin sobre / encima de tras / detrás de	el la los las lo (cuando el antecedente es "algo")	que cual (registro más formal

Recuerda:
a + el = al
de + el = del

Cuando el antecedente es un lugar, en **el/la/los/las/lo** que se puede sustituir por **donde**. Cuando es una persona(s), por **quien(es)**. Si es un modo, por **como** y si se refiere al tiempo, por **cuando**.

2. La actividad en la que estamos

Además de para describir, esta estructura nos sirve para evitar repeticiones y crear frases más elaboradas, propias del registro escrito. Construye una sola frase con las siguientes, como en el ejemplo:

Fui a una **parada de autobús**. La **parada de autobús** estaba bastante lejos.

La parada de autobús a la que fui, estaba bastante lejos.

1. Nos encontramos **ante una situación económica**. Esa **situación económica** es bastante compleja.
2. Estamos **bajo la presión**. Esta **presión** es insoportable.
3. Estuvimos anoche **con unos amigos norteamericanos**. Esos **amigos** son muy divertidos.
4. Estamos luchando **contra una ley**. La **ley** dice que no se puede vender esta casa.
5. El presidente salió **del coche**. El **coche** estaba aparcado junto al Congreso.
6. Vieron el accidente **desde la ventana**. La **ventana** estaba bastante lejos.
7. El tocadiscos está **en el mueble**. Este **mueble** tiene una pata rota.
8. Tienes que ir **hasta ese cruce**. El **cruce** está marcado en el mapa.
9. Me han contratado **para el trabajo**. Es un **trabajo** bastante fácil.
10. Hemos estado viajando **por una región**. En la **región** había muchos pueblos medievales.
11. Yo actúo **según unos principios** y estos **principios** me parecen universales.
12. No podemos vivir **sin un elemento fundamental**. Ese **elemento** es el agua.
13. Acaba de dejar los papeles **sobre la mesa**. Esta **mesa** está recién pintada.
14. Caminaba **tras la mujer**. **Ella** se volvió de repente.

3. Rompecabezas

Ordena las frases siguientes y adivina de qué se trata.

1. Sitio que el agua el bastante es escasa en.
   Puede ser un...

2. Lugar vuelve del morena la que más gente.
   Puede ser la...

3. Producto que contra dentistas el están los.
   Puede ser el...

4. Alguien personas sueñan quien muchas con.
   Puede ser un/a...

5. Comida la españoles identifica por se que a los.
   Puede ser una...

6. Estación comemos que la en helados más.
   Puede ser el...

7. Objeto podemos carne el la que con cortar.
   Puede ser un...

8. Personas las que con hablar tienes que para ejercicio un hacer.
   Pueden ser los...

9. Utensilio que el con sacar botellas el puedes corcho de las.
   Puede ser un...

10. Material el hacer podemos con que de cerámica objetos.
    Puede ser el...

4. Rabillos de pasa

a Rosa Chamorro, la pobre, tuvo un accidente con la bicicleta hace dos meses. Afortunadamente no le pasó nada grave pero a causa del susto, perdió temporalmente la memoria. Su terapeuta le ha mandado hacer unos simples ejercicios para recuperarla. Vamos a intentar ayudarla: después de leer la definición de algunas cosas que hay en su casa, vamos a buscar el nombre exacto de ese objeto, con ayuda del profesor, del diccionario o de la serpiente glotona de la página siguiente.

1 bombilla

Es de cristal. Es pequeña y da luz. Se enrosca y se pone en las lámparas. Cuando lleva mucho tiempo encendida se pone caliente y quema.

2 cable

Es un cordón largo que conduce la electricidad.

3 ______

Es un aparato pequeñito que sirve para escuchar música. Dentro se meten los discos, cintas, compactos, se escucha la radio.

4 ______

Suelen ser de madera o metálicas. En ellas se ponen los libros, sobre todo, y otros objetos más o menos útiles.

5 ______

Se pone en el suelo para cubrirlo. Se puede andar sobre ella descalzo muy cómodamente.

6 ______

Son pequeños, suelen ser de cristal, de barro, metálicos... Sirven para dejar los cigarrillos.

7 ______

Están detrás de las ventanas, se usan para que no entre el sol.

8 ______

Están delante de las ventanas, se usan para que no entre el sol.

9 ______

Es un objeto de cristal o cerámica que sirve para poner flores.

10 ______

Son cuadrados o rectangulares. Están colgados en las paredes y sirven para decorar.

11 ______

Pueden ser de materiales diferentes, aunque el más frecuente es la madera. También pueden tener diferentes formas, tamaños y funciones. Sin ellos una casa estaría desamueblada.

12 ______

Están normalmente encima del sofá o del sillón. Son muy blandos y sirven para estar más cómodos.

13 ______

Es el lugar de la puerta donde metemos la llave para abrir o cerrar.

14 ______

Se usa para secarse. Está colgada en el cuarto de baño.

15 ______

Normalmente hay dos. Uno de agua caliente y otro de agua fría. Suele haber en el cuarto de baño y en la cocina.

16 ______

En él te puedes mirar. Cuando es muy grande se llama luna.

17 ______

Está en el cuarto de baño. De ella sale agua y es de mala educación no usarla después de hacer tus necesidades.

18 ______

Funciona con electricidad. Sirve para lavar la ropa.

19 ______

También funciona con electricidad. Es pequeña, pesada y de metal. Deja la ropa sin arrugas.

20 ______

Está al lado de la cama. Encima se pone el despertador y un montón de cosas pequeñas que nunca usamos.

b Si separas bien las palabras, encontrarás las soluciones:

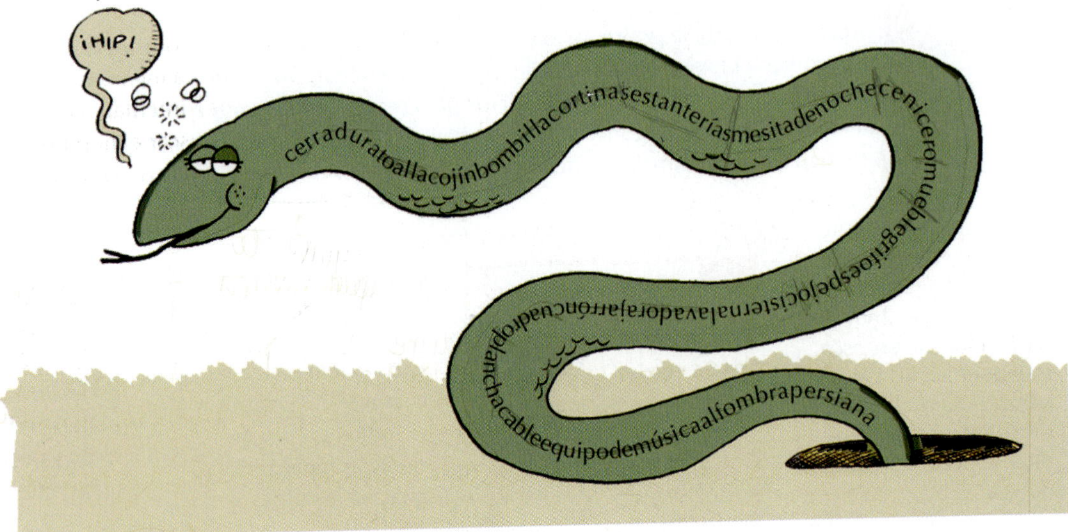
¡HIP!
cerraduratoallacojínbombillacortinasestanteríasmesitadenochecenicero
mueblegrifoespejocisternalavadorajarróncuadro
planchacableequipodemúsicaalfombrapersiana

5. Memoria de elefante

Rosa está mejorando bastante, pero la pérdida de memoria que sufre tiene diferentes etapas: antes no recordaba los nombres de las cosas, ahora no recuerda para qué sirven. Vamos a ayudarla. Con ayuda del profesor o del diccionario, del cuadro que tienes a continuación y de los de verbos de debajo, escribe la definición más exacta de cada uno de los objetos de la casa de la página siguiente.

el material:	**Es de** **Suele ser de** **Está hecho de**	plástico / madera / metal...
la ubicación normal:	**Está en** **Suele estar en**	la cocina / el cuarto de baño..
la función:	**Sirve para** **Es para** **Se usa para**	cortar / taparse / sentarse...

enchufe: *Está en la pared y es de plástico y se usa para enchufar las cosas que funcionan con electricidad.*

interruptor: *Suele estar en la pared, normalmente es de plástico y sirve para encender o apagar.*

decorar	encender	llamar	quitar	secarse	apagar	abrir
enchufar	poner	apoyar	lavarse	tender	limpiar	calentarse
colgar	taparse	apretar	peinarse	sentarse	aflojar	

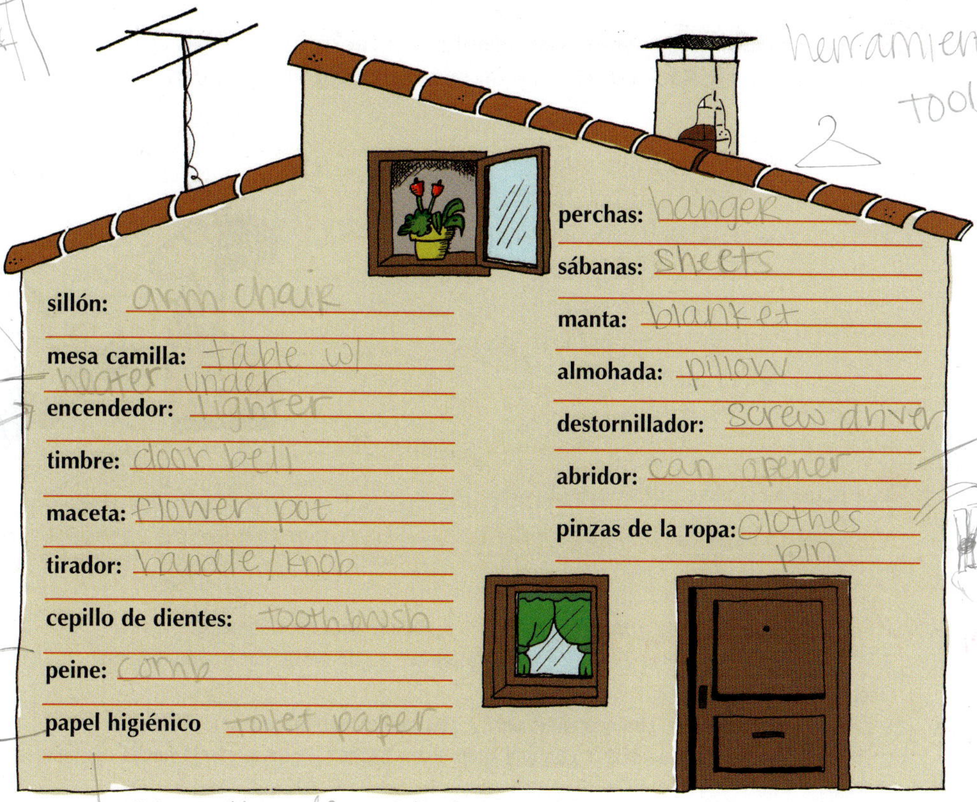

sillón: ______________________

mesa camilla: ______________________

encendedor: ______________________

timbre: ______________________

maceta: ______________________

tirador: ______________________

cepillo de dientes: ______________________

peine: ______________________

papel higiénico ______________________

perchas: ______________________

sábanas: ______________________

manta: ______________________

almohada: ______________________

destornillador: ______________________

abridor: ______________________

pinzas de la ropa: ______________________

6. La casa patas arriba

a Para hacerle más fácil a Rosa la entrada en su casa, vamos a escribir en un papelito el nombre de cada uno de estos objetos para que, cuando los use, pueda leerlos:

bombilla
timbre

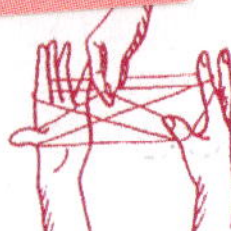

b Y ahora vamos a jugar con estas palabras. Una persona de la clase piensa en un objeto en secreto y el resto de la clase tiene que hacer preguntas para adivinar cuál es.

- ¿Dónde suele estar?
- En el cuarto de baño.
- ¿Y de qué está hecho?
- Pues... de plástico, o de metal.
- ¿Y para qué sirve?
- Pues... para ponerse guapo.
- ¡Un peine!

c Recuerda que se puede preguntar:

Localización:

¿Dónde está? / ¿Dónde suele estar? / ¿Dónde está normalmente?
¿Dónde se pone? / ¿Dónde se suele poner? / ¿Dónde se pone normalmente?

Material:

¿De qué es? / ¿De qué suele ser? / ¿De qué es normalmente?
¿De qué está hecho? / ¿De qué suele estar hecho? / ¿De qué está hecho normalmente?

Función:

¿Para qué sirve? / ¿Para qué suele servir? / ¿Para qué sirve normalmente?
¿Para qué se usa? / ¿Para qué se suele usar? / ¿Para qué se usa normalmente?

Hasta ahora hemos visto oraciones con el verbo en Indicativo:

- Es una cosa que **sirve** para barrer. que suele ser de plástico, que...

Sin embargo, cuando no podemos o no queremos identificar el objeto del que hablamos, usamos el Subjuntivo. Compara las dos frases:

- ¿Tienes algo que **sirva** para pegar plástico?
- ¿Tienes tú el producto ese que **sirve** para pegar plástico?
- ¿Conoces a alguien que **toque** la guitarra?
- ¿Conoces al chico que **toca** la guitarra?

También usamos Subjuntivo cuando negamos la existencia de algo o decimos que es escaso:

- No tengo nada que **sirva** para arreglar el grifo.
- No hay nadie que **haya sobrevivido** mucho tiempo en esas condiciones.
- En España hay poca gente que **viaje** en bicicleta.

Cuando el primer verbo está en Pretérito Imperfecto, Pretérito Indefinido o Condicional, ese Subjuntivo tiene que ser Pretérito Imperfecto de Subjuntivo:

- Cuando era pequeño, no había nadie en el mundo que **lo aguantara**.
- Estuve tres años buscando a alguien que me **dijera** dónde estaba el Doctor Livingston.
- Hasta hace poco en España no había mucha gente que **reciclara**.
- Me gustaría encontrar una amiga que me **entendiera**.

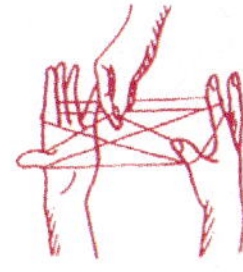

7. ¿Identificas o no identificas?

Pregunta a tus compañeros si conocen a alguien que tenga o haga las cosas de la lista. Tienes que anotar en un papel los nombres de estas personas que tú no conoces (16 en total, como mínimo). Cuando los tengas, se lo das a tu profesor, el cual preguntará al final quién es quién. Gana el primero en completar los 16 nombres. Esta es la lista:

1. Tener un trabajo peligroso.
2. Tocar el violín.
3. Haber estado en la India.
4. Conducir un camión.
5. Coleccionar insectos o mariposas.
6. Bañarse siempre desnudo en la playa.
7. Hablar ruso.
8. Ser vegetariano.
9. Tener más de 80 años.
10. Practicar submarinismo.
11. Haber ganado un premio en un concurso o en la lotería.
12. Saber japonés.
13. Haber dejado de fumar.
14. Tener muchos hermanos.
15. Saltar o haber saltado en paracaídas.
16. Colaborar con una ONG.

8. Tribulaciones de una momia

Imagina que eres una momia egipcia que ha resucitado después de cuatro mil años. Estabas escondida en los cimientos del Albaicín de Granada. Ahora vives en un "carmen" abandonado y todo te parece muy extraño, no entiendes nada. Sólo sabes que quieres conservarte aún joven y que necesitas ayuda y compañía para seguir viviendo en el siglo XXI. Te da miedo salir a la calle porque se te caen las vendas. Necesitas que alguien se preocupe por tu situación y te ayude, así que has decidido escribir una carta al periódico *Ideal* de Granada exponiendo tu problema. Continúa la carta e intenta usar las formas de Indicativo o Subjuntivo que has visto en las oraciones relativas, las que describen objetos, personas, lugares, etc.

Sr. Director de «Ideal»
Gran Capitán, 1 / 18004 Granada

Sr. Director:

Por muy extraño que le parezca, yo nací hace más de cuatro mil años. Sí, sí, no es una broma: soy una momia que, por azar -sería muy largo de explicar-, vive actualmente en el Carmen del Egipcio, en el Albaicín, y cualquiera puede comprobarlo.
Me dirijo a su periódico porque me gustaría conocer a alguien que...

____

____

____

____

Pero, sobre todo, necesito urgentemente a alguien que...

____

____

____

____

9. Sopa de letras

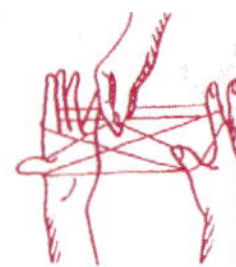

a A ver si conoces el nombre de estas cosas. Tienen en común que todas se comen. Fíjate bien en los dibujos e intenta buscar cómo se llaman en español. Una vez que hayas encontrado los nombres, vuelve a localizarlos en esta sopa de letras:

P I M I E N T O R C E L
H S O E D I F U E O S E
A T S T O R T A X S P C
Ñ O C P S U Z V L T A H
A M D E I A T S I I R E
T A N R B P V E C L R L
S T O A M O N U R T A E
A E L F G S L H O A G F
C A E M A V X I M Y O A
C O M E A Ñ I P A N S N

b Con las palabras que has visto arriba existen algunas expresiones en español que se usan para decir un montón de cosas diferentes. Léelas e intenta adivinar su significado.

1. *dar calabazas*
2. *dar las uvas*
3. *darse una piña / una torta*
4. *dar una torta*
5. *estar como un fideo*
6. *importar un pimiento*
7. *irse / mandar a alguien a freír espárragos*
8. *pedirle peras al olmo*
9. *ser algo del año de la pera*
10. *ponerse como una sopa*
11. *ponerse como un tomate*
12. *sacarle a alguien las castañas del fuego*
13. *ser pan comido (algo)*
14. *ser un melón (alguien)*
15. *tener mala leche/uva*

C Lee las siguientes frases y sustituye lo marcado en negrita por una de las expresiones anteriores en la forma correspondiente, como en el ejemplo.

¿Que tú tienes problemas con la ropa? ¡Si **estás delgadísima**!

Estás como un fideo.

1. • Bueno, **me da igual** que no quiera salir conmigo el viernes.

me importa un pimiento

2. • **No le pidas que haga más de lo que puede**, ya sabes que no es muy listo.

no le pidas peras al olmo

3. • ¿Te falta mucho? Como no te des prisa, **vamos a estar aquí hasta medianoche**.

~~damos las uvas~~ – nos van a dar las uvas

4. • ¿Sabes que Gracia se ha roto una pierna? El otro día esquiando tropezó y **chocó** con una roca.

se ~~da~~ dió una piña

5. • Pablo y Rosana se llevan fatal. El otro día hasta se pelearon y ella **le dio una bofetada**.

le dio una torta

6. • Me ha pillado una tormenta en la calle y **vengo totalmente mojado**.

~~se pongo~~ como una sopa. – me he puesto como una sopa

7. • ¡Tiene mucha cara! Siempre encuentra a alguien que **le resuelva los problemas en que se mete**.

~~le saca~~ le saque ~~a alguien~~ las castañas del fuego.

8. • María José es muy vergonzosa, no se acostumbra a hablar en público. Y, cuando hay mucha gente, **se pone roja**.

se pone como un tomate

9. • Mi prima es increíble, tiene un amigo muy rico que lleva años queriendo salir con ella, pero ella siempre **le dice que no**.

le da calabazas

10. • Tengo en mi casa un escritorio que parece que **es viejísimo**.

Es algo del año de la pera

11. • Alejandro siempre hace lo que quiere, además, no entiende nada, siempre hay que explicárselo todo dos veces.
   ○ Sí, la verdad es que es **bastante torpe y cabezón**...

Es un melón

12. • No te preocupes por el gazpacho, yo lo hago en un momento, **es facilísimo**.

Es pan comido

13. • ¡No te soporto más! **¡Déjame en paz!**

Vete a freír espárragos

14. • Ten cuidado con lo que hace y dice Jaime. **Tiene mala intención**.

Tiene mala leche

10. Deje su mensaje después de la señal. Gracias

5-8

a Rosa ha decidido hacer una fiesta para celebrar su curación, pero necesita ayuda. Por eso ha llamado a cuatro amigos por teléfono y les ha dejado mensajes en sus respectivos contestadores automáticos. Vas a escuchar dos veces estos mensajes. Toma nota de las cosas que Rosa les ha pedido a Juan, a Lola, a Javier y a Mercedes. Para que te sea más fácil, primero mira el siguiente vocabulario, a ver si sabes lo que significa:

olla	langostinos	equipo
sangría	cable	traer
discos	batidora	hervir
chaquetilla	prestar	armario

quedarse la ropa pequeña-grande

encargarse de algo

A Juan le ha pedido...
A Mercedes le ha pedido...
A Javier le ha pedido...
A Lola le ha pedido...

b Vas a volver a escuchar otra vez las grabaciones de los mensajes. Abajo tienes parte de las transcripciones en las que faltan algunas palabras claves. Escríbelas en los espacios.

1. Si puedes ________ uno y tú ________ la música y eso, ¿vale? ¡Ah!, y que no se te ________ ________ los discos esos tan chulos que tenías de los sesenta. ¿Sabes? Que ________ también a tu hermano, ¿vale? Bueno... Pues nada... Que nos vemos. ________ y me lo confirmas, ¿no? Un beso.

2. Te llamaba porque si tú no te vas a poner tu chaquetilla dorada..., a ver si me la ________ ________. Hija, es que no tengo nada decente que ponerme. Y..., mira..., si ________ ________ la batidora tuya... Es que la mía me parece que está rota. Sólo eso. Hasta luego. Que ________ ________, ¿eh?

3. Que le ______ a Catalina que venga, y si ves a Pablo y a Javier, también. Es que yo no sé cómo localizarlos y si ______ , pues os traéis algo de beber que no sea vino, porque voy a hacer una sangría, ¿vale? Pues bueno..., nos vemos. Un beso. Hasta luego.

4. Mira, te llamaba para pedirte un favor... porque ______ preparar langostinos para la fiesta... pero ______ tiempo para comprarlos..., y como tú de esas cosas sabes mucho, a ver si ______ tú. Harían falta por lo menos dos kilos (...)

c Con las mismas fórmulas que ha utilizado Rosa para pedir cosas y con otras que conozcas, escribe unas notas a varios compañeros pidiéndoles cosas para organizar una fiesta. Necesitas: comida, bebida, música, decoración, regalos, invitar a amigos, vasos, hielo, platos, sillas, discos... Ten en cuenta que las peticiones hay que justificarlas.

11. Para chuparse los dedos

a Rosa quiere preparar una comida especial para su fiesta. Lee atentamente una de las recetas en las que ha pensado.

Langostinos Abanico

Ingredientes:

Langostinos (elíjase la cantidad), una rama de tomillo, una hoja de laurel, aceite de oliva, sal, pimienta, judías verdes, un tomate.
Para la mayonesa: aceite, vinagre, limón, huevos.
Para el alioli, también ajo.

Modo de preparación:

Se pone en una olla grande agua a hervir con bastante sal, granos de pimienta, una hoja de laurel, una rama de tomillo y una cucharada de aceite de oliva. Cuando hierva, se echan los langostinos y se dejan hasta que el agua vuelva a hervir. Después, se quita la cacerola del fuego y se dejan los langostinos dentro unos diez minutos. Luego se vuelcan en un colador grande para que escurran y se enfríen. Es aconsejable guardar el agua de los langostinos para después cocer las verduras.

Mientras tanto, se cortan y se lavan las judías y se ponen a cocer en el agua que sobre de hervir los langostinos. Déjelas en el fuego unos quince minutos con la cacerola destapada para que se queden "enteras". Se escurren en un colador y se refrescan debajo del grifo con un chorro de agua fría para que conserven un bonito color.

Modo de preparación de la mayonesa y el alioli:

Para la mayonesa se ponen en un recipiente los huevos con una pizca de sal, pimienta y un poquito de vinagre. Entonces se bate poco a poco con la batidora y progresivamente se añade una cucharada y media de aceite de girasol.
Al final, en cuanto la salsa ya esté bien hecha, se puede añadir una cucharadita de zumo de limón para que quede más suave. El alioli, para los cocineros iniciados, se haría de la misma manera que la mayonesa, pero añadiendo dos dientes de ajo por cada yema de huevo.

Decoración:

En cuanto esté preparada la mayonesa y el alioli, coja un plato grande o una fuente y añada una capa de mayonesa. Ponga el alioli en un borde del plato para que no se mezcle con el resto de los sabores, porque está muy picante. Después, coloque los langostinos pelados, sin piel y sin cabeza, como en la imagen. Decore el centro del plato con un tomate cortado en forma de flor. Se aconseja acompañar este plato de vino blanco seco muy frío.
¡Que aproveche!

b Ya sabes que Rosa anda un poco mal de memoria, y no comprende demasiado bien la receta. Hay algunas cosas que todavía se le escapan. Sigue ayudándola con el siguiente ejercicio de vocabulario:

1.- Los objetos de la cocina para preparar esta comida son: ____________

2.- Los verbos de la receta que no comprende significan lo siguiente:

______ , ______ : calentar algún alimento líquido o sólido dentro de un líquido.

______ , ______ , ______ : poner.

______ : lo contrario de calentar.

______ : lo contrario de poner.

______ : enfriar con agua.

______ : echar una cosa en algún recipiente.

______ , ______ : mover y unir algo.

______ : quitar el agua.

3.- Ahora fíjate tú en las formas gramaticales del texto anterior y recuérdale a Rosa las formas que se suelen emplear en una receta.

a.- Verbos construidos con el pronombre **se**: ____________

b.- Verbos en Imperativo en tercera persona (**usted**), es decir, con la misma forma que el Subjuntivo: ____________

c.- Verbos en Subjuntivo en oraciones temporales con valor de futuro:

con **cuando:** ____________

con **en cuanto**: ____________

con **hasta que**: ____________

d.- Verbos en Subjuntivo en oraciones finales:

con **para que**: ____________

12. Trucos de cocina

a Vamos a volver sobre las formas de Subjuntivo que hemos visto antes.

Fíjate bien en las oraciones temporales introducidas por:

Cuando	**Cuando** el aceite **<u>esté</u>** caliente, se echa la cebolla.
En cuanto	**En cuanto (justo cuando)** el agua **<u>hierva</u>**, se añade la pasta.
Hasta que	Deje el arroz en la cazuela **hasta que <u>esté</u>** bien hecho.
Antes de que	**Antes de que** el agua **<u>hierva</u>**, ponga una pizca de sal y pimienta.
Después de que	**Después de que <u>hierva</u>** el agua, añada el té.
Y en las oraciones finales introducidas por:	
Para que	Pique bien la cebolla **para que <u>se fría</u>** mejor.

b Lee ahora estos consejos de cocina e intenta transformar las siguientes frases usando esas formas con el Subjuntivo, como en el ejemplo:

El agua tiene que hervir. **Justo después**, hay que echar la sal.

<u>En cuanto</u> el agua <u>hierva</u>, hay que echar la sal.

1. El pescado tiene que estar bien limpio. Así sabrá mejor.

para que

2. A veces el tomate está ácido. Entonces se pone una cucharadita de azúcar.

cuando

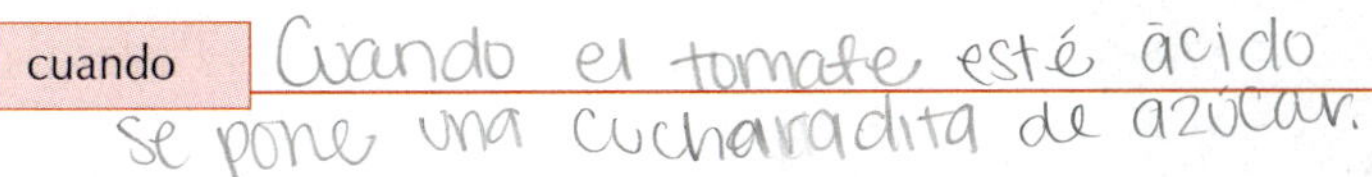

3. La pasta no se debe refrescar con agua. De esta manera estará en su punto.

para que

4. Primero las salsas deben hervir. Después se añadirán las especias.

después de que

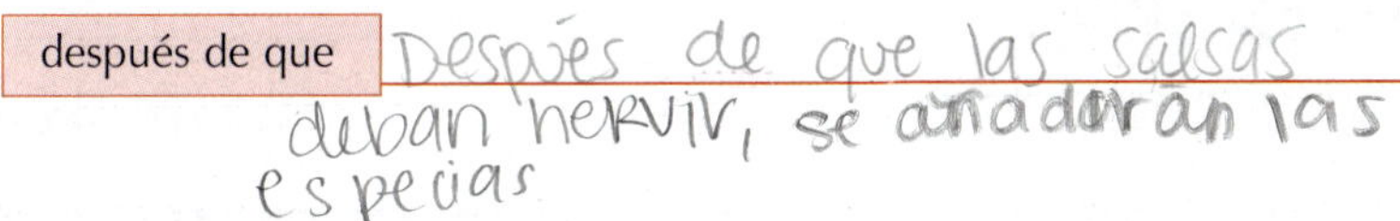

5. Las cazuelas de barro sin estrenar se mojan porque, si no, se romperían.

para que no

6. A la tortilla de patatas se le puede añadir un vasito de leche. Estará más suave.

para que

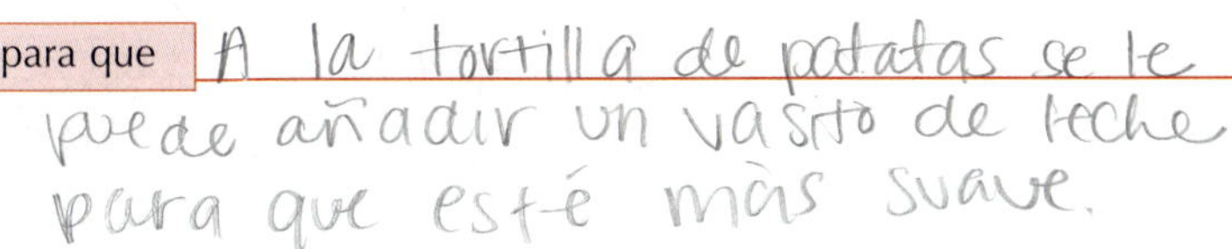

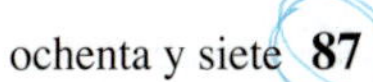

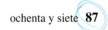

7. La paella debe reposar. Al final no tiene que quedar agua.

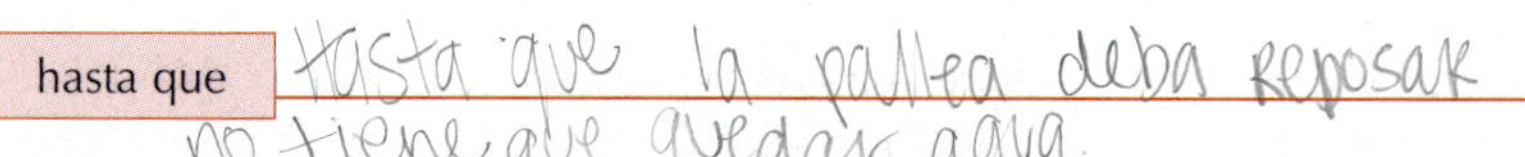
hasta que
hasta que la pallea deba reposar
no tiene que quedar agua.

8. Al puré de patatas se le puede añadir remolacha, así tendrá un color rosa muy atractivo.

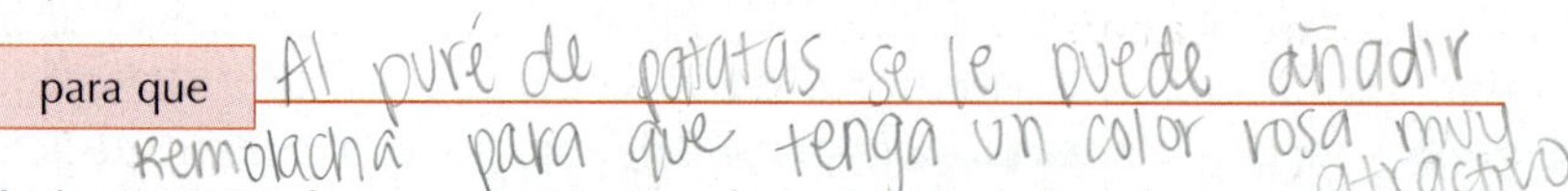
para que
Al puré de patatas se le puede añadir
remolacha para que tenga un color rosa muy
atractivo.

9. La leche tiene que hervir unos minutos, después pon el chocolate. Puedes poner una copa de coñac, así tendrá mejor sabor.

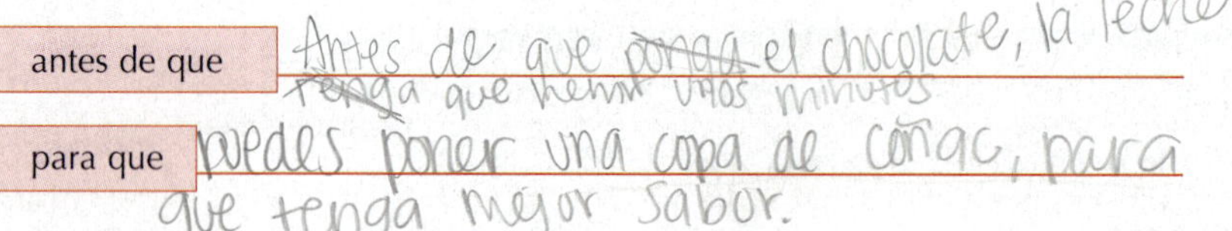
antes de que
Antes de que ponga el chocolate, la leche
tenga que hervir unos minutos
para que
puedes poner una copa de coñac, para
que tenga mejor sabor.

10. La cebolla se dora solamente. En ese preciso momento añade la harina porque, si no, se quema

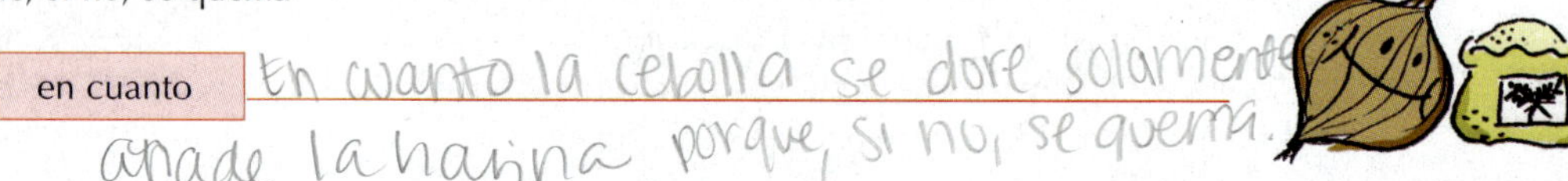
en cuanto
En cuanto la cebolla se dore solamente
añade la harina porque, si no, se quema.

c Seguro que sabes más consejos como estos para cocinar mejor. Escribe tres o cuatro y cuéntaselos después a tus compañeros.

d Y ahora, siguiendo el modelo de la receta anterior y usando todo el material que tienes, intenta escribir alguna receta que tú conozcas para luego explicársela al resto de la clase.

13. Un poco de literatura

a ¿Qué tal si damos una vuelta por una casa española del siglo XIX? Se trata de una casa de campo, concretamente de un molino que sirve de vivienda a un matrimonio: el tío Lucas y la señora Frasquita, los protagonistas de *El sombrero de tres picos*, una divertida novela escrita por un granadino, Pedro Antonio de Alarcón. Veamos cómo empieza la obra, explicándonos la vida cotidiana de esta pareja.

Amaba, pues, locamente la señá Frasquita al tío Lucas y se consideraba la mujer más feliz del mundo al verse adorada por él. No tenían hijos (...) y se habían dedicado cada uno a cuidar y a mimar al otro (...) Se trataban con una llaneza, una alegría, una broma y una confianza semejantes a las de aquellos niños compañeros de juegos (...) que se quieren con toda el alma sin decírselo jamás. (...)

¡Imposible que haya habido sobre la tierra molinero mejor peinado, mejor vestido, más regalado a la mesa, rodeado de más comodidades en casa que el tío Lucas! ¡Imposible que ninguna molinera ni ninguna reina haya sido objeto de tantas atenciones, de tantas finezas como la señá Frasquita! ¡Imposible también que ningún molino haya encerrado tantas cosas necesarias, útiles, agradables, recreativas y hasta superfluas! (...)

Contribuía a ello que la señá Frasquita, la pulcra, hacendosa, fuerte y saludable navarra, sabía, quería y podía guisar, coser, bordar, barrer, hacer dulce, lavar, planchar, blanquear la casa, fregar, amasar, tejer, hacer media, cantar, bailar, tocar la guitarra y los palillos, jugar a la brisca y al tute, y otras muchísimas cosas. (...) Y contribuía no menos al mismo resultado el que el tío Lucas sabía, quería y podía dirigir el molino, cultivar el campo, cazar, pescar, trabajar de carpintero, de herrero y de albañil, ayudar a su mujer en todas las tareas de la casa, leer, escribir, contar, etcétera, etcétera.

(...) Finalmente: en el molino había una huerta, que producía toda clase de frutas y legumbres; un estanque encerrado en una especie de kiosko de jazmines, donde se bañaban en verano el tío Lucas y la señá Frasquita; un jardín, un invernadero para las plantas exóticas; una fuente de agua potable; dos burras, en que el matrimonio iba a la ciudad o a los pueblos cercanos; gallinero, palomar, pajarera, criadero de peces; criadero de gusanos de seda; colmenas; lagar, con su bodega; horno, telar, fragua, taller de carpintería, etcétera, etcétera, todo ello reducido a una casa de ocho habitaciones y tasado en la cantidad de diez mil reales.

(Pedro Antonio de Alarcón, *El sombrero de tres picos*. Texto adaptado.)

¿?
¡!

b En este fragmento se nos describe a una pareja feliz. Analizad el texto y, entre todos, tratad de descubrir los "secretos" de la felicidad de Lucas y Frasquita. ¿Creéis que esos "secretos" servirían hoy también? ¿Por qué? ¿Qué es lo que, según vosotros, necesita una pareja para ser feliz? ¿Han cambiado mucho las cosas desde la época del texto a la actualidad? Poned ejemplos.

c Siguiendo este modelo, escribid cómo sería hoy la vida de Lucas y Frasquita: cómo y dónde vivirían, cómo sería su relación, qué harían, cuáles serían sus posesiones, qué problemas tendrían...

d ¿Tenéis curiosidad por saber qué sucesos extraordinarios turbarán la felicidad de los dos protagonistas? Pues... ¡ya sabéis lo que tenéis que hacer! No es tan difícil, ¿verdad?

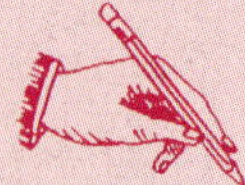

14. Taller de escritura: elaborar párrafos (II)

a Lee la siguiente noticia y señala en el texto con qué palabras se refiere el autor a Luisa, a Joaquín, al niño, a los agentes, al lugar de los hechos. Usa colores distintos para diferenciarlos.

Una víctima de malos tratos apuñala a su pareja en Barcelona

Agentes del Cuerpo Nacional de Policía detuvieron esta madrugada en Barcelona a Luisa L. M., como presunta autora del apuñalamiento de su compañero sentimental, Joaquín L., según informaron a Europa Press fuentes de la Jefatura Superior de Policía, quienes explicaron que, a pesar de ser el marido la víctima, el suceso podría estar motivado por los maltratos a los que el agredido sometía a su mujer.

Sobre las dos de la madrugada, tras recibir el aviso de una vecina que oyó gritos en el inmueble en el que convivía la pareja, en la calle Riudarenes de la Ciudad Condal, diversas dotaciones policiales se dirigieron hacia el lugar de los hechos. Una vez allí, los agentes, forzando la puerta, entraron al apartamento y encontraron al hombre, de 45 años de edad, malherido, víctima de varias cuchilladas —presuntamente producidas por su compañera, de 40 años—, y al hijo del matrimonio, P. A. de 9, en estado de shock. Padre e hijo fueron trasladados al Hospital del Mar, aquel en estado grave. El menor, que se resistía a que lo separaran de su padre, tuvo que recibir asistencia psicológica y ha sido entregado a la familia de su madre.

La agresora acudió a comisaría varias horas después de los acontecimientos referidos para presentar una denuncia contra su marido por malos tratos. No obstante, fue detenida por los funcionarios policiales acusada de agresión. "Yo no podía más. Le tenía miedo, entiéndanlo", dijo cuando la detenían.
La pareja era ya conocida por la policía, porque agentes de esa misma comisaría habían acudido al domicilio en varias ocasiones, alertados por los vecinos, ante las frecuentes y violentas disputas que estallaban entre los cónyuges.

b Interpreta por el contexto: ¿A quién se refieren los relativos **quienes/que**, los pronombres **lo**, **yo**, **le**, **la** y el posesivo **su**?

c Une estos participios (adjetivos derivados de un verbo) con los sustantivos correspondientes, con los que mantienen concordancia de género y número:

______ motivado	______ producidas	______ trasladado	______ entregado
______ referidos	______ detenida	______ conocida	______ alertados

d Busca expresiones como **tras recibir el aviso** que hacen referencia a relaciones temporales entre los hechos.

e Agrupa las siguientes palabras por su relación. Puedes incluir una misma palabra en varias series.

padre · agresión · equipo · policía · matrimonio
apuñalamiento · pareja · detener · comisaría · denuncia
domicilio · acusada · cuchilladas · familia · inmueble · malos tratos

Fíjate que todos estos recursos conectan los elementos del texto entre sí como si se tratara de una red. Son mecanismos de cohesión, fundamentales para darle unidad a un escrito. Otros recursos de cohesión son:

- los conectores (**no obstante**, **a pesar de**, **según**),
- los demostrativos (**este**, **aquel**),
- las elipsis (tras recibir [**la policía**] el aviso, la policía se dirigió al lugar de los hechos),
- los gerundios (entraron, **forzando** la puerta).

6 Vete tú a saber

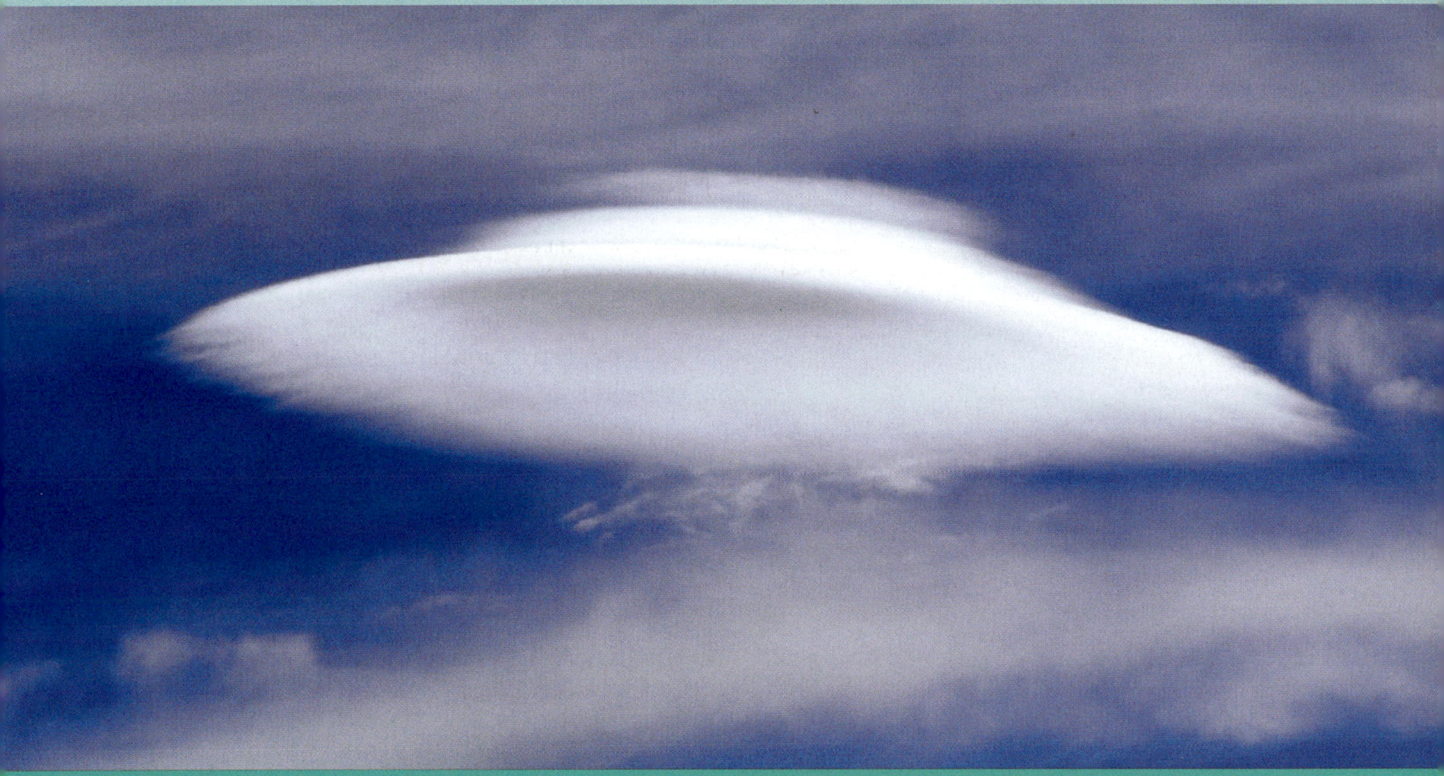

Mostrar acuerdo y desacuerdo. Expresar hipótesis y probabilidad

- Uso de los tiempos verbales en la expresión de hipótesis.
- Recursos para expresar acuerdo y desacuerdo.
- Recursos para reaccionar ante una hipótesis.
- Marcadores de hipótesis
- Cotilleos.
- Un poco de literatura.

¿De dónde venimos? ¿A dónde vamos?

1. Neus y Lola hablan sobre José Plácido. Lola está enfadada con él y no quiere llamarlo. Pero Neus insiste en que lo llame y hagan las paces. Completa el siguiente diálogo prestando mucha atención a las indicaciones entre paréntesis:

Neus *(diplomática* - *Oye, Lola, he visto a José Plácido y dice que lo llames.*
Lola *(enfadada)* - ________, *no quiero hablar con él.*
Neus *(insiste)* - ________. *¡No seas tonta!*
Lola *(lo rechaza)* - ________. *¡Si quiere hablar conmigo, que me llame él!*
Neus *(insiste)* - ________, *llámalo.*
Lola *(dice que no)* - ________
Neus *(irónica)* - *Pues... me parece que tenía un regalo para ti.*
Lola *(con dudas)* - ________.
Neus *(cariñosa)* - *Vamos... tonta... lo llamamos ahora mismo las dos.*
Lola *(acepta)* - ________.

2. Estás en la playa, no tienes reloj, no sabes exactamente qué hora es pero puedes imaginarlo. Si alguien te pregunta la hora, ¿qué formas elegirías para darle la información?

3. ¿Podrías diferenciar las siguientes acciones?
comentar / criticar / cotillear

¿Sabes qué? Me han dicho que...
BAR PEPE

Vete tú a saber

1. ¡Y un jamón!

a Lee el siguiente diálogo y fíjate en su contexto.

DIÁLOGO 1

● Irene.- ¿Diga?
○ Ana.- Hola, Irene, soy Ana.
● I.- Hola, Ana, ¿qué tal...?
○ A.- Oye, mira, tengo que pedirte un favor. Es que tengo que organizar una fiesta griega para este viernes y... necesito a alguien que sepa bailar el sirtaki. Y como tú eres la única griega que conozco...
● I.- ¡Que yo baile el sirtaki delante de gente! **¡Ni loca!** Además, no lo sé bailar bien.
○ A.- Sí sabes, que yo te he visto.
● I.- **¡Qué va!, ¡qué dices!**
○ A.- Si da igual, lo importante es que parezca griego y mejor que yo lo harás. Venga, Irene, si son solo cinco minutos.
● I.- **¡Ni hablar!, que no**. Además, ¿cuándo es? Has dicho el viernes, ¿no?
○ A.- Sí, el viernes.
● I.- Pues, no puedo, es el cumpleaños de una chica de mi piso. ¿Por qué no se lo pides a Leitheria?
○ A.- **¡Anda ya!** Nos llevamos fatal.
● I.- Pues, llama a Tula, ella baila desde que era pequeña y canta muy bien. Yo, si quieres, te dejo la música o hago mousaka.
○ A.- **Bueno, vale,** voy a llamarla, a ver si quiere... De todas formas, nos vemos luego, ¿no?
● I.- Sí, **claro**, y ya me cuentas... Oye, lo siento, de verdad.
○ A.- **Vale**, no tiene importancia. Hasta luego, ¿eh?
● I.- Hasta luego.

CONTEXTO 1

QUIÉNES HABLAN: dos amigas
DE QUÉ HABLAN: Ana le pide a Irene que baile en una fiesta griega e Irene se niega.
QUÉ ACTITUD TIENEN: Ana insiste pero no consigue convencer a Irene.

b Analiza tú ahora los siguientes diálogos y completa sus contextos según el modelo anterior.

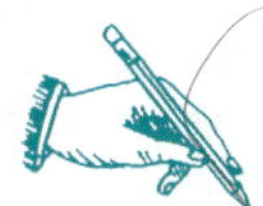

DIÁLOGO 2

Heladín

- Elena.-¡Hay que ver qué buenos están los helados en este sitio!
- ○ Jaime.- **De verdad**. Quizá podríamos llevarle una tarrina de postre a tu madre.
- E.-Pues sí, mejor que pasteles. A mi madre le encanta el helado.
- ○ J.-¿Qué compramos?, ¿una tarrina o dos?
- E.-Con dos de medio litro es bastante.
- ○ J.-**¿Tú crees?** A mí me parece poco.
- E.-Somos seis. Yo creo que está bien. Por cierto, que no tengo suelto. ¿Lo pagas tú?
- ○ J.-**Por supuesto**.

CONTEXTO 2

QUIÉNES HABLAN: una pareja	
DE QUÉ HABLAN:	Jaime le pregunto a Elena si tiene bastante helados
QUÉ ACTITUD TIENEN: ¿están de acuerdo?, ¿están enfadados?	de acuerdo

DIÁLOGO 3

- Laura.- Oye, he visto esta mañana a Ángel y me ha dicho que tiene que hablar contigo, que lo llames o que vayas a verlo.
- ○ Eva.- **¡Ni mucho menos!** Si quiere hablar conmigo, que me llame él.
- L- ¡Venga, venga!, que siempre estáis igual.
- ○ E- Yo no pienso ir a verlo.
- L- ¡Venga ya, mujer!, que no es para tanto. ¡Ah!, y me ha dicho también que si le podías dejar los esquís.
- ○ E- **¡Y un jamón!** ¡Tendrá cara...!
- L- Mira, yo que tú hablaría con él.
- ○ E- **¡Ni pensarlo!** Después de lo que me ha hecho... Imagina que te lo hubiera hecho a ti; seguro que romperías con él.
- L- **A lo mejor. No sé...** Pero, de todas formas, hablaría con él. Venga, dale otra oportunidad, lleváis mucho tiempo juntos y esas cosas pasan... Y es mejor olvidarlo.
- ○ E- ¿Olvidarlo? Eso, **¡en la vida!** Puedo perdonárselo, pero no creo que olvide nunca el ridículo que me hizo pasar.
- L- No seas así. Él te quiere y tú lo sabes. ¿Qué consigues negándote a hablar con él? Dicen que hablando se entiende la gente, ¿no?
- ○ E- **Está bien**, lo llamaré, pero que sepas que lo hago por ti.

CONTEXTO 3

QUIÉNES HABLAN:	
DE QUÉ HABLAN:	
QUÉ ACTITUD TIENEN:	

c Escucha ahora los diálogos anteriores y pon atención especialmente en la entonación de las expresiones en negrita. Te darás cuenta de que es un factor muy importante para marcar el énfasis con que aceptamos o negamos lo que otros dicen o nos proponen.

9-11

d Ahora, extrae las expresiones que están señaladas y, de acuerdo con el contexto, clasifícalas como ACEPTACIÓN, EVASIVA o RECHAZO:

ACEPTACIÓN	
El interlocutor comparte la opinión del otro de manera más o menos entusiasta, muestra acuerdo con su propuesta o acepta su petición.	- Bueno...

EVASIVA	
El hablante no quiere comprometerse con un rechazo o una aceptación, intenta "huir" de ellos mostrando rechazo o aceptación parciales.	- ¿Tú crees?

RECHAZO	
El interlocutor contradice la opinión del otro de manera más o menos violenta, rechaza su propuesta o se niega a acceder a su petición.	- ¡Qué va!

2. Emoticonos

a Las formas que has recogido en la actividad 1 se pueden colocar en la tabla que te presentamos en el apartado **b** y obtener un cuadro bastante completo de los recursos que existen en español para aceptar, rechazar o no comprometerse. Para colocarlas tenemos que tener en cuenta dos cosas:

1. Si las reacciones son RESPUESTA A:
a) una propuesta, como por ejemplo, **¿Me ayudas?**
b) una información o valoración, como por ejemplo, **Aprender español es facilísimo.**
Algunas reacciones sirven de respuesta tanto a las propuestas como a las afirmaciones y por eso podemos colocarlas en la columna del centro.
2. El ÉNFASIS con que respondemos.

b La frontera entre un grado y otro no es tan clara como aparece en el cuadro siguiente (la entonación tiene mucho que ver en esto), pero ver las formas presentadas de este modo te puede ayudar a usarlas adecuadamente en un contexto. Coloca ahora, en los espacios marcados, las formas que has recogido en los diálogos.

ÉNFASIS	*RESPUESTA A:*		
	a) Propuestas y peticiones • ¿Te vienes?		*b) Informaciones y opiniones* • Aprender español es facilísimo.
¡Sí!	**Encantado** **Cómo no** **¡Faltaría más!**	______ **Claro que sí** **Desde luego**	**Vaya que sí** **Y que lo digas** **¡Anda que no!** ______
Sí	______ ______ ______ **Venga** **De acuerdo**	**Sí** **Pues sí** ______ **Naturalmente**	**Es verdad / cierto** **Tienes razón** **Estoy de acuerdo** **Ya**
Sí...	**¿Por qué no?**		**Quizás** **Tal vez** ______ **Igual** **Lo mismo** **Posiblemente** **Puede ser** **Seguro** **Seguramente**

ÉNFASIS				
	NO...	**Es que...** **Pues...** **Lo que pasa es que...** **La verdad es que...**		____ **Depende** **Según se mire** **No creo** **¿De verdad?** ____
	NO	**No puedo** **No tengo ganas**	**No** **Pues no** **Creo que no**	**No es verdad / cierto** **No me lo creo** **Ya será menos**
	¡NO!.	**Nunca** ____ ____ **No me da la gana**	**Desde luego que no** **Claro que no** **Por supuesto que no** **De ninguna manera** ____ ____ ____ **Nada de eso** **De eso nada** ____ ____ ____ ____ ____ ____	**Menudo rollo** **¡Vaya rollo!** **En absoluto**

3. Lo que pasa en la calle

a Vamos a escuchar un fragmento del programa "Lo que pasa en la calle". El locutor nos propone un concurso. Ha salido a la calle provocando las reacciones espontáneas de algunos ciudadanos. Escucha con atención.

12

b ¿En qué consiste el concurso? Si quieres participar, tienes que señalar el sentido de las reacciones de los entrevistados, como en el ejemplo. Recuerda que la entonación es muy importante para valorar el grado de acuerdo o desacuerdo de la gente que habla.

Las mujeres españolas son las más apasionadas de Europa.
¡Y que lo digas!
PRENSA
HOTEL

¡Menudo rollo!
Claro que sí. Desde luego.
Ya.
No sé. Según se mire.
¡Anda que no!
¡Anda ya!

C Nuestro locutor ha invitado a tomar copas a algunas chicas en la calle. ¿Cómo han reaccionado?

¿Quedamos esta noche para tomar una copa?

¡Venga ya!

¡Cómo no! Encantada.

¡Ni pensarlo!

Claro.

¡Venga!

No sé. Bueno.

¡Ni loca!

d ¿Crees que has valorado adecuadamente la fuerza de las reacciones de cada entrevistado? Como el premio del concurso es un viaje para dos, compara tus valoraciones con las de tu compañero de al lado. Si tenéis valoraciones diferentes, tratad de llegar a un acuerdo y al final decidid la respuesta a las dos preguntas del concurso:

1. ¿Piensa la gente de la calle que las mujeres españolas son las más apasionadas de Europa?

La mayoría sí ☐ Equilibrio ☐ La mayoría no ☐

¿Es fácil ligar con una mujer española?

Con la mayoría sí ☐ Equilibrio ☐ Con la mayoría no ☐

4. Reacciona como puedas

Vamos a practicar las formas para reaccionar que hemos aprendido. Uno de vosotros va a leer uno de los enunciados enumerados a continuación y los demás vais a reaccionar de forma diferente (no vale repetir), teniendo en cuenta si se trata de una propuesta o de una información. Vamos a dividir la clase en cuatro grupos y, para que sea más divertido, nos repartiremos los siguientes papeles:

GRUPO 1. Buenas personas, cooperativos, agradables, solícitos y de buenas maneras.

GRUPO 2. Dispuestos a ayudar pero lo mínimo. Con opiniones no muy definidas.

GRUPO 3. Dispuestos a no ayudar si es posible. Tienen sus razones para no prestar ayuda o no estar de acuerdo, pero intentan no ser demasiado desagradables.

GRUPO 4. Nada cooperativos, todo lo contrario. Pueden resultar desagradables, si se lo proponen, y es difícil que se crean lo que dicen los demás.

1. ¿Me pasas la sal?
2. Me acaban de robar el bolso en la calle. ¿Puedes acompañarme a comisaría?
3. Resulta que tengo que ir a Málaga y mi coche no va muy bien. ¿Por qué no me prestas el tuyo?
4. Esta maleta pesa un montón. ¿Puedes ayudarme?
5. ¿Te vienes a tomar una cerveza? Te invito.
6. ¿Vamos a la playa este fin de semana?
7. Ya sé que tú pagaste ayer, pero paga esto también, que otro día te invitaré yo.
8. El profesor habla demasiado. ¿Por qué no le dices que se calle?
9. No tengo ganas de comer, estoy siempre cansado y me duele la cabeza todos los días. Yo creo que estoy muriéndome.

10. Para mí, las relaciones amorosas no son un problema. Siempre consigo todo lo que quiero.
11. España es el mejor país del mundo.
12. Las mujeres son muchísimo más inteligentes que los hombres.
13. En España tienes muchas horas de sol al año.
14. La gente en España es muy inculta, porque siempre está en los bares.
15. Este fin de semana voy a ir a Sevilla, pero no sé si coger el Mercedes, el Ferrari o el Porsche.
16. Dicen que Napoleón, en realidad, era una mujer disfrazada de hombre.
17. Te invito a una copa en mi apartamento. ¡La noche es muy larga!
18. Es un trabajo de diez horas y te pagan a 90 euros la hora. ¿Tú estarías dispuesto a hacerlo?
19. A la una de la tarde no hay nada mejor que un buen par de cervezas con un buen par de tapas.
20. Me han dicho que quieres invitarnos a todos los de la clase a cenar en un restaurante muy caro.

5. Hipótesis

a Dicen que es mejor no hablar de lo que no se sabe, pero a veces es necesario. Entonces, lo único que podemos hacer es ofrecer nuestra propia versión de la realidad. Para dejar claro esto (es decir, que no hablo de lo que sé efectivamente, sino de lo que solamente supongo), podemos introducir nuestro enunciado con formas como las que ya conoces:

¿Hipo...qué?
Hipopótesis, creo.

Yo creo que él no ha podido subirse solo.

Es posible que se haya caído de una ventana.

Quizás / A lo mejor está huyendo de un gato.

b Pero, sobre todo, cambiamos el tiempo de los verbos que normalmente utilizaríamos. ¿Puedes imaginar cómo será el diálogo del dibujo 2?

¿Qué hora es?
Son las seis.

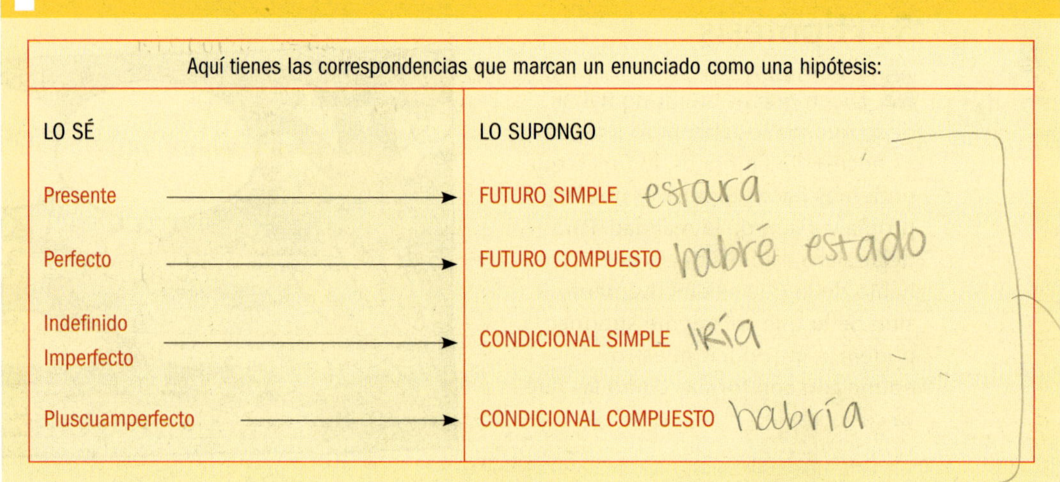

Aquí tienes las correspondencias que marcan un enunciado como una hipótesis:	
LO SÉ	LO SUPONGO
Presente →	FUTURO SIMPLE
Perfecto →	FUTURO COMPUESTO
Indefinido Imperfecto →	CONDICIONAL SIMPLE
Pluscuamperfecto →	CONDICIONAL COMPUESTO

c De acuerdo con las correspondencias anteriores, completa tú mismo los ejemplos:

	SI LO SABES, DICES...	SI SÓLO LO SUPONES, DICES...
• ¿Por qué María no ha venido a clase?	○ **Está** durmiendo. ○ **Ha tenido** un problema con la moto. ○ Anoche **se emborrachó**.	
• ¿Y por qué no vino ayer tampoco?	○ El día anterior **había venido** su novio.	

6. ¿Qué será, será?

a Al ver lo que se representa en los siguientes dibujos, ¿qué pregun
piensas que puede estar pasando o haber pasado? Discute con tu comp
pregunta apropiada y la posible hipótesis.

b Como hemos dicho antes, también puedo hacer hipótesis introduciendo mi enunciado con formas que indican posibilidad. ¿Recuerdas con cuáles debo usar Indicativo, con cuáles Subjuntivo, o simplemente Infinitivo? Estudia el siguiente esquema:

Presente de	**deber (de)** **tener que**	+		Infinitivo
Creo **Me parece** **Me temo**	+	**que**	+	Indicativo
Supongo **Me imagino** **Seguro** **Estoy seguro de** **Es seguro** **Para mí** **Yo diría** **Eso es**	+	**que**	+	Indicativo
Seguramente	+	**Ø**	+	Indicativo
Futuro / Condicional				
Es probable **Es posible** **Puede/Podría ser** **Puede**	+	**que**	+	Subjuntivo
Poder			+	Infinitivo
Quizás **Tal vez** **Probablemente** **Posiblemente**	+	**Ø**	+	Indicativo / Subjuntivo
A lo mejor **Igual** **Lo mismo**	+	**Ø**	+	Indicativo

RECUERDA:
Cuando respondemos a estas hipótesis:
No creo / no me parece que + Subjuntivo

RECUERDA:
Seguro que...
Estoy seguro de que...
Seguramente...
Son siempre marcadores de hipótesis.
¡No se utilizan cuando estás seguro!

El "segurómetro" nos indica el grado de seguridad de la hipótesis que hacemos con cada grupo de formas.

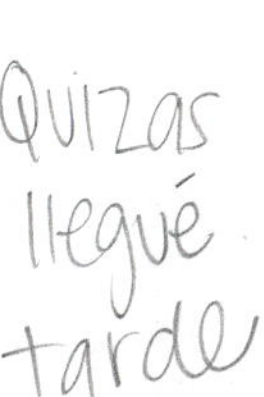

7. Lola, ¿estás segura?

Lee con tu compañero el siguiente diálogo y trata de colocar las formas de hipótesis del cuadro en el lugar más adecuado. Tened en cuenta el grado de seguridad que expresan (si lo necesitas, consulta los cuadros de abajo) y los puntos de vista de los personajes.

● Alberto.- ¡Hombre, Lola! ¿Qué hay?
○ Lola.- Pues nada, aquí, esperando a José Luis.
▲ Lourdes.- Te veo un poco enfadada, ¿no?
○ Lola.- Enfadada no, ¡enfadadísima! Imagínate que llevo aquí tres cuartos de hora y no aparece.
▲ Lourdes.- Mujer, no te pongas así, **seguro que** está al llegar. Con el tráfico que hay, ______ esté en medio de un atasco.
○ Lola.- ______ ¿Un domingo por la tarde y en moto?
▲ Lourdes.-Entonces ______ se le ha averiado la moto, y estará intentando arreglarla. **Seguro.**
○ Lola.- ______ . La moto nunca da problemas.
● Alberto.- Pues **a lo mejor** se ha equivocado de sitio, ¿no?
○ Lola.- ______ , porque siempre quedamos aquí.
▲ Lourdes.- Es un chico muy formal, y **yo estoy segura de que** tendrá sus razones para tardar.
○ Lola.- Pues no sé. ______
▲ Lourdes.- ______. Con lo que él te quiere, no te iba a dejar aquí esperando.
○ Lola.- Pues **me querrá** mucho, pero no lo demuestra.
● Alberto.- ¡**Anda**, mujer! Ya verás cómo todo tiene su explicación.
○ Lola.- ______ sí, pero si al final no viene, ¿qué?
● Alberto.- Pues nada, esperamos contigo y si no llega te vienes con nosotros a tomar unas cervezas...
○ Lola.- Oye, ¿no es ése José Luis?
● Alberto.- ¿El que va en ese descapotable con... esas tres chicas... dándoles besitos? ¡Qué va! Tiene que ser otro.
○ Lola.- ¡Que sí!
▲ Lourdes.- ______ ¡Imposible!
○ Lola.- ¡Lo mato!
● Alberto.- Bueno, ¿qué hay de esas cervezas? Seguro que os apetecen...

No puede ser
No creo
¡Anda ya!
Eso es que
Seguro
¿Tú crees?
Es bastante posible que
Es posible
Supongo que

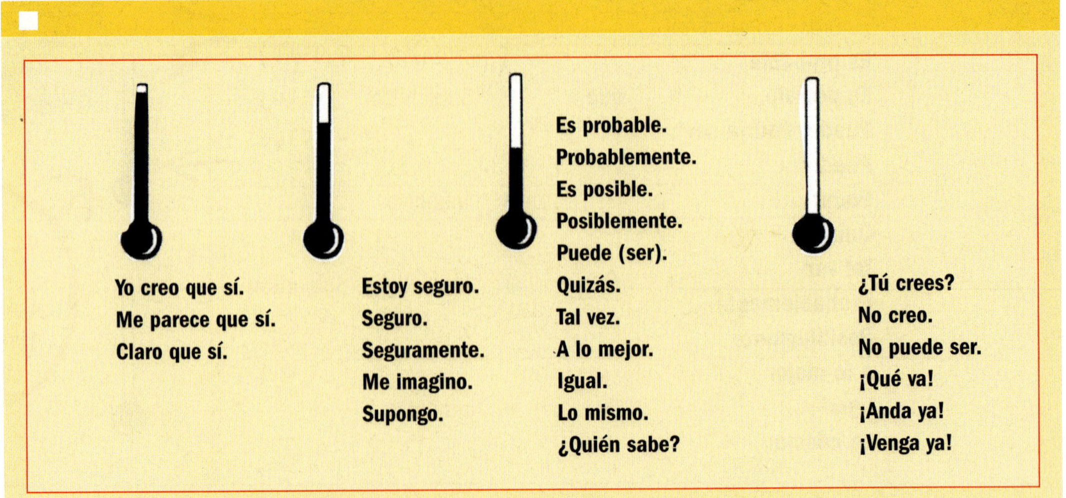
Yo creo que sí.
Me parece que sí.
Claro que sí.
Estoy seguro.
Seguro.
Seguramente.
Me imagino.
Supongo.
Es probable.
Probablemente.
Es posible.
Posiblemente.
Puede (ser).
Quizás.
Tal vez.
A lo mejor.
Igual.
Lo mismo.
¿Quién sabe?
¿Tú crees?
No creo.
No puede ser.
¡Qué va!
¡Anda ya!
¡Venga ya!

8. Enredos

a Vamos a dividir la clase en parejas. Cada pareja piensa en un compañero de la clase. Vamos a imaginar que este compañero no asistió ayer, y que nadie sabe exactamente las razones. Si escucharas las siguientes hipótesis, ¿cómo reaccionarías? Anota tu reacción a cada una de ellas eligiendo entre las formas de los cuadros anteriores. Escribe después tu propia hipótesis.

COMPAÑERO ELEGIDO: ______________________

- **Estaría de viaje.**
  - ○ ______________________
- **Puede ser que estuvieras enfermo.**
  - ○ ______________________
- **Lo mismo se quedó dormido.**
  - ○ ______________________
- **Yo creo que no tenia hechos los deberes.**
  - ○ ______________________
- **¿No será que se ha fugado con alguien?**
  - ○ ______________________
- **Seguramente tendría resaca.**
  - ○ ______________________
- **A lo mejor no se acordaba de que tenia clase.**
  - ○ ______________________
- **Es posible que no quisiera ver al profesor.**
  - ○ ______________________
- **Eso es que se quedó a estudiar en casa.**
  - ○ ______________________

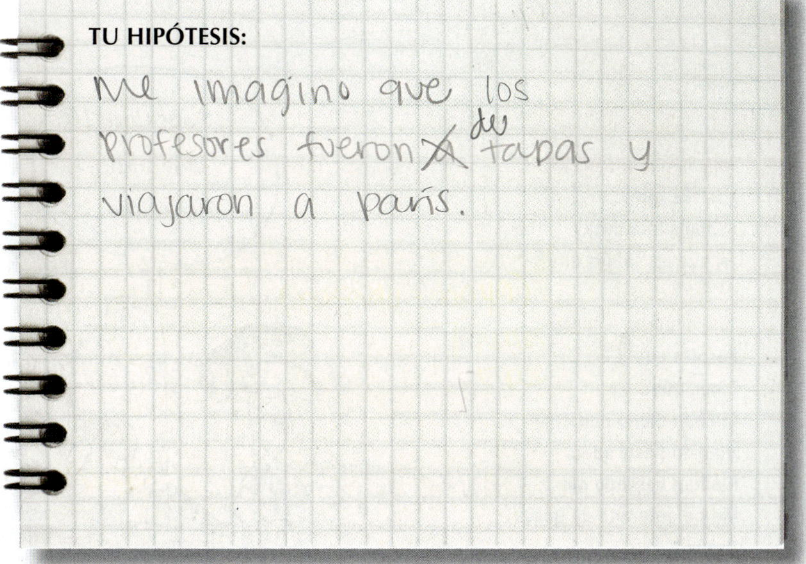
TU HIPÓTESIS:

b Ahora intercambia el libro con tu compañero y estudia sus reacciones y su hipótesis para descubrir qué concepto tiene él del compañero elegido. ¿Crees que pensáis lo mismo? Si es diferente, ¿en qué? Intentad llegar a un acuerdo. Si no lo conseguís, quizá el propio compañero del que habéis hablado os pueda ayudar a salir de dudas.

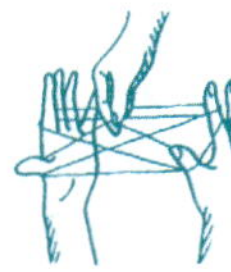

9. Cotilleos

a Cotillear de alguien, es decir, hablar de una persona a sus espaldas, es algo que está muy feo, pero todo el mundo es un poco cotilla. ¿Cómo se puede cotillear en español? Vamos a hacerlo entre nosotros: atento a las instrucciones, que son complicadas.

1. Lo primero es dividir la clase en grupos de tres.

2. En la página siguiente, tienes una serie de cotilleos que se repartirán entre los grupos que se hagan.¿Sobre quién? Eso lo tenéis que decidir dentro de cada grupo, eligiendo a una persona de la clase que no esté en el vuestro.

3. Cada persona del grupo tiene un papel diferente: uno es el malintencionado, otro es el defensor del implicado y otro el conciliador. Todos, sin olvidar vuestro papel, tenéis que buscar explicaciones al cotilleo que ha caído en vuestras manos, utilizando todas las fórmulas que habéis aprendido para expresar hipótesis.

4. Cuando estéis preparados, se hace público cada cotilleo y ahora toda la clase tiene la oportunidad de dar su explicación, cada uno representando su papel.

5. Después de la sorpresa, y mientras los demás hablan de él, el implicado prepara su explicación o justificación (**Es que...**) y cuando todos terminan, la cuenta. Debe intentar ser convincente.

b Cuidado: no vale leer los cotilleos. Para contarlos puedes utilizar expresiones como éstas:

Para llamar la atención
¿Sabéis qué?
¿Sabéis una cosa?
¿A que no sabéis qué?

Para empezar a contar
Resulta que...
Dicen que...
Me han dicho que...
He oído decir que...
Me han contado que...
Me he enterado de que...
Según X, ...

¿Sabes qué? Me han dicho que...
BAR PEPE

1

Alguien ha visto a ______ y a ______ por la calle cogidos de la cintura. Pero además llevaba a un niño cogido de la mano.

2

El otro día estaba ______ con ______ en la sala de profesores, llorando a lágrima viva. El profesor, por lo visto, trataba de consolar su tristeza e incluso le gritaba, enfadado, pero no conseguía calmar el llanto de ______.

3

______ recibió ayer una "cartita" de ______ que olía a perfume, y esta mañana los dos se están mirando todo el tiempo en clase. Si le preguntas sobre la carta, ______ se pone colorada, tartamudea y te responde con evasivas.

4

En los últimos días, ______ se ______ comporta de una manera muy extraña con el profesor : nunca lo mira a los ojos, sale corriendo de clase para no cruzarse con él, y cuando él le pregunta algo pone cara de odio y responde mal. Él dice que no lo entiende.

5

______ viene todas las mañanas cansadísimo/a, como si no hubiera dormido nada. Si le preguntas algo te responde bruscamente, y se pasa la clase escribiendo páginas y páginas de palabras en japonés.

6

Dicen que ______ lleva siempre en la cartera una foto del príncipe Felipe y un bate de béisbol.

7

Dicen que ______ está preparando las maletas y visitando agencias de viaje. Él/ella dice que no pasa nada, pero la verdad es que últimamente está muy nervioso/a.

8

El otro día, ______ estaba muy enfadada con, ______ pero no quería decir por qué. Él, en cambio, estaba muy contento, haciendo bromas todo el tiempo, y tenía una mejilla completamente roja.

9

Desde hace unos días, ______ y ______ se pasan la clase mirando al profesor y riéndose cada vez que se da la vuelta.

10

Últimamente, ______ viene muy contenta a clase, habla con todo el mundo y se ríe por cualquier cosa. Pero cuando ve a ______ se pone seria y lo mira con cara de enfado.

11

Una persona me ha dicho que ______ se pone muy nervioso/a cuando pasa al lado de un policía por la calle.

12

Parece ser que ______ va haciendo a la gente de la clase preguntas personales y un poco extrañas.

10. Un poco de literatura

a A Jorge Luis Borges (Buenos Aires, 1899-1986) le gustaban los espejos, los laberintos, las paradojas y las bifurcaciones. Escribió muchos textos en los que propone enigmas que hacen pensar, que nunca te dejan indiferente. Leed el siguiente.

EL CAUTIVO

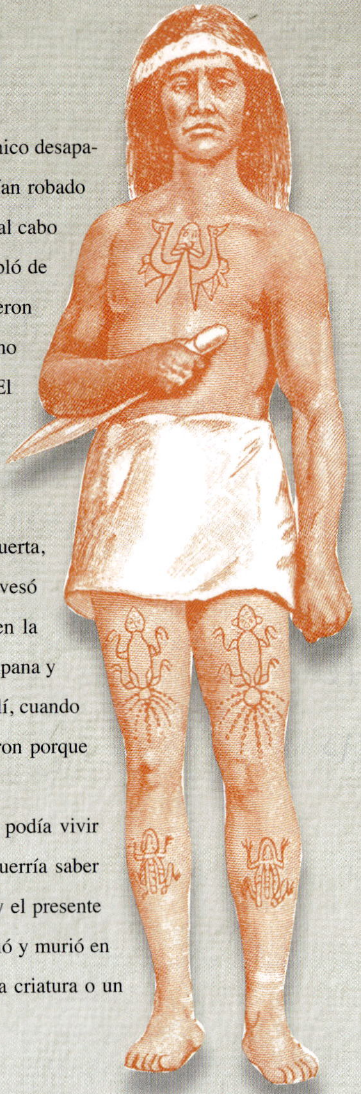

En Junín o en Tapalqué refieren la historia. Un chico desapareció después de un malón; se dijo que lo habían robado los indios. Sus padres lo buscaron inútilmente; al cabo de los años, un soldado que venía de tierra adentro les habló de un indio de ojos celestes que bien podría ser su hijo. Dieron al fin con él (la crónica ha perdido las circunstancias y no quiero inventar lo que no sé) y creyeron reconocerlo. El hombre, trabajado por el desierto y por la vida bárbara, ya no sabía oír las palabras de la lengua natal, pero se dejó conducir, indiferente y dócil hasta la casa. Ahí se detuvo, tal vez porque los otros se detuvieron. Miró la puerta, como sin entenderla. De pronto bajó la cabeza, gritó, atravesó corriendo el zaguán y los dos largos patios y se metió en la cocina. Sin vacilar, hundió el brazo en la ennegrecida campana y sacó el cuchillo de mango de asta que había escondido allí, cuando chico. Los ojos le brillaron de alegría y los padres lloraron porque habían encontrado al hijo.

Acaso a este recuerdo siguieron otros, pero el indio no podía vivir entre paredes y un día se fue a buscar su desierto. Yo querría saber qué sintió en aquel instante de vértigo en que el pasado y el presente se confundieron; yo querría saber si el hijo perdido renació y murió en aquel éxtasis o si alcanzó a reconocer, siquiera como una criatura o un perro, los padres y la casa.

b ¿Por qué no le respondéis? ¿Qué podría haber ocurrido con aquel hombre? ¿Has sentido alguna vez algo parecido, como la sensación de haber estado antes en un sitio que en realidad pisas por primera vez? ¿Has vuelto de adulto a un lugar al que no ibas desde niño? ¿A que todo parece más pequeño?

7 El correveidile

¿De dónde venimos? ¿A dónde vamos?

1. Gracia está un poco sorda, repítele lo que necesite para que lo comprenda bien.

Tú: ¿A qué hora quedamos?	*Tú: ¿Tienes hora?*	*Tú: ¡Lávate las orejas!*
Gracia: ¿Cómo?	*Gracia: ¿Qué?*	*Gracia: ¿Que estoy muy vieja?*
Tú:	*Tú:*	*Tú:*

2. Busca situaciones posibles para explicar la diferencia entre estos verbos:
ir / venir / llevar / traer

3. ¿Cómo contarías a alguien estos dos mensajes de Pablo el mismo día en que los dijo? ¿Y una semana después?
- *Ya he terminado los ejercicios, llamadme hoy, por favor.*
- *... que estuve ayer domingo hablando con Rosa... y ella no tiene el libro. Mañana llamaré.*

4. A ver cuántos verbos conoces relacionados con:
Decir cosas: *contar...*
Pedir cosas: *ordenar...*
Hacer cosas con las palabras: *saludar...*

No veo nada contigo delante. ¿Por qué no te ÄΣßÑΩ∏E?
¿Que por qué no qué?

Repetir, contar y resumir lo dicho.

- Transformaciones de los tiempos verbales de acuerdo con el cambio en la situación de comunicación.
- Transformaciones de otros elementos.
- Verbos para resumir lo dicho.
- Conversaciones, mensajes telefónicos.
- Un poco de literatura.
- Taller de escritura.

1. Como una tapia

a ¿Recuerdas cómo se puede pedir a una persona que haga algo? Cuando por cualquier motivo repetimos la petición, podemos elegir entre repetir todo lo que se ha dicho o expresar simplemente nuestro deseo. En este cuadro están las formas más usuales de pedir y de repetir lo que pedimos:

Pedir una acción	Quiero repetir todo lo que he dicho	Es suficiente con la idea
Siéntate. ¿Quieres sentarte? ¿Por qué no te sientas? ¿Podrías sentarte? Haz el favor de sentarte. ¿Te sientas? ¿Te importaría sentarte?	Que te sientes. Que si quieres sentarte. Que por qué no te sientas. Que si podrías sentarte. Que hagas el favor de sentarte. Que si te sientas. Que si te importaría sentarte.	Que te sientes.

- Fíjate: cuando repetimos solamente el contenido de la petición, lo hacemos con **que** + *Presente de Subjuntivo*, igual que cuando repetimos palabras propias o de otro formuladas en *Imperativo*.

- Recuerda que al repetir una pregunta, debemos tener en cuenta si contiene una partícula interrogativa o no:

  ¿Qué bebes? ---> **Que qué** bebes.

  ¿Vienes? ---> **Que si** vienes.

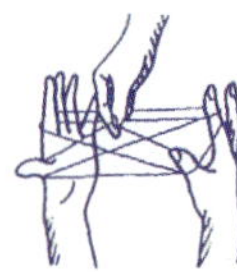

b Vamos a jugar para practicar lo anterior: vamos a pedir a los demás que hagan cosas, pero hoy nos hemos quedado todos sordos como una tapia y hay que repetirlo todo más de una vez. Empieza uno de vosotros dando una orden a otro (no os limitéis al Imperativo: usad todas las formas que conocéis para pedir a los demás que hagan cosas). Después de hacer lo que le han ordenado (esto es obligatorio), le toca al que ha recibido la orden formular una nueva petición. En la página siguiente tenéis algunas ideas. Para practicar, fijaos en el ejemplo:

- ¿Por qué no te sientas?
- ○ ¿Qué?
- Que por qué no te sientas.
- ○ ¿Cómo?
- Que te sientes.

- decir algo (un secreto, por ejemplo)
- contar algo divertido
- cantar algo
- imitar a alguien
- hacer el perro / el gato / el mono / el burro...
- bailar
- quitarse los zapatos o quitárselos a alguien
- sacar la lengua al profesor
- apagar / encender la luz
- sentarse en el suelo
- levantarse o quedarse de pie / sentarse
- subirse a la silla
- bajarse de la silla
- hipnotizar a alguien

c Seguro que ingenio no os falta. ¡Ah!, si te piden que te subas a una silla, consigue que alguien te ordene bajar.

2. ¿Que qué?

a Cuando no hemos entendido bien lo que ha dicho otra persona, preguntamos con formas como las que ya conoces: **¿qué?**, **¿cómo?**, **¿cómo dices?** e, incluso, **¿eh?** Con esto hacemos preguntas sobre la totalidad de lo dicho. Si sólo necesitamos la repetición de un dato concreto, usamos preguntas parciales como: **¿dónde?**, **¿cuándo?**, **¿quién?**, **¿por qué?**, etc. y, a veces, reproducimos parte del contexto para asegurar la localización de lo que nos interesa. Por ejemplo:

No veo nada contigo delante.
¿Por qué no te ÄΣßÑΩ∏E?
¿Que por qué
no qué?

b ¿Por qué no intentas formular la pregunta adecuada en la siguientes situaciones, reproduciendo también parte del contexto?

1. Resulta que me encontré a Maricarmen **con** ÄΣßÑΩ∏E, y se lo iba a decir a su marido cuando...

¿Que te la encontraste con quién?

2. Y estaba a punto de cogerle la mano **en el momento en que** ÄΣßÑΩ∏E, pero...

[ ]

3. Estaban con unas cuantas copas demás, allí **en** ÄΣßÑΩ∏E, riendo a carcajadas...

[ ]

4. Y entonces él se le acercó ÄΣßÑΩ∏E**mente** y se puso a...

[ ]

5. Y, de repente, llegó José y cogió **una** ÄΣßÑΩ∏E, y empezó a darles con ella.

[ ]

¿Me das un ÄΣßÑΩ∏E? de pipas?
¿Que te dé un paquete de qué?
Frutos Secos

3. Recados por teléfono

a Fíjate en la siguiente conversación entre Gracia y Emilio.

- Gracia.- ¿Diga?
- Emilio.- Hola, ¿está Maribel?
- Gracia.- No, no está, pero vuelve enseguida. ¿Quieres dejarle algún recado?
- Emilio.- Pues sí... Es que me he dejado ahí las llaves del coche y, como tiene que venir a mi casa..., pues... dile que a ver si puede traérmelas. Dentro de una hora tengo que ir al aeropuerto a recoger a mi padre.

- Gracia.- Vale, yo se lo diré.
- Emilio.- ¡Ah!, mira, otra cosa: ¿tú crees que necesitará ella su ordenador ahora? Es que lo tengo yo...
- Gracia.- Pues no lo sé. Yo se lo preguntaré.
- Emilio.- Si lo necesita, que me llame y voy más tarde a llevárselo, ¿vale? ...

b Dos horas más tarde Maribel llega a casa y Gracia le da el recado de Emilio. Completa lo que falta. A continuación, subraya todo lo que ha cambiado del recado de Emilio en el mensaje de Gracia.

- Te ha llamado Emilio hace dos horas y ha dicho que se había dejado las llaves aquí y que...

____

____

____

____

Siempre que transmites palabras de otras personas tienes que tener en cuenta la situación de las personas implicadas. Esto es lo que hace cambiar:

- las personas de los verbos y de los pronombres personales y posesivos (**yo** / **tú** / **él** /..., **mío** / **tuyo** /..., **me** / **te** / **le** /...)
- las referencias espaciales (**aquí** / **ahí** / **allí**, **llevar** / **traer**, **ir** / **venir**) y los demostrativos (**este** / **ese** / **aquel** / ...).
- las referencias temporales (**dentro de** + *cantidad de tiempo* / **hace** + *cantidad de tiempo* /...).
- el tiempo del verbo, siempre que la situación lo exija.

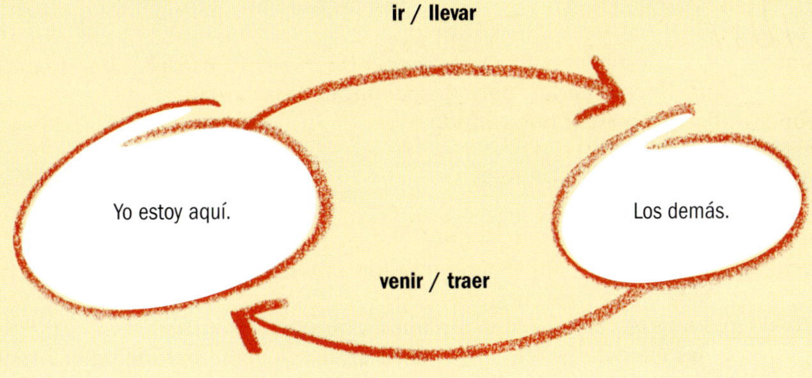
ir / llevar
Yo estoy aquí.
Los demás.
venir / traer

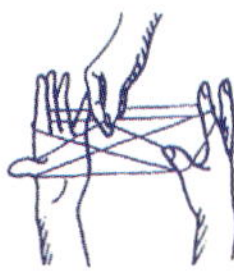

4. Recados en papel (como en clase de primaria)

Prepara dos trozos de papel. En uno pregúntale o pídele algo a tu compañero (mejor algo divertido) y dáselo a él para que pueda responder. En el otro escribe tu respuesta a su papel. Después se recogen todos los papeles, se mezclan y se reparten dos a cada persona de la clase.

Ahora viene lo difícil: entre todos vamos a emparejar cada pregunta o petición con su respuesta original, contando lo que dice cada papelito. Si hay varias posibilidades, deberéis poneros de acuerdo sobre cuál es la mejor.

- En este alguien pregunta si puede ir al cine esta noche con él.
- ○ Pues aquí alguien dice que no tiene tiempo.
- Yo tengo otro mejor. Éste dice que depende de la película.

5. Los tiempos cambian

a Lee la conversación entre dos alumnos e intenta completar el diálogo original (En el descanso) y el relato que de la misma conversación alguien hizo al final del curso, teniendo en cuenta los cambios del marco temporal en las tres situaciones. Recuerda cómo se cuenta en pasado.

EN EL DESCANSO

PROFESOR: ¿Y qué tal con el Subjuntivo?
PETER, UN ESTUDIANTE: Fatal. Hoy lo ________ todo pero ________ harto de estudiar el Subjuntivo, ¿sabes? Porque antes ________ mejor español.
P: ¿Cómo es eso?
E: Pues mira, ________ esta gramática hace un par de meses o cosa así. Cuando me la ________, yo ya ________ una buena fluidez, pero desde entonces la verdad es que ________, siempre pensando si poner Indicativo o Subjuntivo y todo eso.
P: ¿Nada de gramática, entonces?
E: Yo, desde luego, de ahora en adelante, ________ menos y ________ más. Es lo que todo el mundo ________ hacer.
P: Pero también la gramática es necesaria, ¿no?
E: Claro, pero no creo que ________ útil estar pensando siempre en ella, no me parece que, por lo menos yo, ________ una fluidez suficiente así.
P: Si no hubiera gramáticas, ¿cómo aprenderíamos, entonces?
E: Si no ________ las gramáticas, yo ________ a aprender en algún país de habla española y ya está. ¿No te parece?
P: Hombre, la gramática es importante. Y hay gramáticas mejores que ésa.
E: Entonces, una que ________ buena.
P: Pues mira, ...

AL FINAL DEL DESCANSO

• ¿De qué han hablado tanto rato el profesor y Peter en el descanso?
○ Pues han estado hablando sobre la gramática esa que se ha comprado y le ha dicho que no sirve para nada y que es mejor hablar que estudiar, y el profesor se ha quedado un poco sorprendido...
• Pero, ¿cómo ha sido? ¿Qué es lo que le ha dicho?
○ Pues Peter le ha dicho que en la clase lo **ha entendido** todo bien pero que **está** harto del Subjuntivo, porque dice que antes de estudiarlo **hablaba** mejor. Le ha estado comentando que hace unos meses se **compró** una gramática, y que cuando se la **compró**, ya **había conseguido** bastante fluidez, pero que desde entonces **ha empeorado** mucho, y que por eso, de ahora en adelante, **estudiará** menos y **hablará** más, que es lo que todo el mundo **debería** hacer. Y, además, que no cree que **sea** útil estar pensando siempre en la gramática, y que no le parece que él, por lo menos, **haya conseguido** así suficiente fluidez. Al final le ha dicho, totalmente convencido, que si no **existieran** las gramáticas, él se **habría puesto** a aprender directamente en un país de habla española y que eso habría sido suficiente. Entonces el profesor le ha dicho que **hay** gramáticas mejores que la suya y él le ha pedido que le **recomiende** una que **sea** buena para comprársela. Y ya me he salido y no he escuchado más....

AL FINAL DEL CURSO

• ¿Y de qué hablaron Peter y el profesor aquel día?
○ Pues nada, que Peter le dijo que la gramática era inútil...
• Sí, pero ¿qué es lo que le dijo exactamente?
○ Pues que en la clase lo ________ todo bien pero cuando el profesor le preguntó por el Subjuntivo, le confesó que ________ muy harto, porque decía que antes de estudiarlo ________ mejor. Le comentó que hacía unos meses se ________ una gramática, y que cuando se la ________, ya ________ bastante fluidez, pero que desde entonces ________ mucho, y que por eso en el futuro ________ menos y ________ más, como, en su opinión, todo el mundo ________ hacer. Y además, que no creía que ________ útil estar pensando siempre en la gramática, y que no le parecía que él, por lo menos, ________ así suficiente fluidez. Al final le dijo al profesor que si no ________ las gramáticas, él se ________ a aprender directamente en un país de habla española. Entonces el profesor le recordó que ________ gramáticas mejores que la suya y él le pidió que le ________ una que ________ buena para comprársela. Y ya me salí y no escuché más...

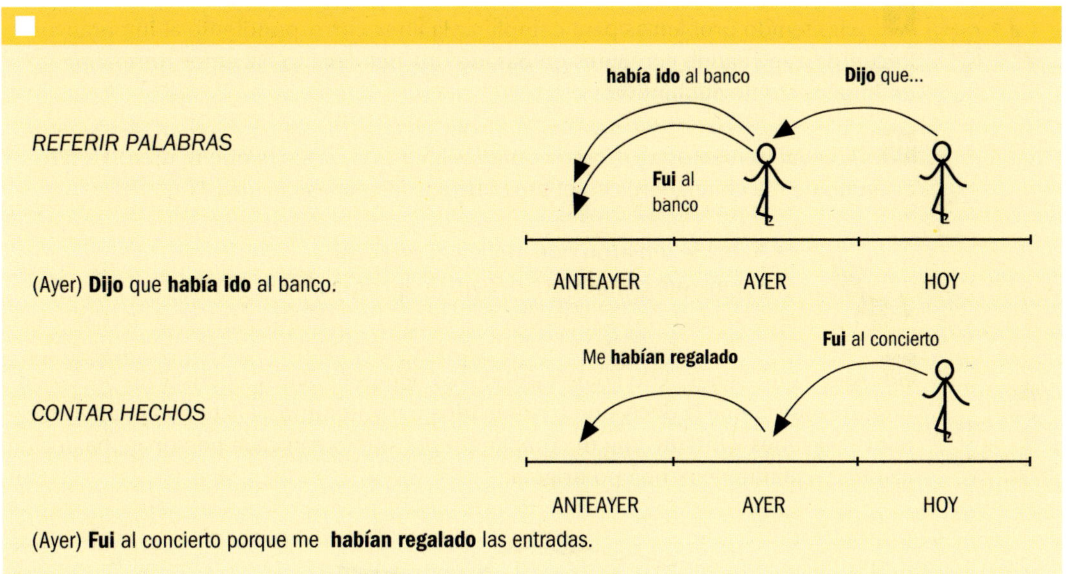

REFERIR PALABRAS
había ido al banco
Dijo que...
Fui al banco
ANTEAYER
AYER
HOY
(Ayer) **Dijo** que **había ido** al banco.
CONTAR HECHOS
Me **habían regalado**
Fui al concierto
ANTEAYER
AYER
HOY
(Ayer) **Fui** al concierto porque me **habían regalado** las entradas.

b ¿Has corregido ya los textos con tu profesor? Si lo has hecho, ahora puedes completar tú mismo el esquema básico de las transformaciones verbales. Trata de hacerlo sin mirar los textos, como en un examen. Piensa, sobre todo, que la lógica de los cambios consiste en situarse primero en el pasado (en la situación de comunicación original), y, en relación con esta lógica, referir las palabras. En realidad, para hacerlo bien sólo tienes que recordar cómo se cuenta en pasado.

	DECIR	REFERIR O CONTAR LO QUE SE HA DICHO	
	TIEMPO ORIGINAL	Lo dicho todavía es válido y quiero indicarlo: **Dice / ha dicho que...**	Lo dicho ya es válido o todavía lo es pero quiero distanciarme: **Ha dicho / Dijo que...**
Indicativo	**Presente** **Imperfecto**	(El mismo) (El mismo)	Imperfecto __________
Indicativo	**Indefinido** **Perfecto** **Pluscuamperfecto**	(El mismo) (El mismo) (El mismo)	__________ __________ __________
Indicativo	**Futuro** **Condicional**	(El mismo) (El mismo)	__________ __________
Indicativo	**Futuro Compuesto** **Condicional Compuesto**	(El mismo) (El mismo)	__________ __________
Subjuntivo	**Presente** **Imperfecto**	(El mismo) (El mismo)	__________ __________
Subjuntivo	**Perfecto** **Pluscuamperfecto**	(El mismo) (El mismo)	__________ __________
	Imperativo	Presente de Subjuntivo	__________ __________

c ¿Has tenido problemas para completar la línea correspondiente al Imperativo? Recuerda que cuando contamos en pasado una petición, lo hacemos normalmente en Imperfecto de Subjuntivo.

d ¿Qué tal tu memoria? ¿Cómo contarías ahora las órdenes que te dieron a ti o a alguno de tus compañeros en el juego de sordos de la actividad 1?

- A mí me pidieron que imitara al profesor.
- Y a mí que me pusiera debajo de la mesa...

e Ahora que tienes claro cómo cambiar los tiempos, vamos a pensar un poco qué implicaciones tiene la decisión de cambiarlos o mantenerlos. Fíjate en las siguientes conversaciones y discute con tu compañero por qué razón cada personaje ha decidido cambiar o mantener el tiempo original.

No lo entiendo. Lola dijo que iba a venir.
Sí, claro, voy a ir a la fiesta.
Otra vez será.
¿Tú sabes si va a ir Lola a la fiesta mañana?
Pues me dijo que iba a ir, pero se ha roto una pierna.

¿Llamamos a Lola también?
No hace falta. Ya he hablado con ella y me ha dicho que va a ir.
eléfon

Entonces, ¿seguro que Lola viene?
A mí me dijo que iba a ir, pero mejor la llamas tú.

Al final va a venir Lola, ¿no?
Pues sí, estuvo pensándolo un rato, hizo unas llamadas y al final me dijo que iba a venir.

6. ¡Qué solicitado estás!

14-18

¿Qué día es hoy? Pues imagina que hoy has vuelto a casa después de unos días de vacaciones con tu compañero de piso. Él tenía que incorporarse inmediatamente al trabajo y no ha tenido tiempo de escuchar todos los mensajes que tenía en el contestador. ¿Por qué no se los mandas por fax a su oficina? Fíjate bien en las diferentes circunstancias temporales de cada mensaje.

1

Hola, soy Andrés. Hoy es sábado, y te acordarás de que mañana es el concierto, ¿no? Pues mira, que tengo las entradas en mi casa, que me las dio Guada. Si no piensas venir con nosotros al final, llámame a mí o a Guada con tiempo para que las vendamos. ¿Vale? Bueno..., nos vemos.

2

Soy Rafa. ¿Te acuerdas? Pues que hace siglos que no te veo. Y resulta que se nos ha ocurrido hacer una fiesta por el cumpleaños de Fermín, que es pasado mañana, o sea, el viernes. Es en casa de Rosa, a ver si puedes venir porque seguro que ella tiene muchas ganas de verte. Si vienes, trae algo de bebida, que nunca viene mal. Vale, pues allí nos veremos, espero. Hasta el viernes.

3

Soy Inma. Ayer domingo me pasé por tu casa y no estabas, y ahora lo mismo. Supongo que estarás de viaje, como siempre. Bueno, era para recordarte que habíamos quedado en que me ibas a acompañar el miércoles a comprarme el vestido. ¿Vas a acompañarme o no? Es que no me gusta ir sola, así que, si puedes, llámame para quedar en la hora, ¿vale? Ah, y otra cosa: que Petra dice que está muy enfadada porque le diste un número de teléfono equivocado. Habla tú con ella. Bueno, quedamos en que me llamas. Chao.

4

Soy Manolo. Sabes que odio los contestadores. Pero bueno, son las cuatro y media del sábado. Acabo de levantarme de la siesta y me he acordado de que tenía que decirte que esta mañana ha llamado una mujer preguntando por ti muy enfadada y no he querido darle tu número de teléfono. Le he dicho que no lo tenía. Así que llámame o ven a mi casa para decirme qué hago si llama otra vez. Yo creo que estaré aquí, en casa, todas las tardes. Bueno, ya sabes. Adiós.

5

¿Todavía no has llegado? Soy Andrés otra vez. Te has perdido un concierto estupendo. Otra vez vas a sacar tú las entradas, que yo estoy harto de sacarte entradas para que al final no vengas. Bueno, te llamaba para decirte que si quieres dar una vuelta mañana por la noche, vamos a salir con los suecos y Takahiro. Lo más posible es que estemos a partir de las 11h. con Pedro en la tasca de Antonio, y después en el pub de Alarcón. ¡Ah, bueno! Que estamos a martes, por si no coges el mensaje hoy. Si no vienes esta vez, nos enfadamos. Así que ya sabes. Hasta luego.

7. Nueva versión del descubrimiento de América

Completa las viñetas o los resúmenes que están debajo. Reflexiona sobre el significado de los verbos que sirven para referir palabras de otros: observa que decir no es el único.

Majestad, estoy seguro de que la Tierra es redonda.
Sí, pero... ¿podrá demostrarlo, don Cristóbal?

Colón le dijo a la reina ____________________
y ella le preguntó ____________________

Colón les ordenó que izaran la vela y los marineros replicaron que no soplaba el viento.

Un marinero decía que si Colón fuera más inteligente, daría la vuelta antes de que se terminara el agua y otros añadían que, además, les había mentido, cuando, de pronto, uno gritó "¡Tierra!".

Vamos a inspeccionar la isla. ¡Tened cuidado!
Señor, si hubiera indígenas, ¿qué haríamos?

Colón les indicó ____________________
y les advirtió ____________________
Entonces el marinero Pinzón preguntó ________

Los marineros murmuraban que Colón les había prometido una tierra nueva y maravillosa y que, sin embargo, los había llevado a que los devoraran las fieras.

¡Corten, corten! ¿Quién ha sido el inútil? ¿Es que no han visto la señal?
¿Qué pasa?, ¿qué señal?

El director gritó ____________________
y los marineros preguntaron ________________

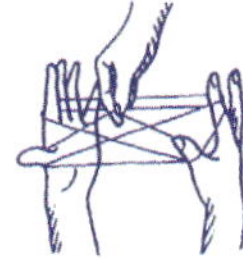

8. Frases célebres

a Seguro que todo el mundo recuerda una frase célebre de algún personaje famoso. Podemos hacer un concurso de memoria: formad equipos y escribid vuestra respuesta a las siguientes preguntas, intentando ser fieles al original y cuidadosos con la gramática. Si no sabéis alguna, o no la recordáis, inventaos algo verosímil, pero contestad a todas.

1. ¿Qué le dijo Ingrid Bergman a Sam, el pianista, en «Casablanca»?
2. ¿Qué le preguntaba la madrastra de Blancanieves al espejo?
3. ¿Qué le dijo la serpiente a Eva en el paraíso?
4. ¿Qué le dijo el hada a Cenicienta?
5. ¿Qué dijo Escarlata O'Hara cuando volvió a su casa en «Lo que el viento se llevó»?
6. ¿Qué le dice Pedro Picapiedra a Wilma cuando se queda fuera de la casa?
7. ¿Qué le aconseja Popeye a los niños que ven sus dibujos animados?
8. ¿Qué le decía E.T. al niño señalando un planeta?
9. ¿Qué le dijo Caperucita al lobo disfrazado de abuelita?
10. ¿Qué le dijo el genio a Aladino cuando encontró la lámpara?
11. ¿Qué dijo Hamlet mirando la calavera?
12. ¿Qué os dijo el profesor el primer día de curso?

b ¿Recuerdas tú alguna más?

9. Total que...

a En la actividad 7 has visto que no sólo se usa **decir** para contar palabras. Hay muchos otros verbos, como los siguientes, que nos sirven para resumir actitudes de los interlocutores o fragmentos de conversación que no nos interesa repetir palabra por palabra:

saludar
pedir
pedir perdón / disculpas
disculparse
dar las gracias
agradecer
pedir un favor
regañar
despedirse
confesar
invitar
convencer
quejarse
contar
insistir
comentar
poner excusas
reconocer
admitir
felicitar
dar la razón

• Hombre, ¿qué tal?
○ Muy bien, ¿y tú?
• Pues ahí vamos. ¿Y el trabajo?
○ Bien, con las cosas de siempre pero bien.
• Pues nada, me alegro de verte. A ver si nos vemos algún día y nos tomamos una cerveza, ¿no?
○ Claro, cuando quieras.
• Vale, pues nos vemos, ¿eh?
○ Vale, hasta luego.

→

• El otro día me encontré a Javier en la calle.
○ Ah, ¿sí? ¿Y qué te dijo?
• Nada, **me saludó** y se fue corriendo.

b Vamos a trabajar en parejas. Intentad reconstruir el diálogo original, al que se refiere el siguiente resumen, fijándoos muy bien en los verbos que se utilizan:

¿Sabes que al final me encontré a Julia? Pues nada, le pedí disculpas por no haberle conseguido las entradas y no te puedes imaginar cómo se puso, se enfadó muchísimo, y yo intentando contarle lo que había pasado. Y de pronto, le cambió la cara, me dio las gracias por haberlo intentado y se despidió tan normal. Y cuando se iba, incluso me felicitó por la nota del examen.Total, que no hay quien la entienda.

C Ahora vamos a hacer lo contrario: escribid un resumen de cada uno de los siguientes diálogos:

DIÁLOGO 1

TÚ.- ¡Hombre, Nuria! ¡Cuánto tiempo! ¿Qué haces por aquí?
NURIA.- He venido a por ti porque, si no, no hay quien te vea. ¡Hay que ver cómo eres, que ni te acuerdas de las amigas! Te he debido llamar unas diez veces, y tú, nada.
TÚ.- Si es que estoy fatal de tiempo... No paro casi ni para comer... Tengo que cuidar a mis sobrinos, tengo las clases, tengo la tesis... Y entre unas cosas y otras es que no tengo tiempo para nada.
N.- Pero un teléfono podrás coger... ¿O no?
TÚ.- Bueno, en eso tienes razón, pero ya sabes cómo soy... Venga, no me regañes más, te invito a un café.

DIÁLOGO 2

ERNESTO.- Si es que soy muy tímido... No sé cómo actuar cuando alguien me gusta. Y es horrible, porque yo lo intento pero no consigo nunca que se dé cuenta... y, cuando se da cuenta, no me hace caso.
TÚ.- Es verdad, pero no te pongas así. Vamos a ver, ¿te gusta alguien ahora?
E.- Pues sí... Ahora estoy loco por una, muy rubia, muy pálida, timidísima, que cada vez que la veo... Oye, ¿por qué no le dices tú algo a ver si se fija en mí? No sé, alguna indirecta... Anda, hazlo por mí.
TÚ.- Mira, estas cosas tiene que hacerlas uno mismo, no puede dejárselas a nadie.
E.- Venga... ¿qué te cuesta? Sólo le dices que...
TÚ.- Que no. Mira, convéncete: si no te decides, nunca lo conseguirás.
E.- Bueno. Quizá tengas razón. Lo voy a intentar. ¿Qué te parece si la llamo por teléfono y la invito a algo?

10. Adivina quién lo dijo

19

a Con la ayuda de un conocido periodista podrás completar el siguiente cupón para participar en un concurso de Radiovox. Se sortean dos entradas para un importante concierto, así que trabaja con tu compañero. Escuchad bien, tomad nota si lo necesitáis y adivinad qué personajes famosos fueron los entrevistados según las palabras que dijeron. Tendréis que razonarlo al final.

¡Adivina quién lo dijo!

Personaje 1: ______________________

Personaje 2: ______________________

Personaje 3: ______________________

b ¿Vosotros también podéis contar por turnos una conversación pasada y jugar a adivinar con quién fue. No deis al principio demasiadas pistas y, sobre todo, ten cuidado de no decir nunca su nombre. Piensa en alguien como:

tus padres	el casero	tu marido o tu mujer
tus hermanos	un compañero de clase	el profesor
un amigo o amiga	o de trabajo	tu jefe
tu médico	tu novio o tu novia	...

11. Un poco de literatura

a Vamos a leer un relato interesante y divertido. Lo hemos sacado de una colección de cuentos escrita en el siglo XIV por un noble español llamado Don Juan Manuel. La lengua en esta época era muy diferente de la actual; tanto que, aunque ya sabéis mucho español, hemos decidido conservar la historia, pero contarla con nuestras palabras. Para que don Juan Manuel no se enfade demasiado, dejaremos el título original:

DE LO QUE ACONTECIÓ A UN HOMBRE BUENO CON SU HIJO

Érase una vez, en algún lugar, un padre, un hijo y un burro. Iban de viaje. En los tiempos de esta historia, los viajes eran largos, pesados. Los caminos eran infinitos y estaban llenos de polvo, y los coches... no se habían inventado todavía. Los hijos ayudaban a sus padres en su trabajo y los padres trabajaban de sol a sol.

— ¡Qué calor! -pensaban los dos, el padre y el hijo, sin decir nada.

Aquella mañana era horrible. El sol había decidido salir antes de lo normal para acompañarlos en su viaje. El hijo estaba tan cansado que decidió subirse en el burro para descansar un poquito. Entonces pasaron por un pueblo.

— ¡Eh, mirad esos dos! -gritaron unos vecinos-. ¡Vaya cara que tiene el niño! Su pobre padre, que está ya viejo, va andando, y él, joven y fuerte, va tan contento montado en el burro.

— ¡Es verdad, no lo había pensado! Papá, súbete tú, que yo puedo ir andando.

Y así siguieron su camino. Horas después, pasaron por otro pueblo.

— ¡Qué poca vergüenza! ¡Vaya padre! Deja que su pobre hijo, tan pequeño, vaya a pie, y él, tan fresco, sentado. ¡Qué barbaridad, si no lo veo no lo creo!

— Tiene razón esta gente. Hijo mío, siéntate aquí a mi lado. No hay necesidad de que vayas andando.

Y eso hizo el hijo, se montó en el animal, al lado de su padre, y siguieron su camino.

— Hijo mío, ya pronto...

— ¡Dios mío! -interrumpieron unos hombres de otro pueblo por el que pasaron-, ¡qué morro tienen algunos! ¡Pobre animal! Soportando el peso de dos personas, y seguro que no ha comido todavía...

— Llevan razón. Es mejor que nos bajemos y lo dejemos descansar un poco.

Y se bajaron y siguieron su camino junto a su pobre animalillo, pensando que realmente era eso lo que tenían que hacer. No habían salido todavía del mismo pueblo, cuando oyeron voces y grandes carcajadas:

— ¡Serán tontos! ¡María, ven y mira a estos dos! Tienen un burro y, con el calor que hace, van los dos andando y el animal tan tranquilo, de adorno, ja, ja, ja...

— Pues también es verdad, qué tontos somos. Pero ahora estoy hecho un lío: no importa cómo vayamos, siempre hay alguien a quien no le parece bien. ¿Qué podemos hacer?

— No lo sé, padre, la verdad es que es un poco complicado.

Y se pusieron a pensar.

¿?
¡!

b Antes de contaros el final, os preguntamos a vosotros: ¿qué solución creéis que tomaron? ¿Qué haríais vosotros si estuvierais en su lugar? ¿Os parece buena la actitud de los vecinos cotillas? Esta fue la conclusión a la que llegaron:

— Tenemos que llegar con el burro a la ciudad de alguna manera -le dijo el padre a su hijo-. O contigo encima, o conmigo, o con los dos, o con ninguno. Pero, hagamos lo que hagamos, siempre habrá alguien que nos critique. Nunca estará todo el mundo contento ni de acuerdo. Así es que, creo que debemos hacer lo que nos parezca conveniente a nosotros, sin tener en cuenta lo que piense la gente.

---

c ¿Qué os parece la solución? ¿Estáis de acuerdo con lo que dice el padre? ¿Os ha sucedido alguna vez algo parecido? ¿Creéis que esta conclusión puede aplicarse a la vida cotidiana? ¿Se os ocurre algún ejemplo?

d Ya que en esta lección hemos estudiado cómo transmitir las palabras de otros, podéis hacer un ejercicio de escritura: cómo contaría el padre a su mujer al volver a casa lo que le había sucedido en su viaje a la ciudad.

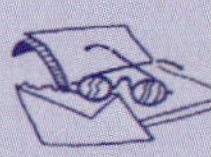

12. Taller de escritura: trabajar el borrador

a Aquí tienes la primera versión de un texto de un estudiante sobre los veganos. Léelo para hacerte una idea del contenido.

VEGANOS
¿UNA POSICIÓN ABSURDA
O UN EJEMPLO A IMITAR?

Siempre ha existido un debate de ser vegano, y
francamente hablando, no he pensado mucho
en esto. Yo sé que no es nada que quiero/
puedo ser, pero es mucho más que esto, no.
Si he entendido lo todo correcto, los vega-
nos no comen nada del reino animal -no beben
leche, no comen huevos etc.
Me pregunto ¿por qué no quieren comer
nada del reino animal? ¿Cuál es el propósito?
Entiendo los vegetarianos que no comen carne,
por el tratamiento de los animales antes de
que mueran, pero los veganos ? Es decir, las
vacas tienen que ser ordeñadas para ser sanas,
no es nada malo. Los huevos de las gallinas
sí, allí puedo ver un poquito más por que no
quieren comerlos: si no habíamos comido los
huevos, entonces habían sido pollos, había
sido un animal de cada huevo.

Bueno, ¿qué pienso yo? Realmente, no lo sé.
Por un lado no lo entiendo, por un lado es
absurdo que no coman nada que han criado
los animales. Quiero decir, lo hemos hecho
siempre, ya que es como "natural" en nuestras
vidas. Pero por otro lado siento admiración de
que pueden hacerlo, que pueden sobrevivir sin
estos productos que para otros son vitales,
que toman las pastillas para no comerlo. Es
admirable que crean en algo tanto que hagan lo
necesario para obtener el mensaje.
Podemos ver desde aspectos distintos: uno
es de lo que he escrito encima, un actitud, y
dos es del aspecto de la salud. Los veganos
tendrán un déficit de vitaminas y otras subs-
tancias nutritivas, por si acaso no comen
pastillas, ¿no? Como vegano hay que comer
pastillas para mantener un cuerpo sano, por-
que les hacen falta muchas substancias
nutritivas de no comer nada del reino animal, ¿y
qué vida es, comer pastillas diariamente?

Si piensas así, es muy difícil distinguir si es
una cosa buena o mala, ser vegano. Por razo-
nes de salud es una cosa absurda (si absurda
es la palabra correcta que no pienso), pero por
razones de opiniones políticas (?) es una cosa
a imitar -sostener su opinión aunque estuviera
en contra del resto del mundo.

b Haz una lectura crítica de este borrador, apoyándote en los criterios de la hoja del grupo de trabajo y anota tus comentarios. En grupos, discutid vuestras impresiones. El objetivo es encontrar modos de mejorar el texto.

HOJA DEL GRUPO DE TRABAJO

1. ¿Se ve cuál es el objetivo principal de la composición?
2. ¿Qué te parece el título? ¿Es adecuado?
3. ¿Qué piensas del párrafo introductorio? ¿Puedes sugerir algunos cambios?
4. ¿Cómo se desarrolla el argumento desde el principio hasta el final? ¿Es coherente? Subraya las palabras que conectan las ideas.
5. ¿Qué te parece el final? ¿Es una conclusión lógica de la composición? ¿Puedes mejorarlo?
6. ¿Hay párrafos o partes de párrafos que no son relevantes para el tema? ¿Qué cambios sugieres para hacerlos relevantes?
7. ¿Hay frases que no son claras o útiles para el argumento general?
8. ¿Hay fragmentos buenos en la exposición? ¿Qué frases son efectivas para el objetivo que persigue el autor?
9. ¿Algún comentario sobre el formato: título, márgenes, forma de dividir en párrafos?
10. ¿Es adecuado el lenguaje empleado: construcción de frases, gramática, exactitud del vocabulario, ortografía y acentuación, puntuación, registro?

8 Las cosas del querer

¿De dónde venimos? ¿A dónde vamos?

1. **José Luis tiene un problema que le preocupa mucho: está muy delgado y quiere engordar, pero no lo consigue. ¿Por qué no le das algún consejo para ganar peso?**

2. **¿Con qué verbos (que no sea gustar) interpretarías los gustos, sentimientos y estados de ánimo de Javier?**
   🙂 *las películas musicales* 🙁 *limpiar la casa* 😖 *matar animales*

3. **Estás buscando casa. Escribe una breve nota a una agencia explicando cómo es el lugar que necesitas.**

4. **Busca un contexto donde se puedan usar los siguientes conectores:**
   en cambio / gracias a / aun así / por culpa de

Dar consejos y expresar gustos, deseos y sentimientos.

- Recursos para aconsejar. Usos del Subjuntivo en oraciones sustantivas.
- Conectores discursivos de causa y de oposición.
- Vocabulario de las relaciones personales.
- Consultorio sentimental. Anuncios y cartas personales.
- Un poco de literatura.
- Taller de escritura.

1. Consultorio

a Desde que Rosana empezó a tener problemas con su pareja, cada vez que hojeaba una revista no podía evitar leer los problemas de gente como ella que pedía ayuda. Casi estaba convencida de que sola no podría salir de su confusión y no le parecía mal escribir al consultorio de su revista favorita, que prometía respuesta a cualquier problema (de pareja, hijos, trabajo, relaciones, personalidad...)por correo o en la sección correspondiente. Aquí tienes algunos de los que más llamaron su atención.

CONSULTORIO

I LOVE YOU
Te quiero
Ti amo
I love you
JE T'AIME
TE QUIERO
Ti amo
Je t'aime
I love you

NUESTRA RELACIÓN SE HA VUELTO MUY ABURRIDA

Somos un matrimonio de mediana edad que nos hemos dado cuenta no sólo de que no somos felices, sino de que estamos soportando nuestro mutuo aburrimiento. Nos peleamos por cualquier motivo, casi siempre nos echamos la culpa el uno al otro, hemos perdido nuestro sentido del humor... Quizá pueda hacer un análisis más profundo de nuestro caso y ofrecernos algunas soluciones. ¿Qué nos ha llevado a esta actitud?

Después de dos años de noviazgo, vivo desde hace algunos meses con una mujer divorciada. Siempre hemos sido muy felices y hay una gran compenetración entre nosotros. Ella quiere que nos casemos para formalizar la situación. El problema es que para mí es importante tener hijos y ella no quiere de ninguna manera. Si me caso, he de renunciar a mi deseo; si no me caso, temo perderla. Ella dice que debo quererla como es y con lo que puede ofrecerme, pero yo estoy en un mar de dudas. No sé qué hacer. ¿Puede ayudarme a resolver este dilema? Espero su respuesta. Muchas gracias de antemano.

Soy un chico de 18 años y tengo un amigo un poco mayor que yo con el que me llevo muy bien. Solemos salir los fines de semana y, si comemos fuera, tomamos entre los dos casi una botella de vino, porque a él le gusta bastante beber. Luego, si vamos a dar una vuelta, estamos toda la tarde bebiendo hasta que él se emborracha. A mí no me gusta beber ni quiero hacerlo, pero cuando estoy con él, casi me veo obligado a imitarle. Quisiera ayudarle, aunque no sé si debo acabar con esta amistad que me está perjudicando.

Tengo 21 años y estoy enamorada de un hombre de 30 al que le encanta vivir en el campo sin tener que trabajar ni depender de nadie. Empezó varias carreras, pero no terminó ninguna. Mis padres dicen que con un hombre tan bohemio voy a ser desgraciada durante toda mi vida. A mí lo único que me importa es que lo quiero muchísimo y estoy dispuesta a abandonar mis estudios y todo lo que tengo actualmente para marcharme a vivir con él a algún pueblo abandonado, y llevar una vida muy austera. Mis padres, por supuesto, no aceptan mi decisión. ¿Usted qué me aconseja? Espero una rápida respuesta. Gracias.

b ¿Te parecen a ti problemas cotidianos, que pueden pasarle a cualquiera? ¿Qué titular crees que tenían en la revista? Cuando Rosana los recortó, no dejó los titulares. Bueno, sólo dejó el del primer problema. ¿Puedes ponérselos tú a los demás? ¿Qué consejos les darías a estas personas?

c Aquí tienes las respuestas de la revista a los problemas planteados. Relaciona cada respuesta con su problema. ¿Se parecen estos consejos a los que tú habías dado?

Es difícil establecer límites entre lo que es lo justo y lo que es excesivo, sobre todo cuando se trata de alcohol. Lo que tienes que tener claro es qué te gusta y qué no te gusta hacer, qué quieres. Quizá tu problema sea que te dejas llevar por los demás y no eres tú mismo. Empieza a tomar tus propias decisiones. ¿Por qué no eliges tú los lugares a los que ir la próxima vez que salgáis? Puedes empezar por proponerle a tu amigo hacer algo diferente: ir al cine, ir de excursión, o simplemente pasear... También sería buena idea probar otras bebidas; quizá tu amigo se dé cuenta de lo interesante que es hacer siempre cosas nuevas. Por tu parte, debes tener más seguridad en ti mismo.

En mi opinión, el problema no está en la mujer de la que me hablas. Ella te ofrece lo que es y lo que tiene, y si para ti es tan importante tener hijos, tienes que ver si te merece la pena perderla y arriesgarte a casarte con otra que no te haga feliz aunque quiera darte hijos. Yo en tu lugar, seguiría con esta mujer, con la que te sientes tan feliz y quitaría importancia al hecho de tener un hijo.

Me ha conmovido mucho lo que me has escrito, y me parece digna de respeto vuestra decisión. Lo único que os diría es que penséis bien lo dura que puede ser la vida en el campo, sin dinero y con pocos medios. Os aconsejo que paséis una temporada juntos en alguno de los pueblos abandonados que se ofrecen en algunas revistas alternativas. Sólo así podréis estar seguros de haber elegido bien vuestro futuro. Podríais también buscar algún trabajo u ocupación independiente en la ciudad y apoyaros mutuamente para no depender de nadie. Eso te permitiría terminar tus estudios y no romper con tus padres.

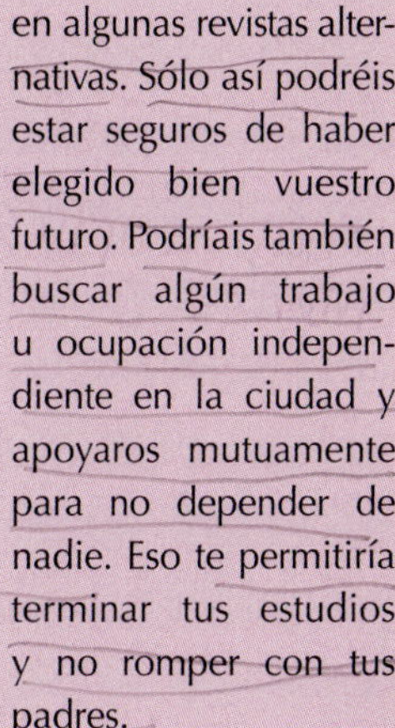

La infelicidad y el aburrimiento, en la mayoría de los matrimonios como el vuestro, son la consecuencia de la incomunicación acumulada durante años y de una serie de actitudes negativas en el comportamiento como pareja. Lo mejor es que habléis y os planteéis empezar de nuevo, pero, eso sí, os recomiendo que antes establezcáis unas reglas para no heriros ni echaros nada en cara. Deberíais analizar despacio y con objetividad todo lo positivo que tiene vuestra pareja. Seguro que hace mucho tiempo que no usáis expresiones de afecto y elogios. En adelante, pensad que cada uno de vosotros es responsable de su propia felicidad.

d ¿Te has fijado en las formas que se emplean en español para aconsejar? Señala en los textos anteriores los elementos que se usan para dar consejos.

2. Consejos

a Para dar consejos se utilizan formas que también sirven para sugerir, expresar posibilidad u obligación, etc. Todo depende, como siempre, de nuestra intención. Todas las formas que te ofrecemos a continuación aparecen en los consejos o recomendaciones:

Sugerencia

¿Por qué no + *INDICATIVO / INFINITIVO*?

- *¿Por qué no lo olvidas?*
- *¿Por qué no olvidarlo?*

¿Y si + *INDICATIVO / IMPERFECTO DE SUBJUNTIVO*?

- *¿Y si hablas con él?*
- *¿Y si hablaras con él?*

Posibilidad

Puedes / podrías + *INFINITIVO*

- *Puedes / podrías discutirlo con tu jefa.*

Obligación

Debes / deberías + *INFINITIVO*

- *Debes / deberías solucionarlo lo antes posible.*

Tienes / tendrías + *INFINITIVO*

- *Tienes / tendrías que pensarlo bien.*

Valoración

Es mejor que / Lo mejor es que + *PRESENTE DE SUBJUNTIVO*

- *Es mejor que lo consultes con un especialista.*
- *Lo mejor es que lo consultes con un especialista.*

Sería mejor que / Lo mejor sería que + *IMPERFECTO DE SUBJUNTIVO*

- *Sería mejor que te cambiaras de casa.*
- *Lo mejor sería que te cambiaras de casa.*

Ponerse en el lugar de otro

Si yo fuera tú,
Yo, en tu lugar,
Yo que tú,
Yo,
\+ *CONDICIONAL (coloquialmente se emplea el IMPERFECTO en lugar del CONDICIONAL)*

- *Si yo fuera tú, se lo diría (decía) a los niños.*
- *Yo, en tu lugar, se lo diría (decía) a los niños.*
- *Yo que tú, se lo diría (decía) a los niños.*
- *Yo, se lo diría (decía) a los niños.*

Órdenes o mandatos

IMPERATIVO

- *No lo dejes, ve al médico.*

Formulación explícita

Te aconsejo / recomiendo que + *PRESENTE DE SUBJUNTIVO*

Yo te aconsejaría / recomedaría que + *IMPERFECTO DE SUBJUNTIVO*

- *Te aconsejo / recomiendo que empieces ya a ahorrar.*
- *Yo te aconsejaría / recomendaría que empezaras ya a ahorrar.*

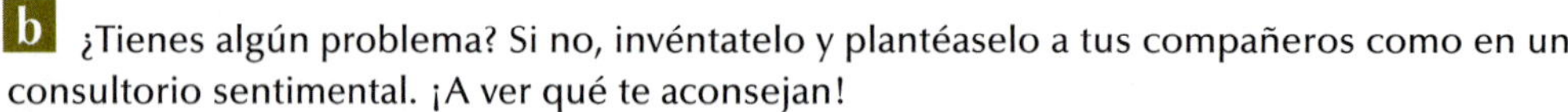

b ¿Tienes algún problema? Si no, invéntatelo y plantéaselo a tus compañeros como en un consultorio sentimental. ¡A ver qué te aconsejan!

c Hay un juego muy divertido que consiste en adivinar el problema que tiene una persona que no quiere hablar de él: alguien de la clase imagina o piensa en un problema y el resto tiene que acertarlo dándole consejos. La persona que ha pensado el problema sólo puede responder sí o no con más o menos entusiasmo a las propuestas de sus compañeros, como en los ejemplos:

- ● ¿Por qué no vas al médico?
- ○ No, eso no me ayudaría.
- ● Lo mejor es que llames a alguien, ¿verdad?
- ○ Mmm... bueno, quizás.
- ▲ Entonces, deberías ir a la policía, ¿no?
- ○ Sí, eso es lo que debo hacer...
- ▲ Han robado en tu casa...
- ○ Sí.

3. Relaciones

¿Por qué no intentas clasificar las siguientes palabras referidas a relaciones personales en las categorías que te ofrecemos a continuación?

compañero/a
media naranja
mi señora
aventura
(tener) un querido/a
marido
parienta
rollo (enrollarse)
ligue (ligar)
pareja
tener una historia
colega
esposo/a
amante
cónyuge
mi mujer
(echar una) cana al aire
novio/a
amigo/a
mi chico/a

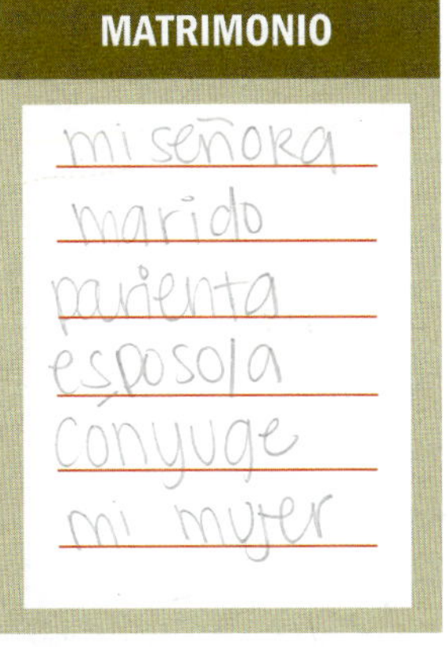

AMISTAD

MATRIMONIO

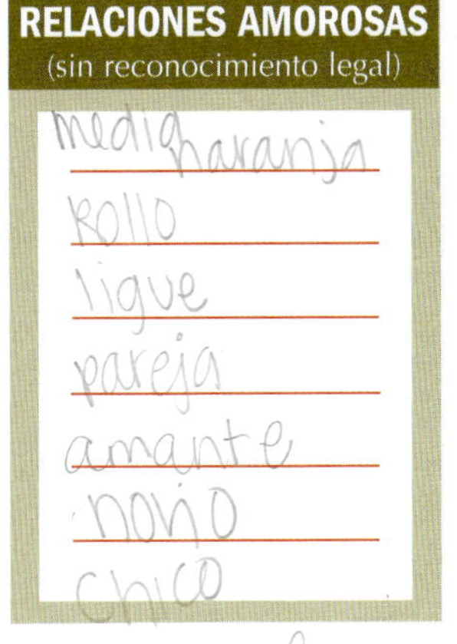

RELACIONES AMOROSAS (sin reconocimiento legal)

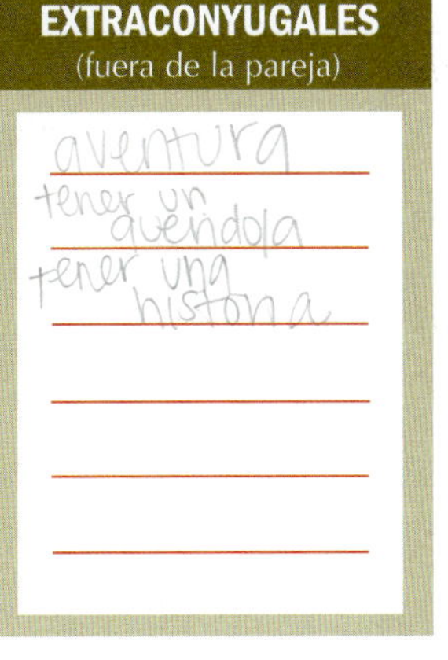

EXTRACONYUGALES (fuera de la pareja)

4. La onda de Cupido

20

a Vas a oír un programa de radio. Se llama "La onda de Cupido" y está dedicado a la gente que necesita ayuda para resolver sus problemas amorosos. La locutora y directora del programa se llama Elena Amorós y es psicóloga especialista en los problemas de pareja. Las siguientes viñetas representan muy bien la discusión que protagoniza una pareja: Rosana y Jesús. Señala qué imagen corresponde a lo que dice ella y a lo que dice él.

¡GOL!
ZZZZ!
ZZZ!

b Responde a las siguientes preguntas:

1. ¿Por qué pueden hablar los dos por la radio?
2. ¿Qué piensan Rosana y Jesús el uno del otro?
3. ¿Es fructífera su conversación? ¿Consiguen hablar tranquilamente?

c ¿Crees que alguno de los dos tiene más razón que el otro? ¿Cómo crees que terminaron Jesús y Rosana? ¿Qué insultos sabes tú en español? Pregúntale a tu profesor el grado de vulgaridad que tienen.

5. Rosana se divorcia

a Han pasado casi dos años desde que Rosana, cansada de intentar salvar su matrimonio, se divorció de Jesús. Hace apenas un mes, Rosana solicitó los servicios de una agencia matrimonial porque se encontraba muy sola y deprimida. Por cierto, ¿qué opinas tú de las agencias matrimoniales? ¿Cuándo y por qué crees que la gente acude a ellas? ¿Has visto o imaginas cómo son y qué tienen que hacer las personas que solicitan sus servicios?

b Cuando Rosana llegó a TÚ DIRÁS, estaba un poco nerviosa, la verdad, pero enseguida una señorita la atendió muy amablemente y empezó a tranquilizarse. Después, tuvo que rellenar una ficha para uso confidencial de la agencia:

Nº de cliente: ....

Teléfono de contacto: ....

Edad: 28

Pseudónimo (sólo para identificación): ....

Profesión: administrativa en paro

FOTO

carné

Aspecto físico (valoración subjetiva de la cliente): 1,68, alta y muy delgada, pelo corto, castaño claro, ojos oscuros

Carácter (valoración subjetiva de la cliente): independiente, divertida, simpática, un poco celosa.

Manías: odio el fútbol, los gatos, fregar los platos y que me hagan esperar.

Gustos y aficiones: me gustan los perros, la música pop, salir con mis amigas y bailar salsa.

c ¿Recuerdas cómo se expresan en español los sentimientos, los gustos y los estados de ánimo? Fíjate bien en la estructura de las frases que se emplean para esto:

Tú me gustas.
¡Yo le gusto...!

Persona(s) que experimenta(n) el sentimiento o estado de ánimo		El sentimiento o estado de ánimo	Lo que produce ese sentimiento o estado de ánimo
(a mí) **(a ti)** **(a él/ella/usted)** **(a nosotros/as)** **(a vosotros/as)** **(a ellos/as/ustedes)**	**me** **te / lo / la** **le** **nos** **os** **les / los / las**	**fastidia(n)** **da(n) rabia** **pone(n) nervioso**	Acciones de la misma persona que experimenta el sentimiento. SUSTANTIVO: Singular: el fútbol Plural: los gatos INFINITIVO: fregar los platos QUE + SUBJUNTIVO: que me hagan esperar Acciones de una(s) persona(s) diferente(s) a la(s) que experimenta(n) el sentimiento.
(yo) **(tú)** **(él/ella/usted)** **(nosotros)** **(vosotros)** **(ellos/as/ustedes)**		**no soporto** **no aguanto** **odio**	

PLURAL CON SUSTANTIVOS EN PLURAL:

Estos verbos concuerdan con lo que produce el "sentimiento", no con la persona que lo experimenta.

6. Y a ti, ¿qué te gusta?

a Piensa en dos cosas que...

- te gusta hacer
- te gustaría hacer
- te gusta que te hagan
- te gustaría que te hicieran

- no te gusta o no soportas hacer
- no te gustaría o no soportarías hacer
- no te gusta o no soportas que te hagan
- no te gustaría o no soportarías que te hicieran

Tres cosas que os gusta hacer	Tres cosas que os gustaría que os hicieran	Tres cosas que no soportáis hacer	Tres cosas que no soportaríais que os hicieran
A TI	Remar cantar hablar con mi familia	hablar por grupos viajar en vuelos	guerras políticos
A QUIEN(ES) VIVEN CONTIGO			

¿?
¡!

b Después busca entre tus compañeros a los que tengan gustos similares a los tuyos.

N·B·A

7. Muchos más sentimientos

a Aquí tienes más recursos para expresar sentimientos. Mira los dibujos y escribe una frase para cada uno en la que expreses el sentimiento que te inspiran los temas evocados. Recuerda que puedes usar, como en el ejemplo: un Sustantivo (en Singular o en Plural), un Infinitivo o una frase con **que** + Subjuntivo.

Me da pánico la energía nuclear.
Me da pánico sufrir un accidente nuclear.
Me da pánico que se construyan más centrales nucleares.

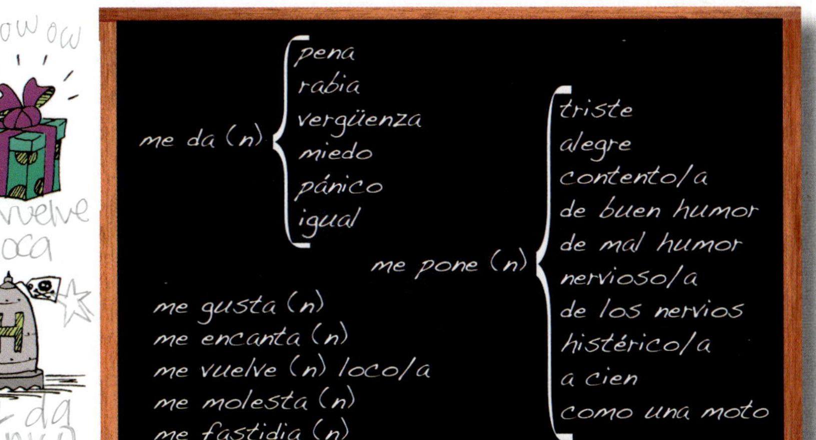
me da (n) pena
rabia
vergüenza
miedo
pánico
igual
me pone (n) triste
alegre
contento/a
de buen humor
de mal humor
nervioso/a
de los nervios
histérico/a
a cien
como una moto
me gusta (n)
me encanta (n)
me vuelve (n) loco/a
me molesta (n)
me fastidia (n)

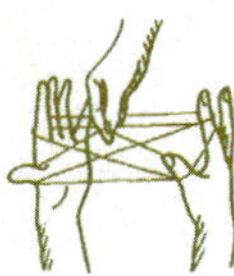

b ¿Sabes jugar al Pictionary? Es muy divertido. Podemos jugar todos divididos en dos equipos. Un equipo prepara cada vez una frase para que una persona del equipo contrario la dibuje en la pizarra. Esta persona no puede hablar ni dibujar letras o números y tiene que conseguir que su equipo acierte la frase exacta en un tiempo determinado (dos minutos, por ejemplo). El juego es para practicar las formas de expresar sentimientos que hemos visto antes y, por lo tanto, todas las frases tienen que tener las estructuras trabajadas, como en el ejemplo:

¿?
¡!

Me dan pánico las serpientes.

Y un posible dibujo para ésta sería...

8. Rosana busca pareja

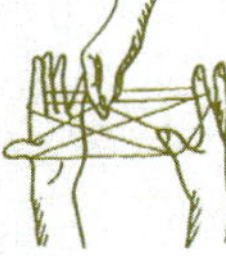

a Nuestra querida Rosana, después de completar la ficha en la agencia, tuvo que realizar varios tests psicológicos y le dieron cita para una segunda entrevista en la que podría acceder a las fichas de los clientes masculinos que la agencia, tras estudiar su caso, pondría a su disposición. Pero, además, tuvo que explicar con detalle qué cualidades le gustaría que tuviera su futura pareja.

G

... la verdad es que no lo tengo muy claro... Bueno, sí: sé que no soportaría a un hombre que fuera machista y celoso. Quiero que no le gusten ni el fútbol ni los gatos y, sobre todo, que me quiera como soy. No me importaría que fuera bastante mayor que yo porque creo que necesito un hombre maduro y tranquilo, que no esté obsesionado con la idea de tener hijos. A mí me gusta divertirme fuera de casa, así que me gustaría que, de vez en cuando, me llevara a bailar. De aspecto, bueno... me gustaría que no fuera rubio ni bajito, pero eso no importa si es fuerte y delgado. Es indispensable que sea limpio y elegante en su forma de vestir. Creo que, realmente..., bueno, nada.

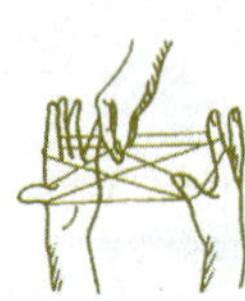

b Ahora vamos a jugar a las "agencias matrimoniales". Es un juego por grupos que funciona de la siguiente manera:

1. Cada persona va a confeccionar dos fichas de la agencia en dos papeles diferentes. Una será de un hombre, otra será de una mujer, y, para hacerlo, puedes seguir el modelo que tuvo que rellenar Rosana. Después se juntan todas las de la clase.

2. Ahora cada uno de vosotros, en su cuaderno, va a ecribir su petición, lo que él quiere o le gustaría encontrar. Fíjate en el cuadro siguiente.

Busco a				
Quiero Deseo Necesito	(encontrar a) (conocer a) (salir con) (contactar con)	alguien un hombre una mujer	que	*PRESENTE DE SUBJUNTIVO* **sea** amable **tenga** coche **sepa** inglés
Me gustaría Querría Desearía Necesitaría	(encontrar a) (conocer a) (salir con) (contactar con)	alguien un hombre una mujer	que	*IMPERFECTO DE SUBJUNTIVO* **fuera** amable **tuviera** coche **supiera** inglés

3. Vamos a dividir la clase en pequeñas agencias matrimoniales que se hacen la competencia entre sí. Hay que formar grupos de tres o cuatro personas aproximadamente y repartir todas las fichas de clientes entre estos grupos. (Si queréis, podéis poneros un nombre, es más divertido).

4. Dentro del propio grupo, cada uno tiene que intentar encontrar a su pareja, buscando entre las fichas a alguna persona que por sus características, aficiones o gustos sea adecuada o atractiva para él/ella. Si no lo consigue, tendrá que visitar otra agencia (otros grupos de la clase) planteando su solicitud.

5. Después de intentarlo en todas las agencias, vamos a poner en común los resultados de la búsqueda. Si no has encontrado a tu "media naranja", quizás tengas todavía una oportunidad. Pero ten cuidado, porque en este momento las agencias van a intentar "colocarte" a sus clientes más "imposibles" pues la mejor agencia será la que consiga "casar" al máximo número de clientes, es decir, la que tenga menos fichas sin pareja al final del juego.

C Ahora puedes utilizar recursos como estos:

SUBJUNTIVO en las preguntas

¿Alguna agencia tiene a	alguien una persona un/a chico/a	que a la que con el / la que	sea / tenga / sepa le gusten los perros? se pueda dialogar?
Sí, tenemos a	uno/a	que al / a la que con el / la que	es / tiene / sabe... le gustan los perros. se puede dialogar.
No, no tenemos a	nadie ninguna persona ningún/a chico/a	que a la que con el / la que	sea / tenga / sepa le gusten los perros. se pueda dialogar.

SUBJUNTIVO en las respuestas negativas

9. La tía Amalia

a Han pasado unos años desde que Rosana recurrió a la agencia. Parece que sus deseos no pudieron ser satisfechos y parece también que no ha perdido la ilusión de encontrar al hombre de sus sueños porque hoy, todavía, en la soledad del pueblo al que decidió mudarse porque estaba harta de la vida urbana, sigue leyendo los anuncios de contactos en el periódico. Allí vive con su tía Amalia, a la que ha convencido para que escriba al hombre que puso este anuncio en un periódico. Fíjate bien en qué le cuenta y, sobre todo, en cómo relaciona sus ideas en la carta.

Arturo. Soltero solitario.
55 años. Alto, fuerte.
Buena posición económica.
Romántico.
Intenciones serias.
Adjuntar fotografía.

Querido Arturo:

Aún no te conozco y ya te trato de tú, como si nos conociéramos de toda la vida. Dado que tus intenciones son serias y que tu edad no es la de un joven enamoradizo, me atrevo a escribirte esta carta para contarte cosas sobre mí e iniciar así una amistad duradera.

A causa de mi edad, tengo ya 52 años, tampoco es fácil para mí encontrar a la persona de mis sueños. Además, siempre he vivido en un pueblo pequeño entre montañas en el que casi no quedan hombres y, por culpa de la falta de dinero y de la pereza, nunca he visitado otros lugares. Como ves, Arturo, en apariencia somos totalmente diferentes: yo no he salido prácticamente nada de este pueblo y tú, en cambio, has tenido que luchar para conseguir la posición de la que en este momento disfrutas. Sin embargo, creo que podemos llegar a entendernos y, a pesar de que nuestras vidas han sido tan distintas, el destino ha querido ponernos en contacto: gracias a que leemos el mismo periódico, ahora podemos saber el uno del otro.

Yo no soy muy alta, ni muy fuerte, como tú, pero todavía conservo gran parte de la belleza que me caracterizaba en mi juventud. El tiempo, claro, me ha cambiado, eso es algo irremediable. Aun así, a veces hoy me recuerdan que un día fui la chica más atractiva del pueblo. Tú mismo juzgarás cuando nos veamos, que espero sea muy pronto.

En fin, puesto que pides una fotografía, te mando la única que tengo a mano: es de hace varios años, pero desde entonces no he vuelto a hacerme fotos, y eso por una tontería: porque estoy convencida de que salgo fatal en las fotos.

Espero que contestes a mi carta en cuanto la leas. Yo, desde este momento, lo único que hago es esperar tu respuesta.

Atentamente,

Amalia R.

b Seguro que conoces estos marcadores: **porque** y **como**, para expresar una relación de causa, y **sin embargo** para contrastar dos ideas. Ahora, fíjate en esto para saber un poco más:

1. *CAUSA:*

A causa de + *Nombre*
- *Los barcos no pudieron salir a pescar* **a causa de** *la tormenta.*

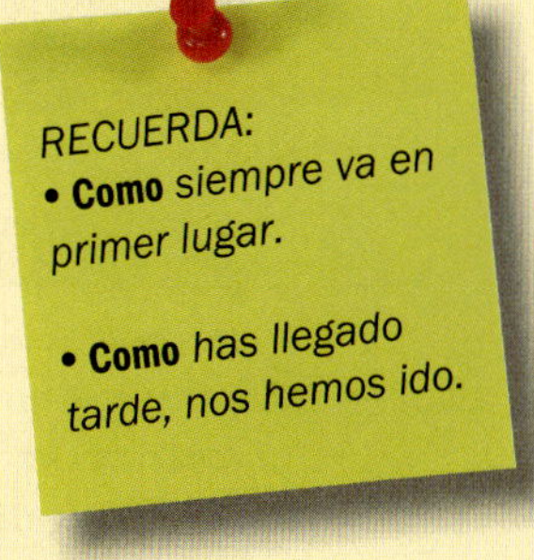
RECUERDA:
• **Como** siempre va en primer lugar.
• **Como** has llegado tarde, nos hemos ido.

Gracias a + *Nombre*
+ **que** + *Frase*
- **Gracias a** *la ayuda de su psiquiatra, pudo superar sus frustraciones.*
- **Gracias a** *que su psiquiatra lo ayudó, pudo superar sus frustraciones.*

Por culpa de + *Nombre*
+ **que** + *Frase*
- **Por culpa de** *tu primo, que es un pesado, vamos a llegar tarde al cine.*
- *Vamos a llegar tarde al cine* **por culpa de que** *tu primo se está retrasando.*

Ya que, puesto que, dado que presuponen que la causa que introducen es conocida por el interlocutor (a diferencia de **porque** y **como**).
Pueden presentar la causa antes que la consecuencia (igual que **como**) o en segundo lugar (igual que **porque**) aunque es más normal lo primero.

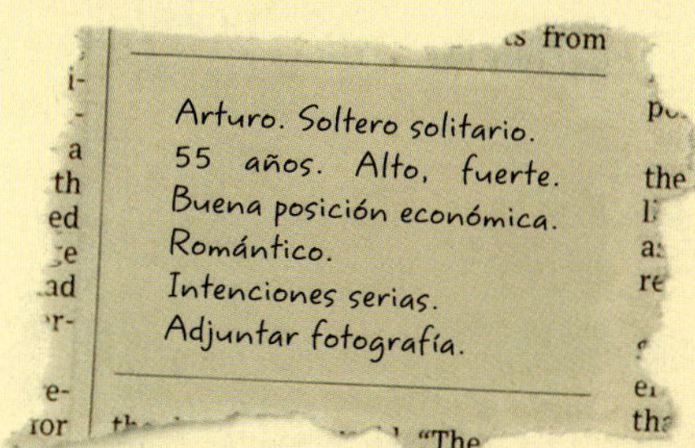
Arturo. Soltero solitario.
55 años. Alto, fuerte.
Buena posición económica.
Romántico.
Intenciones serias.
Adjuntar fotografía.

- **Dado que** *tus intenciones son serias y que* **tu edad** *no es la de un joven enamoradizo, me atrevo a escribirte esta carta para contarte cosas sobre mí.*
- **Puesto que pides una fotografía,** *te mando la única que tengo a mano.*

Para presentar la causa de algo con connotaciones negativas, usamos también muy a menudo:

	+ *Infinitivo o Infinitivo Compuesto*	• *Te has puesto enfermo* **por** *trabajar / haber trabajado tanto.*
por	+ *Nombre*	• Nos han cortado el teléfono **por** falta de pago.
	+ *Adjetivo*	• Le han suspendido **por** vago, no da ni golpe y luego quiere aprobar.

2. *OPOSICIÓN:*

En cambio
Mientras que — Se comparan cosas subrayando que son distintas.
- *Manolo es un encanto.* **En cambio,** *su mujer es bastante antipática.*
- *Manolo es un encanto,* **mientras que** *su mujer es bastante antipática.*

Lo lógico sería pensar "ella también es rubia".

Sin embargo — Se comparan cosas y se contradice una expectativa que genera la primera información.
- *En su familia todos son rubios,* **sin embargo,** *ella es morena.*

Sin embargo
Aun así
A pesar de eso — Se contradice una expectativa que genera la primera información.
- *La mujer de Manolo lo trata fatal y,* **aún así,** *él la quiere.*

Lo lógico sería pensar "él no la quiere".

c ¿Qué conector o conectores elegirías en cada caso?

1. A mí me pagan poquísimo en la empresa ________ Julio, que es primo del jefe, gana el doble que yo.
2. La fiesta no empieza hasta las diez ________ ya ha llegado mucha gente.
3. Mis abuelos son de un pueblo del norte y tienen allí una casa ________ yo todavía no conozco el norte.
4. En esta clase estamos todavía en la lección 8 ________ en la otra clase ya han terminado el libro.

d Estos son otros anuncios del periódico que cayó en manos de Rosana. Elige uno y escribe una carta como la que has leído. Para ello seguramente te serán muy útiles algunos de los conectores que acabas de ver.

Alicia.
Morena explosiva.
29 años. Separada.
Dinámica y deportista.
Busca amistades
en el extranjero.
No necesaria fotografía.

Padre de familia numerosa.
Divorciado.
Escritor y profesor.
Busca amistades para salir.
Intenciones serias.

Chico joven. Simpático.
Abierto. 35 años.
Muy buena posición económica.
Soltero.
Quiere conocer gente nueva.
¡Mándame tu foto y una carta!

Viuda. 52 años.
Amante de los animales,
de la vida en el campo
y de la conversación.
Busca amigos/as para
mantener correspondencia.

10. Un poco de literatura

a Una de las obras más famosas e importantes de la literatura en español es *La Celestina*. Fue escrita por Fernando de Rojas, a finales del siglo XV y es una historia de amor e intrigas que termina trágicamente. Calisto y Melibea, los protagonistas, llevan en secreto su relación, que a los ojos de la gente y de las familias sería imposible por diferencias sociales. Los encuentros de los dos enamorados tienen lugar en el jardín de la casa de Melibea. Un día, al saltar los muros del lugar donde estaba reunido con su amada, Calisto tiene un accidente y muere. Melibea, desesperada, se suicida, tirándose desde la torre más alta de la casa. Vamos a leer la reacción de Pleberio, el padre de Melibea, al enterarse de que su hija ha muerto y descubrir que estaba enamorada.

¡Oh amor, amor! ¡Que no pensé que tenías fuerza ni poder de matar a tus sujetos!(...) ¿Quién te dio tanto poder? ¿Quién te puso nombre que no te conviene? Si amor fueses, amarías a tus sirvientes. Si los amases, no les darías penas. Si alegres viviesen, no se matarían, como ahora mi amada hija. Todo esto causas. Dulce nombre te dieron, amargos hechos haces. No das premios iguales. Inútil es la ley que no es igual para todos. Alegra tu sonido, entristece tu trato. Bienaventurados los que no conociste o de los que no te preocupaste. (...) Ciego te pintan, pobre y mozo. Te ponen un arco en la mano, con que tiras a tientas; más ciegos que tú son tus ministros (=los enamorados), que jamás sienten ni ven el desagradable premio que sacan de tu servicio.(...) La leña que gasta tu llama son almas y vidas de humanas criaturas.

Melibea
Calisto

Fernando de Rojas, *La Celestina* (texto adaptado)

b

¿Qué piensas de esta visión del amor? ¿Crees que el amor hace sufrir? ¿Estás de acuerdo con la frase que se refiere al amor y dice de él: "alegra tu sonido, entristece tu trato"? Es decir, ¿crees que es más bonito lo que se dice del amor, lo que se ve en las películas, que la realidad? ¿Sería mejor vivir sin amor para no pasarlo mal, para ahorrarse golpes en la vida? ¿Piensas que es posible vivir sin amor? ¿Están los enamorados ciegos?

c El pobre Pleberio es un poco pesimista, odia el amor. Quizás tiene razón o una causa justificada. El fragmento que hemos leído es el final de la novela y es conocidísimo en la literatura española. El padre de Melibea acaba con las palabras que hemos visto y diciendo, además, que el mundo es "un valle de lágrimas". ¿Te imaginas el final si Pleberio fuera un tipo optimista, es decir, si tuviera una visión optimista del amor y de la vida? Escríbelo.

11. Taller de escritura: argumentar

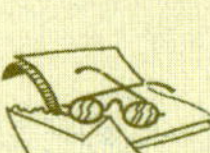

a Según el Diccionario de la Real Academia Española (RAE), "argumentar" viene de "argumento": *razonamiento que se emplea para probar o demostrar una proposición, o bien para convencer a otro de aquello que se afirma o se niega*. Hay muchos tipos de textos, sobre todo los informativos y persuasivos, que intentan convencer al lector. La estrategia general es defender una tesis. De modo que, por ejemplo, se puede confirmar la tesis, probando la verdad de los argumentos. También se puede refutar el argumento contrario, probando la falsedad de unos datos para así defender los propios. Vamos a analizar un texto y a comentar estos puntos:

1. Qué tema trata.
2. La tesis (o idea) que sostiene.
3. Los argumentos con que defiende su tesis.

■ Me parece intolerable y cínica la última amenaza de la cadena de hamburgueserías McDonalds que, como informa el diario USA TODAY, ha instalado de manera experimental gimnasios infantiles de alta tecnología en siete de sus hamburgueserías en Estados Unidos, para prevenir, dicen ellos, la obesidad entre los más pequeños. Debemos prepararnos para lo peor, porque si estos espacios, diseñados para niños de edades comprendidas entre los 4 y los 12 años, tienen éxito, la empresa proyecta implantarlos en 5.500 de sus restaurantes. Para animar a los más pequeños a que hagan ejercicio, los gimnasios infantiles de McDonalds cuentan con bicicletas estáticas en las que los niños pueden utilizar videojuegos mientras pedalean. También disponen de rocas artificiales y cuerdas para escalar, barras para hacer gimnasia y pistas interactivas de baile con pantallas de vídeo que muestran los pasos a seguir. Esta idea, afortunadamente, no ha sido bien acogida por muchos de nosotros, ni tampoco por el Centro Rudd para la Obesidad y la Política Alimentaria de la Universidad de Yale, que sostiene que algunos padres podrían sobrestimar el beneficio de estos gimnasios y permitir a su hijos comer más comida basura, mientras que la revista especializada en el sector de la restauración rápida QSR, califica esta iniciativa como una medida publicitaria. Si somos lo que comemos, además de basura, en el futuro podremos ser más estúpidos.

b ¿Estás de acuerdo con los argumentos del autor? ¿Qué quiere decir con la última frase?

c A continuación, redactad un texto argumentativo siguiendo estas indicaciones:

1. En pequeños grupos, pensad en varios temas que sean objeto de polémica en este momento.
2. Elegid uno de ellos y plantead vuestra tesis de forma breve y sencilla. No lo planteéis como una opinión (*yo creo, yo pienso, en mi opinión*): escribid lo que afirmáis. Haced una lista con argumentos a favor de vuestra tesis.
3. Intercambiad vuestro esquema con otro grupo, que debe pensar en argumentos en contra de los vuestros.
4. Finalmente, elaborad un texto en el que aparezcan los argumentos y los contraargumentos, y cómo vosotros defendéis vuestra posición.

Aunque a veces se piensa que..., [ARGUMENTO]
Es una opinión aceptada que..., [CONTRAARGUMENTO] *pero lo cierto es que....* [ARGUMENTO]

9 Al pie de la letra

¿De dónde venimos? ¿A dónde vamos?

1. Explica las diferencias entre los siguientes grupos de frases (a y b):

a) Un barco hundido.
b) Un barco hundiéndose.

a) Han expulsado a un jugador.
b) Un jugador ha sido expulsado.

2. ¿Con qué verbos, que no sea decir, transmitirías exactamente la intención de los siguientes comentarios extraídos de las noticias?

Ministro: *¡Yo no he sido! ¡Las joyas las ha robado la Ministra, seguro!*
Ministra: *Es verdad, sí, yo robé las joyas de la Virgen del Pincho.*
Presidente: *Por favor, paciencia, por favor, calma y serenidad en estos momentos.*
Cura de Sta. María del Pincho: Es completamente falso que yo haya traficado con droga.
Ministro: *Sería mucho mejor sacrificar todas las gallinas epilépticas para evitar una enfermedad entre los consumidores de huevos.*
Secretario de Hacienda: *Puedo demostrar que el Ministro ha escapado a Manila con más de mil millones.*

3. ¿De qué secciones se compone un periódico?

4. ¿Cuáles son las características principales de una revista del corazón?

DEPORTES

■ Según ha declarado el entrenador del Fútbol Club Barcelona, el jugador del Bayern de Munich, Dietmar Weiss, podría ser fichado para reforzar la línea de ataque la próxima temporada. Las condiciones del traspaso están siendo discutidas todavía, pues la oferta económica del Barça no ha sido aceptada aún por el jugador.

Análisis y redacción de noticias.

- Uso de la voz pasiva. El Gerundio y el Participio.
- Verbos que introducen el discurso periodístico.
- Textos periodísticos.
- Un poco de literatura.
- Taller de escritura.

1. ¡Qué lío!

Un golpe de viento ha volado los papeles de una mesa de redacción del periódico donde trabaja el reportero Mercurio Mercado. ¿Por qué no tratas de averiguar qué titular y qué foto corresponden a cada noticia? No hace falta que entiendas todas las palabras.

La policía de Baracaldo decomisa un cargamento de chanquetes

Intoxicación por LSD de varios ancianos en un asilo de Baracaldo

Vuelve la polémica en torno al cráneo de Orce

Cristianos en pie de guerra

Los agricultores de la Vega del Segura atacan la sede del Ministerio

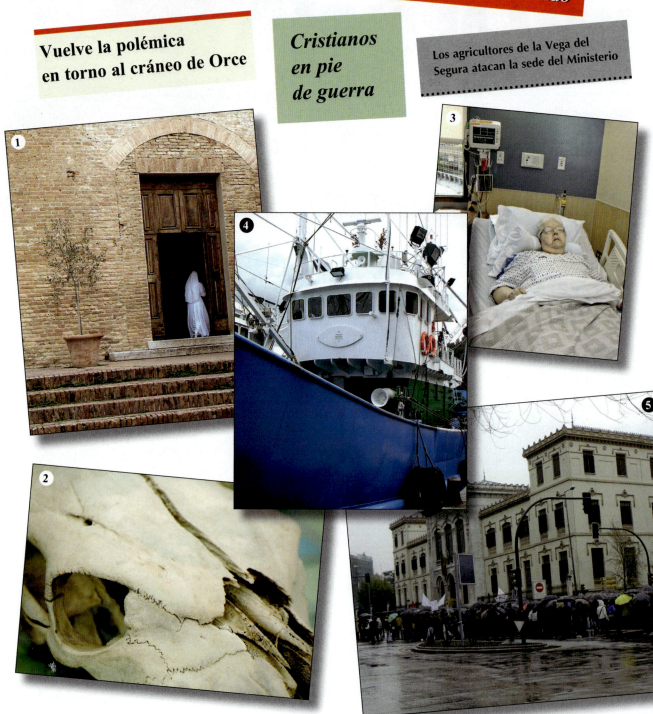

1

2

3

4

5

TITULAR: ______________________

FOTO Nº: ______________________

El presidente de la Asociación de Prehistoriadores y Paleontólogos de Atapuerca, Don Primitivo Cantalapiedra, ha levantado de nuevo la controversia en torno a la autenticidad del cráneo del homínido al afirmar que definitivamente, según sus investigaciones, se trata de un burro, prehistórico, pero burro.

TITULAR: ______________________

FOTO Nº: ______________________

Los responsables de la institución no se explican cómo pudo producirse el incidente, ya que la única novedad en la dieta del día fue la partida de chanquete, decomisado por la policía en el puerto, que el juez de guardia les había regalado. El personal médico de guardia del Hospital de Baracaldo no salía de su asombro cuando a media tarde de ayer un autobús procedente del asilo de ancianos trasladó al servicio de urgencias a unos veinticinco residentes con claros síntomas de alucinación provocada por una ingestión masiva de ácido lisérgico.

TITULAR: ______________________

FOTO Nº: ______________________

A las cinco horas de la madrugada de ayer, una patrullera de la Ertzaintza detuvo un barco que intentaba llegar a puerto con cerca de una tonelada de pescado inmaduro. La carga del pesquero fue trasladada en un camión frigorífico a la comisaría de Baracaldo hasta que el juez de guardia permitió su donación al asilo de ancianos de la ciudad. La extrañeza de la policía, que creía perseguir un cargamento de drogas, fue grande, pero se vio sin duda aumentada al comprobar que el pescado debía proceder de una zona tan alejada como el litoral malagueño, único en nuestras aguas donde se encuentra la variedad de pescado encontrada en la bodega del barco.

TITULAR: ______________________

FOTO Nº: ______________________

El trasvase de aguas del río Tajo está provocando las iras de las asociaciones de trabajadores del campo de Castilla-La Mancha y de Levante. El responsable del Gobierno en la materia, el subsecretario de Aguas y Canalizaciones, se negó ayer a recibir a los afectados congregados ante la puerta de sus oficinas en Madrid, por lo que éstos respondieron lanzando tomates podridos al edificio, dando lugar a que los funcionarios se quedaran sin salir a desayunar, lo que originó un fuerte malestar entre estos últimos.

TITULAR: ______________________

FOTO Nº: ______________________

Las monjas del Convento de Santa María del Peñasco han afirmado que se sienten secuestradas en su propio claustro desde que alcaldes y vecinos de toda la provincia de Guadalajara montan guardia en su puerta para impedir el traslado de los bienes patrimoniales y obras de arte de dicho convento a otro que la misma congregación posee en Cercedilla del Oso, en la provincia de Cuenca.

2. Pies de fotos

Después de haber relacionado las imágenes con los textos correspondientes, lee los pies de fotos siguientes e intenta colocarlos en cada una de las fotografías de antes. Fíjate bien en los **gerundios** y en los **participios**.

Imagen del barco **atracado** en el puerto de Baracaldo.

Una de las monjas en el interior del convento.

Los afectados **protestando** ante la sede del Ministerio.

Trozo del cráneo **encontrado** en Orce.

Anciana **hospitalizada** por la intoxicación.

- El *Participio* describe cualidades o acciones que han terminado.
- El *Gerundio* describe una acción que se está realizando.

A veces se puede intercambiar una forma por otra pero, ¡cuidado!, que cambia el significado:

gente **bebiendo**

gente **bebida**

puerta **abriéndose**

puerta **abierta**

toro **sentándose**

toro **sentado**

3. Las cinco preguntas del buen periodista

a Vamos a ver ahora cómo está organizada

QUIÉN: *las monjas.*

QUÉ: *secuestradas en su claustro por vecinos de los pueblos de alrededor.*

DÓNDE: *en el Convento de Santa María del Peñasco, provincia de Guadalajara.*

CUÁNDO: *desde el pasado mes hasta ahora.*

POR QUÉ: *quieren trasladar los bienes patrimoniales a otro convento en la provincia de Cuenca.*

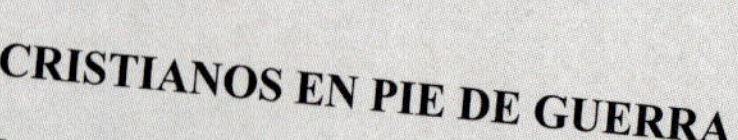

CRISTIANOS EN PIE DE GUERRA

Las monjas del Convento de Santa María del Peñasco han afirmado que se sienten secuestradas en su propio claustro desde que el pasado mes alcaldes y vecinos de toda la provincia de Guadalajara montan guardia en su puerta para impedir el traslado de los bienes patrimoniales y obras de arte de dicho convento a otro que la misma congregación posee en Cercedilla del Oso, en la provincia de Cuenca.

b ¿Por qué no tratas de hacer lo mismo con las otras cuatro noticias?

QUIÉN:
QUÉ:
DÓNDE:
CUÁNDO:
POR QUÉ:

Vuelve la polémica en torno al cráneo de Orce

La policía de Baracaldo decomisa un cargamento de chanquetes

QUIÉN:
QUÉ:
DÓNDE:
CUÁNDO:
POR QUÉ:

QUIÉN:
QUÉ:
DÓNDE:
CUÁNDO:
POR QUÉ:

Los agricultores de la Vega del Segura atacan la sede del Ministerio

Intoxicación por LSD de varios ancianos en un asilo de Baracaldo

QUIÉN:
QUÉ:
DÓNDE:
CUÁNDO:
POR QUÉ:

c Y ahora fíjate bien en la organización de esta noticia e intenta escribirla teniendo en cuenta la información que se proporciona. Tú puedes añadir más detalles.

QUIÉN:	dos motoristas jóvenes.
QUÉ:	atropellan a un peatón.
DÓNDE:	en una calle céntrica de Segovia.
CUÁNDO:	en la madrugada del jueves.
POR QUÉ:	huían de la policía.

4. El corresponsal vago

a Nuestro periodista Mercurio Mercado está pluriempleado, así que tiene que hacer de corresponsal para el noticiero mexicano *El alarido de Jalisco*. Tiene que escribir una crónica de más de cien palabras sobre los acontecimientos más importantes que ocurren en España. ¿Por qué no le ayudas? Antes de nada, mira este vocabulario. ¿Conoces todas las palabras?

localizar
comercio
arqueólogos
especular
mercancías
asentamiento
sarcófago
momia
excavaciones
jeroglíficos
declaraciones
necrópolis
fenicia
hallar / hallazgo
descubrir / descubrimiento
conservación

b Y ahora, presta atención al siguiente noticiario. Lo vas a oír dos veces: la primera, escucha, y, la segunda, toma notas para extraer la información relevante. Ya sabes:

21

c Una vez que tengas las notas organiza la noticia tal como la mandarías por fax a la redacción del periódico, con titular y todo.

QUIÉN: ______________________

QUÉ: ______________________

DÓNDE: ______________________

CUÁNDO: ______________________

POR QUÉ: ______________________

5. Hablando y escribiendo

a Las noticias de la prensa son uno de los pocos sitios donde se suelen encontrar verbos en voz pasiva construidos así:

ser (en la forma adecuada) + *Participio*

- *Los estudiantes que ocuparon el Ministerio están* ***siendo desalojados*** *en estos momentos.*
- *Una momia* ***ha sido encontrada*** *en unas excavaciones.*
- *La ley* ***fue propuesta*** *por el grupo socialista del Congreso.*
- *Las monjas* ***serán rescatadas*** *por la Guardia Civil en las próximas horas.*

b Fíjate en estos dos textos: ¿por qué no señalas los ejemplos de verbos en pasiva?

¿Has leído lo del Barcelona?
No, ¿qué?

Que van a fichar al delantero ese tan bueno del Bayern... ¿cómo se llama?
¡Ése!
¿Weiss?

¡Ah!, pues no lo sabía... ¿Y ya es seguro?
Bueno, no sé, parece que todavía están discutiendo... Le han ofrecido muchicientos millones pero he oído que quiere más...
¡Jo!

DEPORTES

Según ha declarado el entrenador del Fútbol Club Barcelona, el jugador del Bayern de Munich, Dietmar Weiss, podría ser fichado para reforzar la línea de ataque la próxima temporada. Las condiciones del traspaso están siendo discutidas todavía, pues la oferta económica del Barça no ha sido aceptada aún por el jugador.

6. Toma nota

a Vas a escuchar las declaraciones de Faustino Araúxo, presidente de la Asociación Naturista Radical Española en Galicia, ANRE. Lee estas afirmaciones y después escucha la grabación y señala si son correctas o no.

22

	V	F
Araúxo **recordó** que la ANRE lleva más de 10 años luchando por sus ideas.		
Afirmó que la educación es normalmente represiva.		
Propuso que los nudistas tuvieran sus propias playas para no molestar.		
Acusó a la administración de no querer entender su postura.		
Negó que la gente de ANRE fuera gente normal, con familia y trabajo.		
Señaló que para ser iguales, los hombres tienen que ir por la calle sin ropa.		
Le **propuso** a la periodista que se desnudara.		

b Lee con atención la siguiente noticia de periódico sobre el mismo tema.

El ministro de Ocio y Vacaciones hizo ayer nuevas declaraciones sobre el tema de la ANRE y el nudismo radical en las playas españolas. «No podemos poner en peligro el turismo en las playas -afirmó el ministro- dejando que todo el mundo se desnude como y donde quiera». Reconoció también que, sin embargo, la administración no podía hacer mucho para evitar las acciones de la ANRE: «No tenemos vigilantes suficientes para todas las playas», señaló, aunque aseguró al mismo tiempo que se haría lo posible por llegar a una solución negociada y pacífica del conflicto. Preguntado acerca de la contaminación de nuestras costas, el Sr. Crespo rechazó que toda la responsabilidad sea del Ministerio que dirige e insistió en que se está haciendo todo lo posible para mejorar la situación.

B. la V. Press. *Pedro Crespo*

c El mismo ministro de Ocio y Vacaciones hizo unas declaraciones para la radio. Vas a oír algunos fragmentos. Escucha atentamente y señala cuáles recoge el periodista en la noticia anterior y cuáles no.

23

1 no
2
3
4
5

7. Eso dicen...

Estos verbos sirven para transmitir cosas que han dicho otras personas:

pretender (algo **de** alguien)
acusar (a alguien **de** algo)
afirmar (algo **de** alguien o algo)
negar

recordar
proponer
señalar
reconocer

asegurar
aceptar
insistir (**en** algo)
confirmar

Y seguro que ya conoces estos otros:

prometer
pedir
opinar (algo **de** / **sobre** algo o alguien)
comentar

Pero no funcionan de la misma manera ni significan exactamente lo mismo.
Algunos sólo transmiten palabras de otros (lo mismo que **decir**) y suelen aparecer en contextos más formales, como en periódicos y noticias de televisión:

afirmar **señalar** **opinar** **manifestar**

Otros, además de transmitir palabras, sirven para resumir la intención que tenía la persona que las dijo:

proponer:
"... pero mujer, ¿por qué no se quita usted la ropa y se da un bañito con nosotros?"
• *Faustino le* **propuso** *a la periodista que se desnudara.*

acusar:
"... la administración no quiere entender nuestra postura".
• *Faustino* **acusó** *a la administración de no querer entender su postura.*

pedir:
"¿Te importaría llevarme al trabajo en coche? Es que está lloviendo".
• *Laura me* **ha pedido** *que la lleve en coche al trabajo.*

asegurar:
"Puedo decir que vamos a hacer todo lo posible para llegar a un acuerdo con los sindicatos".
• *El Ministro* **aseguró** *que harían todo lo posible para llegar a un acuerdo con los sindicatos.*

recordar:
"Ante todo no hay que olvidar que llevamos desde el 81 luchando por nuestras ideas".
• *Faustino recordó que llevan muchos años luchando por sus ideas.*

negar, admitir:
"Lógicamente, no toda la responsabilidad es de este Ministerio".
• *El Ministro* **negó** *que toda la responsabilidad fuera de su Ministerio.*
"... a mí, personalmente, algunas ideas de la ANRE me parecen muy positivas".
• *El Ministro* **admitió** *que algunas ideas de la ANRE eran positivas.*

rechazar, aceptar:
"Lógicamente, no toda la responsabilidad es de este Ministerio, como dice la oposición".
• *El Ministro* **rechazó** *las acusaciones de la oposición.*
"De acuerdo. Hay que actuar con más rapidez, como usted sugiere".
• *El Ministro* **aceptó** *la sugerencia del periodista.*

Casi todos ellos siguen las mismas reglas que ya viste en la Unidad 7 con **decir**, pero algunos sólo se pueden usar con *Subjuntivo* después de **que**: **proponer**, **negar**, **rechazar**, **pedir**.

Al pie de la letra

a ¿Cómo contarías estas cosas que te dijeron otras personas la semana pasada? Elige uno de los verbos entre paréntesis.

¿Puedes dejarme los apuntes de la última clase? Es que estaba enfermo y no pude venir.

• (pedir / proponer / opinar) Luis me pidió los apuntes.
Luis me pidió que le dejara los apuntes.

1. Carlos: "Mira, mañana te devuelvo los discos, te lo prometo."
(reconocer / asegurar / señalar)

2. Blanca: "Por cierto, ¿sabes que se casa José Alberto? Me lo ha dicho Adela."
(recordar / afirmar / comentar)

3. José: "¿Queréis venir Laura y tú con nosotros a pasar una semana en la playa?"
(manifestar / proponer / pedir)

4. Elia: "Oye, no te olvides de que la fiesta es mañana y de que tenemos que comprarle el regalo a Marta."
(recordar / señalar / negar)

5. Ana: "Yo creo que ha sido Abelardo. Vamos, estoy casi segura de que ha sido él el que ha robado el dinero que falta."
(proponer / señalar / acusar)

6. Abelardo: "¡Yo no he cogido el dinero de la caja! Eso es una mentira."
(insistir / negar / pedir)

7. Pepe: "No ha sido Abelardo. He sido yo el que ha cogido el dinero. Lo siento muchísimo pero es que lo necesitaba. Lo siento, de verdad, pienso devolverlo en cuanto pueda."
(rechazar / afirmar / reconocer)

8. José: "Te lo he dicho ya muchas veces, lo sé, pero por última vez: ¿por qué no os venís Laura y tú a la playa a pasar una semana?"
(proponer / insistir / acusar)

¿?
¡!

8. Trapos sucios

a Vamos a trabajar en parejas. Lee con atención esta entrevista a la "top-model", actriz y cantante Isabel di Cosimo. La persona A tiene el turno del entrevistador y la persona B el de Isabel di Cosimo. Primero intenta completar la entrevista, sin mirar la solución, y después lee con tu compañero las versiones, para ver si son apropiadas, y contrasta lo que tú has escrito con la versión original.

ALUMNO A (ENTREVISTADOR)

- Dicen que tienes muchos planes para este verano.

○ ______________________________

- Dicen también que te casas con el empresario Borja von Bollen.

○ ______________________________

- Entonces, ¿no es verdad?

○ ______________________________

- ¿Yo te he hecho daño, Isabel? Todos los periodistas no somos iguales.

○ ______________________________

- Bueno, cuéntanos: ¿vas a volver a la pasarela?

○ ______________________________

- Todos esperamos que así sea. Gracias.

ALUMNO B (ISABEL DI COSIMO)

- ______________________________

○ ¡Uf!, muchísimos. Mira, conciertos en diez ciudades y el rodaje de una película con Fernando Colomo. Eso, a finales de agosto.

- ______________________________

○ *(Sonrisa)* No, no, Borja y yo somos buenos amigos, nada más. Ahora no tengo tiempo para el amor.

- ______________________________

○ No, no, te repito que no. El problema es que algunos periodistas se aburren e inventan noticias. Te aseguro que muchas veces pueden incluso hacer bastante daño.

- ______________________________

○ No, no, tú sabes que nunca me haces daño, al contrario, me encanta que me entrevistes. Pero esto no lo publiques por favor, ¿eh? *(Risas)*.

- ______________________________

○ Creo que sí. Tengo ofertas muy interesantes de Chanel y, si Karl sabe esperar, seguro que volveremos a trabajar juntos.

b ¿Sabes ya lo que significa en español **sacar los trapos sucios**? Pues significa hacer públicas las intimidades y faltas de una persona. De eso tratan los artículos que te presentamos a continuación.

1. Una persona de la clase tiene que asumir el papel de Isabel di Cosimo, y otra persona el de Borja Von Bollen, un par de famosos que siempre salen en las revistas del corazón. El resto serán periodistas.

2. Lee los artículos, analízalos y anota los argumentos, formula preguntas e incluso posibles respuestas, extrayendo la información más interesante. Fíjate bien en el nuevo vocabulario. Hay que preparar bien, en primer lugar, lo que vamos a decir y cómo. Por eso, echa un vistazo al material que hemos visto hasta ahora en la lección y que te pueda ser útil, por ejemplo, los verbos relacionados con: **recordar / proponer / negar / afirmar**...

3. Vamos a escenificar una rueda de prensa, una discusión abierta entre los protagonistas y la prensa especializada. Cada participante tiene que asumir su papel y escoger aquel punto de vista que más le convenga. No olvides, como buen periodista, tomar notas de todo.

22 años. Soltera.
Medidas: 90-60-90, 1,78.
Modelo, actriz y cantante.
Le gustaría ser como Sophia Loren.
Pintor favorito: Rafael
Música preferida: la de los años sesenta.
Último libro leído: no se acuerda.
Aficiones: ver la televisión y coleccionar guantes.

35 años. Divorciado. 1,85.
Empresario y financiero.
Le gustaría ser como Onassis.
Pintor favorito: Dalí.
Música preferida: el flamenco-pop.
Último libro leído: Manual de defensa personal.
Aficiones: la caza y ver vídeos de Bruce Lee.

HOLA HOLA

La pareja del año: *Di Cosimo - von Bollen*

2 de julio

Nadie lo esperaba, pero ahí está. Como en los cuentos de hadas: la bella y el rico juntos en un romance que traerá cola. ¿Para cuándo la boda? Toda la alta sociedad afirma que Borja von Bollen ya le ha propuesto a Isabel el matrimonio. Sin embargo, ninguno quiere reconocer oficialmente la relación. Isabel di Cosimo ha cancelado sus contratos y los proyectos de cine para dedicarse en cuerpo y alma a su nueva vida. Se decía que su situación financiera no era demasiado buena, y hay quien habla de más interés que amor en esta historia. Por su parte, el joven empresario Borja von Bollen deja atrás su maloliente pasado de drogas y alcohol al obtener la confianza de la angelical modelo. Por cierto, su antigua esposa, Laura Cassen, acaba de publicar en una conocida revista unas declaraciones en las que acusa a Borja von Bollen de ser un pervertido y degenerado sexual.

corassón

BORJA VON BOLLEN

sorprendido con su nueva amante

1 de septiembre

Los rumores de ruptura han sido ciertos. Las declaraciones realizadas por la antigua sirvienta del mago de las finanzas Borja von Bollen han resultado ser ciertas. Su empleada de hogar, Lupita Jiménez, ha mostrado fotografías en las que aparecen besándose apasionadamente los nuevos amantes. Asimismo, ha asegurado que Borja von Bollen se ve asiduamente con dicha joven. Ella es una belleza asidua de la jet set marbellí de la que no se conocen más datos. El pasado fin de semana también se dejaron ver en una conocida discoteca madrileña.

HOLA HOLA

Isabel di Cosimo

niega estar embarazada

7 de septiembre

La famosa top-model, ante el continuo rumor de su posible embarazo, ha declarado que no espera un hijo de Borja von Bollen. La noticia había sido difundida por el mismo magnate de las finanzas Borja von Bollen, que ha mantenido hasta el momento un romance con la modelo barcelonesa. Sin embargo Isabel di Cosimo rechaza cualquier entrevista, y no ha querido hacer más declaraciones. La joven ha perdido muchísimo peso. Vestía un traje negro y el pelo le tapaba una cicatriz en la mejilla. Amistades muy próximas a Isabel señalan que se encuentra muy deprimida.

corassón

Isabel di Cosimo declara ante el juez

15 de octubre

Como era de esperar, Isabel di Cosimo finalmente ha declarado ante la justicia acusando a su antiguo amante Borja von Bollen de malos tratos y abuso sexual. Ha prestado declaración ante el juez y no ha querido hacer declaraciones. Acompañada de su abogado, y luciendo un sencillo traje de pre-mamá, no paraba de llorar ante el acoso de los periodistas. Hay quien habla del final de la corta pero brillante carrera de la modelo. La agencia para la que ésta trabajaba pretende ahora que vuelva para promocionar la nueva moda premamá.

C Tu memoria y las notas que has tomado de las intervenciones de nuestros protagonistas te serán muy útiles para redactar el artículo que aparecerá en el próximo número de la revista HOLA HOLA, el 29 de octubre.

9. Redacción de un periódico

a Para recapitular todo lo que hemos aprendido en esta lección, quizá lo más apropiado sea que escribamos nuestro propio periódico. Es fácil.

1. Se divide la clase en grupos, tantos como secciones tenga nuestro periódico. Pueden ser éstas:

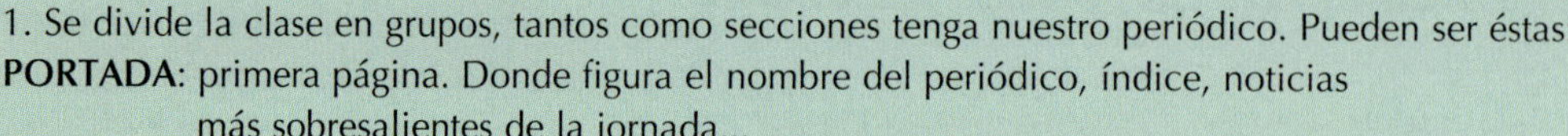

PORTADA: primera página. Donde figura el nombre del periódico, índice, noticias más sobresalientes de la jornada...
INTERNACIONAL: noticias del mundo.
NACIONAL / LOCAL: noticias referidas a un país o localidad, en el caso de los periódicos de ámbito local.
NEGOCIOS: economía, finanzas, bolsa...
SUCESOS: catástrofes, accidentes, siniestros, muertes, necrológicas...
DEPORTES: ya sabes...
OCIO / TIEMPO LIBRE / SOCIEDAD: noticias más superficiales en un tono más distendido.
CULTURA Y ESPECTÁCULOS: exposiciones, cine, teatro, televisión, literatura, festivales...
OTRAS: información metereológica, opinión, cartas al director...

2. Una vez que están repartidas las secciones, sería conveniente tener una noticia del tema concreto que se vaya a trabajar para analizar el vocabulario específico. Asimismo, es conveniente ilustrar las noticias con fotografías de otros periódicos. Ten en cuenta que hay que inventar noticias, de modo que cuanto más interesantes o divertidas, más éxito tendrán entre el público lector. Después se redactan las páginas de cada sección.

3. Se une todo el material, se compone, se fotocopia y se lee en conjunto entre toda la clase. Los responsables de cada sección pueden aclarar a los compañeros el porqué de cada noticia o aquellos aspectos que necesiten explicación. Recuerda que la prensa es el cuarto poder. En tus manos está el destino del mundo. ¡Ánimo!

10. Un poco de literatura

a ¿Sabéis quiénes son los gitanos? ¿Hay en vuestros países? ¿Cómo viven? ¿Cómo son? ¿Tienen costumbres diferentes? Vamos a leer un poema que trata de algo que le sucedió a un gitano una noche en Andalucía. Fue escrito por Federico García Lorca, un poeta que nació en Granada y que murió allí mismo, asesinado, en 1936, al comienzo de la Guerra Civil, cuando tenía 38 años. El poema tiene bastante vocabulario difícil, pero no importa. Esta vez no lo hemos adaptado, lo hemos dejado tal cual. Si queremos leer literatura en la lengua que estamos aprendiendo, no podemos pretender entender todas las palabras, sería una tarea interminable y al final acabaríamos por no leer nada. Quizás si entendemos lo básico, nos animamos, seguimos leyendo y cada vez entenderemos un poquito más. Vamos a ver si funciona con el poema que os proponemos. Se llama "Muerte de Antoñito el Camborio".

Voces de muerte sonaron
cerca del Guadalquivir.
Voces antiguas que cercan
voz de clavel varonil.
Les clavó sobre las botas
mordiscos de jabalí.
En la lucha daba saltos
jabonados de delfín.
Bañó con sangre enemiga
su corbata carmesí;
pero eran cuatro puñales
y tuvo que sucumbir.

(...)

Antonio Torres Heredia
Camborio de dura crin,
moreno de verde luna,
voz de clavel varonil:
¿Quién te ha quitado la vida
cerca del Guadalquivir?
Mis cuatro primos Heredias,
hijos de Benamejí.
Lo que en otros no envidiaban,
ya lo envidiaban en mí.
Zapatos color corinto,
medallones de marfil,
y este cutis amasado
con aceituna y jazmín.
¡Ay Antoñito el Camborio,
digno de una emperatriz!
Acuérdate de la Virgen,
porque te vas a morir.
¡Ay Federico García,
llama a la Guardia Civil!
Ya mi talle se ha quebrado
como caña de maíz.
Tres golpes de sangre tuvo
y se murió de perfil.
Viva moneda que nunca
se volverá a repetir.

(...)

Y cuando los cuatro primos
llegan a Benamejí,
voces de muerte cesaron
cerca del Guadalquivir.

b Si os parece, para comprobar si habéis entendido lo más importante, podéis hacer la siguiente actividad: imaginad que sois periodistas y, después de leer el poema, escribid la historia de Antoñito como si fuera una noticia del periódico en el que trabajáis.

11. Taller de escritura: narrar

a El diccionario de la RAE define el término "narrar" de la siguiente manera: *contar, referir lo sucedido o un hecho o una historia ficticia.* ¿Qué tipo de textos suelen narrar o contar historias?

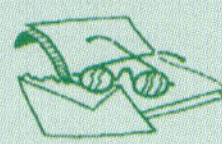

Una noticia de sucesos en un periódico,...

b Vamos a elegir uno de esos posibles textos: los cuentos. ¿Conoces *El laberinto del Fauno*? Es una película de Guillermo del Toro que cuenta dos historias: una real y otra ficticia. ¿A cuál se refieren estos fragmentos escritos a modo de cuento: a la real o a la ficticia? No es necesario que hayas visto la película para saberlo. Lee con atención y disfruta el texto.

Cuentan que hace mucho mucho tiempo, en el reino subterráneo donde no existe la mentira ni el dolor, vivía una princesa que soñaba con el mundo de los humanos. Soñaba con el cielo azul, la brisa suave y el brillante sol. Un día, burlando toda vigilancia, la princesa escapó. Una vez en el exterior, la luz del sol la cegó y borró de su memoria cualquier indicio del pasado. La princesa olvidó quién era, de dónde venía. Su cuerpo sufrió el frío, la enfermedad y el dolor, y al correr de los años, murió. Sin embargo, su padre, el rey, sabía que el alma de la princesa regresaría quizá en otro cuerpo, en otro tiempo y en otro lugar, y él la esperaría hasta su último aliento, hasta que el mundo dejara de girar. (...)

Y se dice que la princesa descendió al reino de su padre y que ahí reinó con justicia y bondad por muchos siglos, que fue amada por sus súbditos y que dejó tras de sí pequeñas huellas de su paso por el mundo visibles para aquel que sepa dónde mirar.

Fin.

c Te propongo varias actividades:

1. Puedes reflexionar sobre el uso de las formas verbales en pasado para discutir su funcionamiento: acciones en proceso no terminadas en Pretérito Imperfecto y acciones terminadas, completas, en Pretérito Indefinido. También es muy importante reflexionar sobre los marcadores temporales y la forma de relacionar las acciones. Señala en el texto este tipo de recursos.

2. Para escribir bien un cuento no solo es necesario atender al nivel de corrección formal. Además de usar bien los tiempos verbales, las preposiciones, los artículos..., ¿qué otros aspectos te resultan problemáticos a la hora de escribir? Por ejemplo:

- Léxico: evitar las repeticiones, buscar sinónimos, seleccionar el más adecuado.
- Cohesión: usar conectores para establecer relaciones lógicas entre enunciados.

3. Los fragmentos del texto que has leído corresponden al principio y al final de la historia. Si no conoces la película, puedes escribir tu cuento.

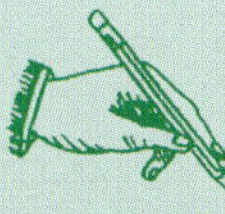

d Si has visto la película seguro que puedes volver a contar toda la historia. Si no la has visto es un buen momento para verla y después escribir tanto la historia ficticia como la real que se representa. También podrías contar la historia desde el punto de vista de uno de los personajes.

10 Suspiros de España

¿De dónde venimos? ¿A dónde vamos?

1. ¿Qué elementos (tópicos, objetos, comida, ropa, etc.) caracterizan a tu país?

2. ¿Y a España? ¿Qué objetos asocias con la cultura española?

3. ¿Qué palabras usas para expresar las siguientes funciones? Pon un ejemplo.
   Para dar más información de un tema y seguir hablando de él.
   Para oponer y contrastar varias ideas.
   Para enumerar y clasificar dos ideas.
   Para explicar la causa de algo.
   Para expresar la consecuencia de algo.
   Para dar una idea final y cerrar un texto.

4. ¿Conoces alguna diferencia entre el español peninsular y el español de América?

Organizar el discurso.

- Conectores discursivos de causa, de oposición y de organización de la información.
- Préstamos y falsos amigos.
- Léxico de nacionalidades y lenguas.
- Textos informativos y divulgativos.
- Un poco de literatura.
- Taller de escritura.

1. Señas de identidad

a Cuentan que en la Exposición Internacional de 1889, en París, todos los países occidentales presentaron máquinas y artilugios propios del siglo positivista que terminaba, excepto el Imperio austrohúngaro, que exhibió una mecedora, y el español, que presentó un botijo... Curiosamente, los dos imperios desaparecieron unos años después. Pero, ¿sabes qué es un botijo? Es un invento típicamente hispano y pertenece a esa colección de objetos por los que se nos reconoce en todo el mundo. Algunos de ellos te serán muy conocidos, pero otros quizá no. Relaciona el nombre de cada objeto con la imagen y el texto correspondiente:

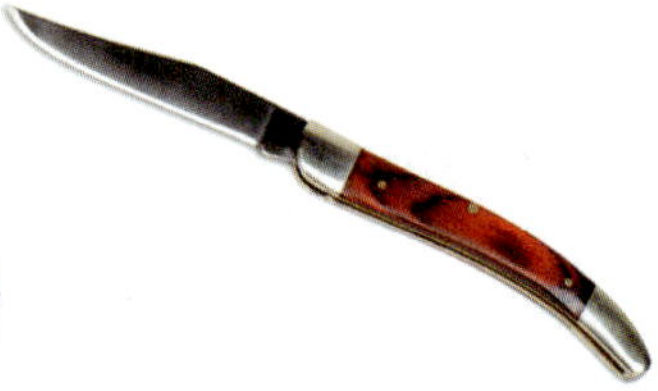

futbolín

cigarrillo

abanico

naipes

fregona

botijo, porrón y bota

peineta

guitarra

chupachups

traje de luces

navaja

3

Todas las culturas milenarias han tenido objetos semejantes. Pero fue España la que distribuyó al mundo el abanico desde Oriente, vía Portugal. El abanico español consta de varillas y una tela o papel decorado. En Andalucía se desarrolló un peculiar y críptico lenguaje del abanico, donde cuatro orientaciones con cinco posiciones creaban un total de veinte signos correspondientes a las letras del alfabeto. Pero también hay gestos con mensajes directos: Abanicarse despacio: "Me eres indiferente". Abanicarse con la mano izquierda: "No coquetees con ésa". Cerrarlo bruscamente: "Te odio".

1

Es, sin duda, uno de los diseños de moda más atrevidos y originales, y que, a menudo, ha servido de inspiración para colecciones de grandes creadores. Los primeros trajes de toreo que se conocen datan del siglo XV y corresponden a los de los pajes de la época. Dos siglos más tarde evolucionarían hacia colores más llamativos. Pero fue a mitad del siglo XIX cuando se concibió tal y como hoy lo conocemos: se introdujo la montera o sombrero torero y se desterró el calzón por las medias de seda.

4

Mientras lees este artículo, 60.000 personas de todo el mundo están saboreando su chupachups. La persona que les endulza la vida es Enrique Bernat, que en 1959 tuvo la idea de añadir un palito a los caramelos. Hoy, Chupachups está presente en ciento ocho países, y se vende principalmente en Japón, Corea, Alemania, Estados Unidos y los países de la antigua Unión Soviética. Como curiosidad, citar que el envoltorio fue rediseñado por Dalí en 1969.

2

El español siempre ha tenido mucha sed y ha necesitado recipientes para saciarla. El botijo para el agua -con unas gotitas de anís- para mantenerla fresca al evaporarse; el porrón, ofreciendo vino fácil en la mesa, y la bota, guardándolo para cuando sea necesario. Tres inventos remotos y anónimos que han persistido con el paso de los siglos y que conviven con las botellas de plástico y las latas de aluminio.

5

Al parecer, los maestros cuchilleros aprendieron de los musulmanes el arte del temple y la ornamentación, y en el siglo XVI ya se conoce Albacete como importante productor de navajas, cuchillos y tijeras. La típica navaja albaceteña tiene la hoja de acero, y el resto se hacía con asta de toro o de madera. También disponía de un mecanismo para abrirla y cerrarla rápidamente.

Suspiros de España

6

Ésta es una historia curiosa, la historia de un joven que no llegó a patentar un invento. Viendo a los niños que en los días de lluvia no podían jugar al fútbol, Alejandro Finisterre, enfermo en un hospital, decidió crear una mesa de juego, con jugadores de madera de boj y una pelota de corcho. Tras la guerra tuvo que exiliarse y se instaló en Guatemala y, más tarde, en Estados Unidos y México. Tras frustrados intentos por comercializar su invento, se vio obligado a abandonar, pero, para su sorpresa, cuando volvió a España en los años sesenta, descubrió futbolines por todas partes.

7

El peine es posiblemente uno de los objetos más antiguos de la humanidad y ha ido evolucionando de forma paralela en varias civilizaciones. Siempre decorados con motivos ornamentales y simbólicos, algunos creen que servían de amuleto, y se asemejaban mucho a la forma de las actuales peinetas: una parte cóncava con púas bastante largas y otra parte decorada por donde cogerla. Cumple así una doble función: sujetar el peinado y embellecer. Es una pieza característica de muchos trajes regionales, pero destaca especialmente en los andaluces.

8

Fueron, en concreto, los mendigos sevillanos los inventores de este "vicio" que ha invadido el mundo. Durante el siglo XVI comenzaron a aprovechar los restos de las hojas de tabaco que llegaban de América. Se dedicaron a triturar los desperdicios de las mercancías y a liarlos en finas hojas de papel de arroz. Los primeros cigarrillos manufacturados y empaquetados datan de 1825. En 1838 aparecen las primeras cajetillas y es cuando se empieza a usar la palabra cigarrillo, que deriva del puro o cigarro, llamado así por su similitud con una cigarra.

9

Su origen se pierde en la noche de los tiempos. Fue Joan Tinctoris en su famoso tratado musical quien la destacó como instrumento propio de la zona de Cataluña. Aunque, al parecer, tiene dos raíces: por un lado, la cítara grecorromana y, por otro, un instrumento musical árabe que procedía del laúd sirio. Siempre fue considerada un instrumento popular, y no tuvo prestigio hasta que Carlos IV la introdujo en la corte. Andalucía es la tierra donde la guitarra española, especialmente la flamenca, ha tenido mayor desarrollo.

10

No está muy claro si fue un invento español, pero lo cierto es que a través de nuestro país se difundió por toda Europa. Algunos dicen que viene del dominó, que fue una invención china y que llegó a España con los árabes. Otros aseguran que surgió del ingenio hispano de un tal Vilhán, afincado en Sevilla. La baraja española se compone de cuarenta y ocho cartas, divididas en cuatro palos -oros, copas, espadas y bastos- y que corresponden alegóricamente a los estamentos medievales: burguesía, clero, nobleza y campesinos. La baraja inglesa es un derivado donde los palos son diamantes, corazones, tréboles y picas.

11

Muchos turistas y visitantes se sorprendían al venir a España y ver este elemental instrumento de limpieza, y más de uno se volvía hacia su país con tan liberador invento. El padre de la idea fue Manuel Jalón, un ingeniero y oficial del Ejército del Aire, allá por el año 1956. Se le ocurrió poner a un palo de escoba unas tiras de algodón que se escurrían en un cubo. Más adelante perfeccionó la idea, alcanzando con ella un gran éxito comercial, y no sólo en España, pues la exportó a más de treinta países.

Adaptado de *El País semanal*, octubre de 1992)

2. Cada uno a lo suyo

a Todos los países tienen objetos -ropa, comida, instrumentos musicales, etc.- que les son propios, y que los identifican inequívocamente a los ojos del resto del mundo. Escribe al lado de los siguientes países aquellos inventos u objetos que son sus señas de identidad y, después, compáralos con los del resto de tus compañeros.

Estados Unidos		Cuba	
Francia		México	
Reino Unido		Japón	
Alemania		Marruecos	
Holanda		Suiza	
China		Rusia	
Argentina		Italia	

b Busca ahora un objeto o un producto típico de tu país, región, ciudad, que no sea universalmente conocido. Descríbeselo a tus compañeros: qué es, para qué sirve, cómo es y, si sabes algo de su historia, también.

3. España es diferente

a ¿Has estado alguna vez en España? ¿Crees en los tópicos? ¿Conoces realmente España, a los españoles, sus costumbres y su forma de ser? Vamos a sumar conocimientos y experiencias y a discutirlos. Aquí tienes algunos verbos en Infinitivo. Completa la idea, como en el ejemplo, y compara después con tus compañeros. ¿Podremos llegar a un acuerdo sobre cómo es la vida en España? Sólo un problemita gramatical: vamos a intentar siempre que sea posible la estructura impersonal con **se** (**se** + *verbo en 3ª persona singular o plural*).

- Yo creo que en España **se dicen** muchos tacos.
- ○ Yo he estado en Sevilla y no he escuchado tantos.

decir	se dicen muchos tacos	molestar	
cenar	se cena bastante tarde	funcionar mal	
comer		funcionar bien	
beber		acostarse	
pensar		gesticular	
gustar		encantar	
vestir		divertirse	
hablar		bailar	
dormir		interesarse	

c ¿En qué casos no has podido utilizar la fórmula impersonal? ¿Puedes explicar por qué? Fíjate:

La gente habla *muy alto.* = *En España* **se habla** *muy alto.* = *En España* **hablan** *muy alto.*

La gente se acuesta *muy tarde.*

En España **se acuestan** *muy tarde.*

En España **se ~~acuesta~~** *muy tarde.*

A la gente le gusta *estar en la calle.*

En España **~~se gusta~~** *estar en la calle.*

En España **~~gusta~~** *estar en la calle.*

4. Don Juan, El Burlador de Sevilla

a Para facilitar la comprensión del siguiente texto sobre el mito literario de Don Juan, intenta definir estos verbos con la ayuda de los sinónimos que tienes en la página siguiente.

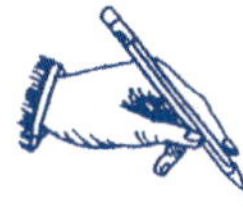

engañar:	
seducir:	
abandonar:	
burlarse:	
temer:	
retar:	
quemarse:	
arrepentirse:	

1. desafiar, provocar

2. enamorar, convencer, fascinar

3. reírse, perder el respeto, humillar...

4. mentir, timar

5. respetar, tener miedo...

6. lamentarse, sentir... haber hecho algo malo

7. dejar, descuidar, desatender...

8. arder, prenderse...

b La primera noticia literaria que tenemos de Don Juan la encontramos en la obra del dramaturgo español Tirso de Molina: *El Burlador de Sevilla*, publicada en 1627, desde ese momento, se convirtió en una de las obras claves del Teatro Clásico español del Siglo de Oro. Es, sin duda, el personaje más universal de nuestro teatro, debido a la infinidad de versiones posteriores que se realizaron. Entre ellas destacan el *Don Juan* de Molière, pieza esencial del teatro clasicista francés y el *Don Juan* de Lord Byron, uno de los exponentes básicos del romanticismo inglés. En España, y siguiendo la moda romántica, José de Zorrilla inmortalizó el mito en su *Don Juan Tenorio*, una obra que ha superado en éxito al original.

En la obra de Tirso, Don Juan es un joven noble, inteligente y atractivo que, ayudado por su criado, **engaña** constantemente a sus **víctimas**: **las mujeres**. Las **seduce** y las **abandona**. Les promete el matrimonio pero luego las deja. Es un **burlador** que **no respeta ni las leyes de Dios** ni las de los hombres. No teme a nada ni a nadie. En una de sus fechorías llega incluso a matar al comendador de Calatrava: Don Gonzalo. El rey y la corte entera están escandalizados por la actitud de Don Juan. Pero éste, en Sevilla, **sigue burlándose de todos**. Entra en una iglesia y se burla de la estatua de piedra del Comendador al que había dado muerte. Don Juan, **orgulloso y soberbio**, invita a la estatua a cenar. La estatua acepta la invitación y acude a la posada donde está Don Juan. El **muerto**, a su vez, lo invita a que vaya a cenar a la iglesia donde está su sepultura y Don Juan acepta el reto. Una vez allí, la estatua lo abraza y, al morir sin confesión, se condena al **infierno**. Éstas son algunas palabras de la escena final:

JUAN:
Ya he cenado, haz que levanten
la mesa.

GONZALO:
Dame esa mano.
No temas, la mano dame.

JUAN:
¿Eso dices? ¿**Yo temor**?
¡Que me abraso! No me abrases
con tu fuego.

(...)

JUAN:
Deja que llame
quien me **confiese** y absuelva.

GONZALO:
No hay lugar. Ya acuerdas tarde.

JUAN:
Que **me quemo**, que me abraso.
Muerto soy.

Cae muerto don JUAN

CATALINÓN:
No hay quien se escape,
que aquí tengo que morir
también por acompañarte.

GONZALO:
Esta es **justicia de Dios,**
quien tal hace, que tal pague.
(...)

Tirso de Molina, *El burlador de Sevilla*

c Como vemos, en la obra de Tirso Don Juan **es castigado** por su actitud, y ni siquiera tiene la oportunidad de **arrepentirse**: eso es lo que significan las palabras **quien tal hace, que tal pague**. Según la ética del teatro barroco español, los comportamientos humanos que no respetan "la norma" tienen que ser públicamente castigados. En otras versiones, como la de Lord Byron, Don Juan es un héroe romántico incomprendido por la sociedad, un individuo que busca su libertad y que vive su existencia intensamente. El mito literario ha trascendido lo artístico y ha llegado también al lenguaje cotidiano. Hoy en día, un **don Juan** es un hombre al que sólo le interesa conquistar a las mujeres con su virilidad y su don de palabra, sin comprometerse con ninguna, es decir: un conquistador. En los tiempos que corren, quizá sea un tópico mediterráneo o un arquetipo de los comportamientos machistas de los latinos.

5. Don Juan de Benidorm

a Para construir un texto coherente, necesitamos ordenar internamente la información que hay en él y, además, que la información se conecte lógicamente. Como en tu lengua, en español hay unas palabras que tienen exactamente esa función, como ya viste en la unidad 8 (página 135).

Para seguir hablando del mismo tema y, además, dar más información:

✚ ⇨

también / asimismo / además

Para oponer y contrastar varias ideas

⇦⇨

pero / sin embargo / en cambio

Para enumerar y clasificar la información

❶ ⇨ ❷ ⇨

en primer lugar / en segundo lugar
por una parte / por otra (parte)
por un lado / por otro (lado)

Para explicar la causa de algo

⇨ ❍ ⇨

porque

- *No te he llamado* **porque** *no he tenido tiempo.*

debido a / a causa de + Sintagma Nominal

- *El puerto se cerrará* **debido a / a causa de** *la situación atmosférica.*

debido a que / a causa de que + Verbo

- *El puerto se cerrará* **debido a que / a causa de que** *continúa la situación atmosférica.*

Para expresar la causa de algo valorando esa acción, normalmente de manera negativa

por + Adjetivo / Sustantivo / Infinitivo

- *Juan ha tenido ese accidente* **por imprudente.**
- *Juan ha tenido ese accidente* **por imprudencia.**
- *Juan ha tenido ese accidente* **por ser** *tan imprudente.*

ya que / puesto que

- **Ya que / puesto que** *no hay nadie más, podemos empezar.*
- *Podemos empezar,* **ya que / puesto que** *no ha venido nadie más.*

como

Siempre en primera posición

- **Como** *estábamos muy cansados, nos fuimos a la casa.*

Para expresar la consecuencia de la información dada anteriormente

❍ ➪

así que / por eso

- *Se puso a llover* **así que / por eso** *tuvimos que volver.*

de modo que

- *No quedaba nada para beber,* **de modo que** *tuvimos que ir a comprar algo.*

para expresar consecuencias o conclusiones finales

Para acabar de dar información o cerrar un texto

⇦

finalmente / en último lugar / por último

b En el siguiente texto hemos quitado esas palabras y las hemos sustituido por símbolos. Primero intenta leerlo y luego coloca las palabras que piensas que corresponden.

Cada vez que miraba los folletos con fotografías de las playas, Juan Fajardo empezaba a inventarse historias y a olvidarse de su presente. No tenía muchas aspiraciones en su vida, y lo único que deseaba era tener un mes de vacaciones en su oficina para buscar aventuras. Era una persona no muy inteligente. ⇦ ➪ ________ tenía un físico muy atractivo para las mujeres. Era alto, moreno, con los ojos verdes y una sonrisa misteriosa. Siempre estaba tratando de ligar con cualquier chica, y su única ilusión en la vida era la de enamorar a las mujeres sin sentir un verdadero amor.

➪ ❍ ➪ ________ esta necesidad de fascinar a todas las chicas, estaba completamente obsesionado por su aspecto, y ✚ ➪ ________ por parecer siempre simpático y divertido. ➪ ❍ ➪ ________ no tenía otro objetivo en la vida más que engañar y burlarse de sus víctimas, planeó pasar sus vacaciones de verano en Benidorm, uno de los puntos más estratégicos para cazar extranjeras que admiraran sus encantos.

❍ ➪ ________ hizo sus maletas y alquiló un pequeño apartamento. Los primeros días fueron decepcionantes, ➪ ❍ ➪ ________ no conoció a ninguna chica y todas le parecían tontas, gordas, simples o demasiado inteligentes. ⇦ ➪ ________ las cosas cambiaron. Un día que Juan Fajardo tomaba el sol en la playa luciendo sus músculos, se le acercó una joven rubia y le dijo con una voz suave como el canto de las sirenas: "¿Me puedes dejar la crema, por favor?". Juan sonrió acercándole el bote. Sintió algo muy especial. Se sentía nervioso y extraño. Ella se fue. Juan volvió al mismo sitio durante tres días seguidos, buscando esa voz en los cuerpos de todas las chicas extranjeras y rubias de la playa.

⇦ ➪ ________ nada. No aparecía. Iba al mismo lugar todos los días a las diez de la mañana y no se movía de su toalla hasta el atardecer, sufriendo el calor insoportable del sol de agosto sin bañarse, ➪ ❍ ➪ ________ le daba miedo meterse en el mar y no vigilar si llegaba la chica que le había robado el corazón y la crema protectora.

Dos noches después, Juan se emborrachaba en la barra de la discoteca para olvidar aquella imagen. Y cuál fue su sorpresa cuando, al mirar hacia la pista, observó su cuerpo bronceado moviéndose al ritmo de un chachachá. No lo dudó. Se acercó y la saludó, ⇦ ➪ ________ ella no le hizo caso. Siguió bailando. Juan volvió a la barra y esperó. ❶ ➪ ________ se sentía frustrado e irritado, pero ❷ ➪ ________

significaba un reto para él convencerla de que él, Juan Fajardo, era el amante más atractivo de toda la costa mediterránea.

✚ ⇨ ________, el que ríe el último ríe mejor.

❍ ⇨ ________ esperó tranquilamente y pidió otro cubata. Las tres. Las tres y media. Las cuatro menos cuarto. Las cuatro menos cinco. ¡Las cuatro! ⇨ ❍ ⇨ ________ la chica no le prestaba ninguna atención, Juan decidió salir a bailar, demostrando sus habilidades folklóricas justo en el momento que el *pinchadiscos* había puesto sevillanas. "¿Cómo te llamas?". "Que cómo te llamas...". Juan insistía en preguntarle el nombre, ⇦ ⇨ ________ ella no parecía estar muy interesada. "¡Yo me llamo Juan...!". "¿No te acuerdas de mí...? En la playa...". La belleza nórdica se acercaba cada vez más a otro muchacho rubio que tenía a su lado.. ⇦ ⇨ ________ Juan no se rendía: "Yo te dejé la crema... ¿No te acuerdas?". Una cabellera rubia se movía por la música de la pista y su sonrisa de niña feliz se acercaba más y más a la boca del holandés que la cogía por la cintura. "¿No te acuerdas de mí?". Evidentemente, la sirenita de la playa no tenía buena memoria. Juan no daba crédito. Le hubiera gustado coger a ese imbécil de guiri y amenazarlo para que la abandonara. "Esto me pasa ⇨ ❍ ⇨ ________ idiota", se decía a sí mismo. Empezó a temblar. Los miró y justo cuando se besaban empezó a sentir un dolor intenso por la espalda, por los hombros, por los brazos, por el cuello... Se miró el pecho y vio cómo ardía su piel. Le quemaba todo el cuerpo. Ardía por dentro y por fuera. Entonces empezó a acordarse de la crema protectora que le había prestado a la rubia, y le vinieron a la cabeza las caricias y los besos y las lágrimas de todas sus novias anteriores, de sus infinitas novias. Se lamentaba del tiempo perdido que tanto se parecía a la oscuridad de aquella discoteca sin luz y sin música, sentado en un rincón.

⇦ ________ recordó también las cosas buenas, ⇦ ⇨ ________ entonces ya estaba profundamente dormido, y la vida le parecía un sueño.

c Y ahora vamos a intentar usar los modelos de conectores que hemos visto. Para ello vamos a intentar relacionar información de los dos textos: el del mito literario de Don Juan y el de Don Juan en Benidorm. Por ejemplo:

Juan Fajardo, como el Burlador de Sevilla, es castigado ➪ ❍ ➪ *debido a que* su actitud hacia las mujeres era totalmente irrespetuosa.

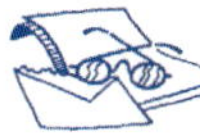

1. Juan Fajardo seduce constantemente a sus víctimas ⇦ ➪ ______ no las ama.
2. El Burlador de Sevilla ardió en el fuego eterno ➪ ❍ ➪ ______ ni siquiera pudo arrepentirse.
3. ➪ ❍ ➪ ______ no pudo arrepentirse a tiempo, Don Juan ardió en el fuego eterno.
4. El Burlador de Sevilla no respetaba ninguna ley ❍ ➪ ______ al final recibió su castigo.
5. Juan Fajardo era joven y atractivo, ❍ ➪ ______ tenía mucho éxito con las chicas. ⇦ ➪ ______ era un mentiroso.
6. ➪ ❍ ➪ ______ Juan Fajardo le dejó la crema a la chica, se quemó la piel.
7. Don Juan seducía a las mujeres. ❶ ➪ ______ las enamoraba, ❷ ➪ ______ las abandonaba.
8. Juan Fajardo era soberbio y arrogante ➪ ❍ ➪ ______ tuvo que lamentarlo.
9. Juan Fajardo se quemó ➪ ❍ ➪ ______ dejarle la crema a la chica.
10. Juan Fajardo tenía mucho éxito con las chicas ❍ ➪ ______ su físico.

d Ahora lee con atención estos fragmentos de texto que son continuación de la historia anterior e intenta colocarlos en orden, es decir, conectarlos de manera que la información tenga coherencia interna. Completa los espacios con las formas que ya conoces, pero sólo cuando sea necesario, pues, para que la información se conecte coherentemente, no son siempre indispensables palabras especiales que indiquen el tipo de relación entre las frases. A veces, el orden de las secuencias del texto es suficiente.

Juan volvió a su apartamento derrotado y humillado, con los pies casi sangrando...

____

____

____

____

____

Suspiros de España

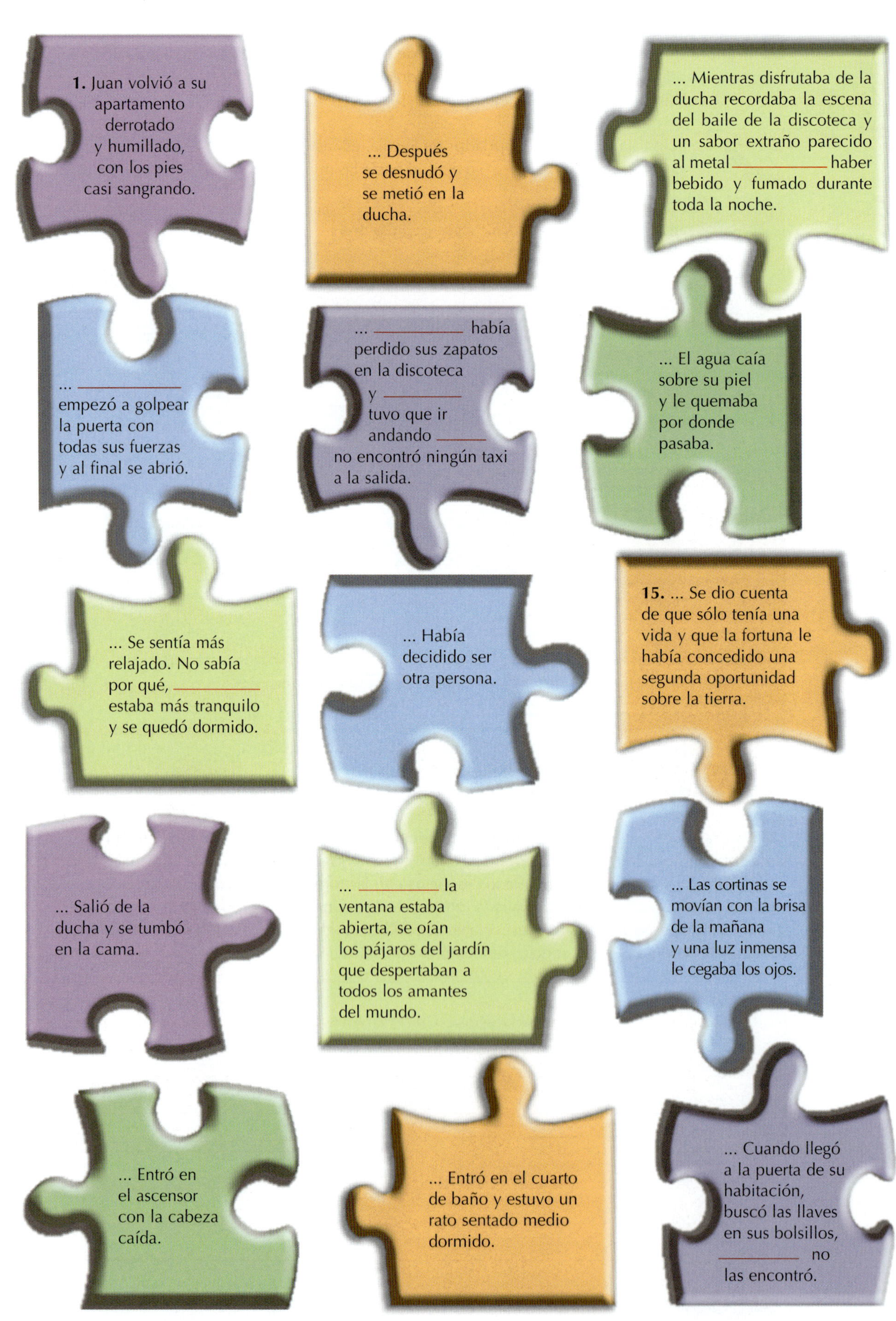

1. Juan volvió a su apartamento derrotado y humillado, con los pies casi sangrando.
... Después se desnudó y se metió en la ducha.
... Mientras disfrutaba de la ducha recordaba la escena del baile de la discoteca y un sabor extraño parecido al metal ________ haber bebido y fumado durante toda la noche.
... ________ empezó a golpear la puerta con todas sus fuerzas y al final se abrió.
... ________ había perdido sus zapatos en la discoteca y ________ tuvo que ir andando ________ no encontró ningún taxi a la salida.
... El agua caía sobre su piel y le quemaba por donde pasaba.
... Se sentía más relajado. No sabía por qué, ________ estaba más tranquilo y se quedó dormido.
... Había decidido ser otra persona.
15. ... Se dio cuenta de que sólo tenía una vida y que la fortuna le había concedido una segunda oportunidad sobre la tierra.
... Salió de la ducha y se tumbó en la cama.
... ________ la ventana estaba abierta, se oían los pájaros del jardín que despertaban a todos los amantes del mundo.
... Las cortinas se movían con la brisa de la mañana y una luz inmensa le cegaba los ojos.
... Entró en el ascensor con la cabeza caída.
... Entró en el cuarto de baño y estuvo un rato sentado medio dormido.
... Cuando llegó a la puerta de su habitación, buscó las llaves en sus bolsillos, ________ no las encontró.

6. Tatuaje

a Vas a escuchar ahora una antigua canción que hay que completar para participar en un concurso de la radio. Aquí tienes la letra, pero, en lugar de algunas palabras, hay símbolos o dibujos. Antes de oírla, intenta poner la palabra que corresponde en el espacio que tienes junto al dibujo. Después escucharemos la canción y así podrás comparar tu versión con la original.

24

Él ______ en un ______
de nombre extranjero
que arribó a Marsella
un anochecer
cuando el blanco ______
______ los veleros
su ______ de plata
dejaba caer.

Era alegre y rubio
como la ______
Y sus ______ claros
prendaron a Yvonne
cuando oyó en sus ______
gemir la tristeza
doliente y cansada
del ______.

Y ante ______
de aguardiente
en un rincón
del "Petit Bar"
él fue contándole entre ______
su amarga historia de pesar:

"Mira mi ______ tatuado
con este nombre de ______.
Es el recuerdo de un pasado
que nunca más ha de volver.

Ella me quiso y me ha
olvi + ______,
en cambio yo no la olvidé,
y para siempre iré ______ + cado
con este nombre de mujer".

Él se fue una tarde
con rumbo ignorado
sin dejar ni rastro
de su ______
Yvonne de tristeza
muerta se ha que + ______
igual que una sombra
frente al malecón.
De una punta a otra
recorre Marsella.
A los ______ pregunta por él.
Iba como loca
buscando su ______
porque tatuado
lo lleva en la piel.

Y a ______ + ______
triste y sola
en un rincón del "Petit Bar"
oye de pronto una ______
gemir de nuevo aquel cantar.

"Tatuaje". León, Valerio y Quiroga, 1941.
Texto adaptado.

b ¿Serías capaz de reconstruir y escribir la historia que cuenta la canción? Seguro que sí. Pero, antes de hacerlo escucha las opiniones o las hipótesis de tus compañeros sobre las preguntas siguientes y toma nota. Recuerda, si es necesario, las formas de expresar hipótesis que viste en la unidad 5.

- ¿A qué crees que se dedicaba la mujer que cuenta la historia?
- ¿Ha tenido esta mujer suerte en la vida? ¿Cómo piensas que acabaría su vida?
- ¿Con qué adjetivos la calificarías: posesiva, apasionada, ingenua, obsesiva, romántica, frívola...?
- ¿Qué clase de hombres le gustaban?
- Ella también tenía un tatuaje. ¿Dónde? ¿Cómo sería?
- ¿Quién fue el amor de su vida? ¿De dónde era?
- ¿Qué pudo pasar entre ellos?

7. La historia del español

a ¿Sabes cuál es el origen del español? ¿Y el del inglés, el alemán, el francés, el italiano, el catalán...? Pues fíjate bien en este cuadro. La mayoría de las lenguas occidentales vienen del indoeuropeo (excepto el húngaro, el finlandés y el vasco). El indoeuropeo es una hipótesis lingüística que explica el origen de estas lenguas desde un tronco común.

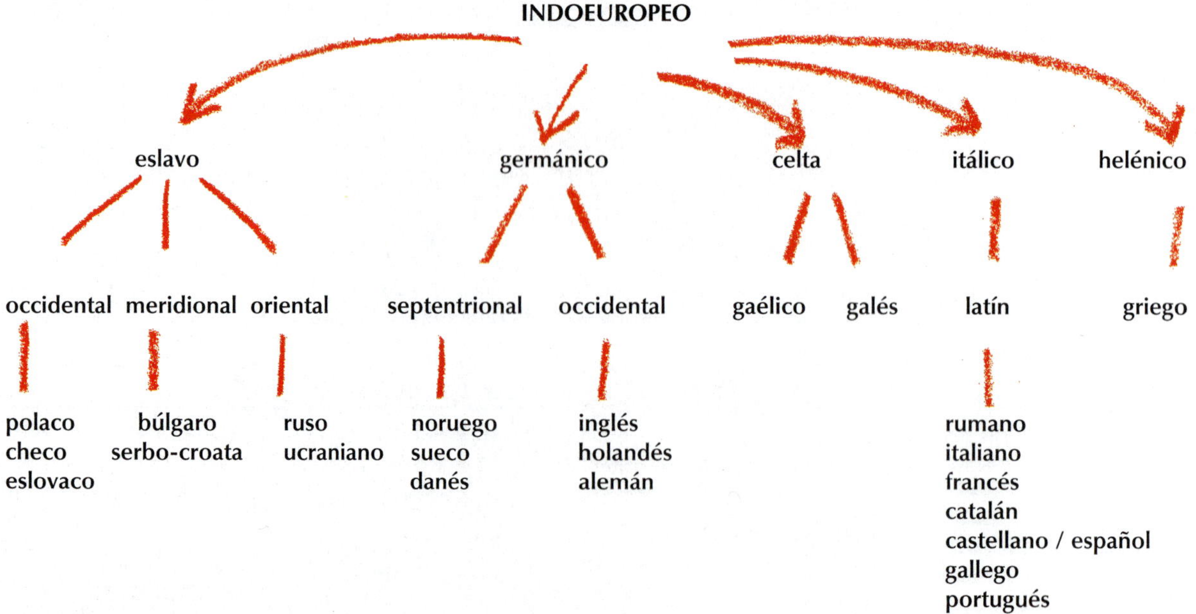
INDOEUROPEO
eslavo
germánico
celta
itálico
helénico
occidental
meridional
oriental
septentrional
occidental
gaélico
galés
latín
griego
polaco
checo
eslovaco
búlgaro
serbo-croata
ruso
ucraniano
noruego
sueco
danés
inglés
holandés
alemán
rumano
italiano
francés
catalán
castellano / español
gallego
portugués

b Como habrás visto, la familia más amplia de lenguas es la latina. Estas lenguas tienen un tronco común: el latín, la lengua de la cultura europea durante muchos siglos, que influyó en las lenguas más importantes. Pero lo que nos interesa es ver cuáles son las características básicas del español que lo diferencian de las otras lenguas latinas. Tú mismo vas a ver cuál es la evolución desde el latín. Lo único que tienes que hacer es escribir la palabra en español, teniendo en cuenta el fenómeno de cada casilla, como en el ejemplo:

Fenómeno: O > ue

latín	**MORTE**	**CORDAM**	**PONTEM**
italiano	morte	corda	ponte
español			
francés	mort	corde	pont

Fenómeno: E > ie

latín	**VENTUM**	**TERRA**	**NEVEM**
italiano	vento	terra	neve
español			
francés	vent	terre	neige

Fenómeno: KT > ch

latín	**NOCTEM**	**LACTEM**	**DICTUM**
italiano	notte	latte	detto
español			
francés	nuit	lait	dit

Fenómeno: NN, Ny > ñ

latín	**ANNUM**	**CANNAM**	**HISPANIAM**
italiano	anno	canna	Spagna
español			
francés	année	cane	Espagne

Fenómeno: PL-, KL-, FL-, > ll-

latín	**PLUVIAM**	**CLAVEM**	**FLAMAM**
italiano	pioggia	chiave	fiamma
español			
francés	pluie	clé	flamme

Fenómeno: M'N > -mbr-

latín	HOMINUM	FAMEM	NOMINEM
italiano	uomo	fam	nome
español			
francés	homme	faim	nom

Fenómeno: Ly > j

latín	CONSILIUM	MELIOREM	FOLIAM
italiano	consiglio	migliore	foglia
español			
francés	conseil	meilleur	feuille

Fenómeno: Ty, Ky > z

latín	RATIONEM	TRISTITIAM	BRACCHIUM
italiano	ragione	tristezza	braccio
español			
francés	raison	tristesse	bras

C En el español existen palabras de otras lenguas que se han ido incorporando a lo largo de la historia. Aquí te presentamos algunos de los grupos más importantes. Intenta clasificarlos en el apartado que les corresponda. No te preocupes si no conoces bien su origen.

alcalde
mitin
patata
loro
esnobismo
cacique
ojalá
debate
albañil
aceituna
tiburón
reportero
túnel
naranja
tomate
almohada
maíz
caníbal
estrés
sofá
arroz
garaje
alcantarilla
tarifa
acequia
bisté
algodón
chaqueta
cero
cacahuete
croqueta
váter
financiero
hotel
líder
pantalón
chocolate
burocracia
revólver
turista
soportar

1. <u>ARABISMOS:</u> se calcula que en el español hay más de cuatro mil palabras de origen árabe. Los musulmanes permanecieron ocho siglos en la Península Ibérica (711-1492), y, como fruto de esa convivencia, el español incorporó palabras referidas al léxico cotidiano y a las matemáticas. Muchas de ellas tomaron el artículo árabe (*al-* /*a-*) como parte de la palabra.

alcantarilla

2. <u>GALICISMOS:</u> la influencia de la cultura y de la lengua francesa a partir del siglo XVIII se manifiesta en el léxico de la vida social, la moda, la comida, la política, etc. Las relaciones políticas de Francia y España son intensas y muchas palabras y expresiones pasan al léxico administrativo.

burocracia

3. <u>ANGLICISMOS:</u> la ausencia de contacto cultural entre las Islas Británicas y España duró hasta el siglo XVIII, cuando algunos intelectuales empezaron a introducir palabras como *club*, *dandy*, etc. A través del francés entran palabras inglesas en el español progresivamente, muchas de ellas "españolizadas" en su grafía y pronunciación.

váter

4. <u>AMERICANISMOS:</u> la colonización de América, realizada a partir del siglo XVI, aportó al español numerosas palabras de las lenguas indígenas, la mayoría de ellas referidas a productos del Nuevo Mundo que Europa desconocía hasta ese momento.

chocolate

8. Cuatrocientos millones

a En este libro estamos aprendiendo español. Pero... ¿qué español? ¿Existe un español modélico y perfecto? Admitir eso significa que existe también otro español que es imperfecto e incorrecto. Mucha gente así lo cree. Pero realmente son prejuicios históricos y sociales. No existe un español mejor y otro peor, sino simplemente diferentes realizaciones de una misma lengua (español o castellano) que no llegan a ser dialectos, aunque se les agrupe en dos "súper dialectos" separados por la forma de pronunciar la /-s/ (ese final).

1. *ESPAÑOL CONTINENTAL - INTERIOR*
España: centro y norte
América: tierras altas y zonas interiores
La **/-s/**(ese final) se mantiene.
- **Dame las tijeras** se *pronuncia* **[dame las tijeras]**.

2. *ESPAÑOL ANDALUZADO O COSTERO - INSULAR*
España: sur y Canarias
América: Caribe insular, costas y riberas de los ríos.
La **/-s/**(ese final) se aspira o se pierde y se pronuncia abierta la vocal anterior.
- **Dame las tijeras** se *pronuncia* **[dame lah tijerah]** o **[dame las tijera]**.

Hay razones históricas que explican esta división.

Unas son cronológicas: los primeros españoles que fueron a América eran, en su mayoría, del sur de España, de modo que en las primeras tierras colonizadas (el Caribe y las zonas costeras) se habló como en Andalucía y Canarias. Después llegaron los que procedían del centro y del norte a las tierras altas del interior (Perú, Colombia, Bolivia, etc.) y allí se habló como en Castilla y en el norte de España.

Otras razones son comerciales: el comercio se desarrollaba, sobre todo, en las costas y en las islas americanas, y éstas recibían la influencia constante de la forma de hablar de los marineros, la mayoría andaluces y canarios. Si eran del norte de España, también habían adquirido el acento del sur mientras preparaban su viaje en Sevilla y otros puertos andaluces.

Hay también razones de tipo administrativo: los administradores y burócratas españoles, procedentes del centro y del norte de España, vivían, por lo general, en ciudades del interior como México, Lima y Bogotá.

HAUT PEROU

OTROS RASGOS DEL ESPAÑOL DE AMÉRICA

Fonéticos

Seseo: no se diferencia **s** y **z**, las dos se pronuncian **[s]**.
cereza = [seresa], cerveza = [servesa], paciencia = [pasiensia]

Yeísmo: no se diferencia **ll** e **y**, las dos se pronuncian **[y]** con algunas variaciones,
como la [ŷ] argentina" [con el gorrito encima]
Yo no como pollo = **[yo no como poyo]**

Morfosintácticos

Voseo: en gran parte de Hispanoamérica no se usa el pronombre **vosotros**. En su lugar se usa **ustedes**.
Tú se sustituye por **vos** (abreviatura de **vosotros**).
Un español diría **tú sabes, vosotros sabéis**. Un argentino, **vos sabés, ustedes saben.= [pasiensia]**

Pasados: se usa más el *Pretérito Indefinido*, en lugar del *Pretérito Perfecto*.
¿**Quién ha llamado** ahora? se diría en Hispanoamérica ¿**Quién llamó** ahora?

Léxicos:

Palabras que en España han desaparecido o son literarias:
platicar 'conversar, hablar', **lindo** 'bonito', **valija** 'maleta', por ejemplo.

Palabras que en España tienen un significado especial:
el **carro** en América es el **coche** en España. En España un **carro** es un vehículo sin motor.

Extranjerismos adaptados del inglés de Norteamérica:
¿Has oído hablar del "espanglish"? ¿Será la lengua del futuro?
En América se puede oír **esta música tiene filin** (de **feeling**), es decir, tiene sentimiento, emoción, algo especial, o también **oye, pana** (de **partner**) para hablar al amigo.

b Vas a leer y escuchar una entrevista de nuestra emisora preferida. El locutor es castellano y el entrevistado, centroamericano. Ellos se entienden perfectamente.

25

- • Locutor.- ¿Qué tal, Emiliano? ¿Cuándo has llegado a España?
- ○ Emiliano.- Pues llegué esta mañana, y muy bien.
- • L.- ¿Qué nos cuentas de tu último disco? Por cierto, es precioso...
- ○ E.- Gracias. A mí también me encanta. Es muy bello. Tengo que dar las gracias a toda la gente que me ha ayudado... mis hermanos que tocan conmigo.
- • L.- ¿Tus hermanos?
- ○ E.- Sí, mis hermanos siempre me acompañan en las grabaciones y después en las giras y eso.
- • L.- ¿Y qué diferencias hay con el resto de tus discos? ¿Éste es más comercial?
- ○ E.- ¿Comercial? Yo no diría comercial, aunque ojalá que se venda mucho. Está más trabajado. Estuvimos diez meses en el estudio.
- • L.- ¡Diez meses! ¡Madre mía!
- ○ E.- Sí, diez meses y once días para ser más exactos, y estamos contentísimos.
- • L.- ¡No me extraña! ¡Después de tanto tiempo!
- ○ E.- Sí, pero valió la pena, y ahora queremos presentarlo acá para que todos ustedes también lo conozcan.
- • L.- Pues claro. Vamos a escuchar un poquito.

c ¿Te has fijado en la forma de pronunciar las mismas palabras? ¿Has visto que el centroamericano sólo usa el Indefinido? Hay más diferencias. Comentadlas entre todos.

9. Falsos amigos

a ¿Sabes lo que es un amigo falso? ¿Y un falso amigo? Exacto. Hay palabras en otras lenguasque tienen la misma forma, o una forma muy similar, pero su significado es completamente diferente. Por ejemplo, **estar embarazada** no significa en español estar en una situación incómoda o embarazosa, sino... ¿Sabes lo que significa?

b Señala qué palabras existen en tu lengua, o en otras que conozcas, con una forma similar. ¿Significan lo mismo que en español? Usa el diccionario, si lo necesitas, y comenta las diferencias con toda la clase.

acostarse	actualmente	alto	asomar
capa	carpeta	conductor	constipado
crianza	demostración	desierto	dirigente
embarazada	éxito	gamba	guardar
influencia	librería	mover	pretender
quitar	realizar	resignación	roncar
salir	sensible	sentencia	simpático
sujeto	tapa	tirar	tópico

10. Un poco de literatura

a Vamos a leer una pequeña composición humorística cuyo protagonista es un portugués que se encuentra en Francia. Su autor es Nicolás Fernández de Moratín, un autor español del siglo XVIII.

Admiróse (1) un portugués
de ver que en su tierna infancia
todos los niños de Francia
supiesen hablar francés.

"Arte diabólica es
-dijo, torciendo el mostacho (2)-
que para hablar en gabacho (3)
un fidalgo (4) en Portugal
llega a viejo y lo hace mal,
y aquí lo parla un muchacho."

b ¿Te parece que es positiva o negativa la imagen que se da aquí del protagonista de esta composición? ¿Cuál es esa imagen? ¿Sabes lo que es un chiste? Si no, pregunta a tu profesor o a tus compañeros e intenta después transformar este poemita en un chiste actual. Los chistes son muy populares en España y suelen empezar así: "Esto es / era un portugués que va / fue a Francia y...".
¿Existen en tu cultura chistes o pequeñas historias humorísticas que usan como protagonistas a personas de otras nacionalidades? ¿Recuerdas alguna? ¿Qué opinas de este hecho? ¿Por qué es tan frecuente? ¿Crees que se debe a razones históricas, sociales...? ¿Piensas que es una forma de racismo o crees que es algo normal? ¿Aceptas que hagan bromas con personas de tu mismo país? ¿Por qué?
Para terminar, un desafío. Ya que este es el "rincón de los artistas", ¿te atreverías, como hizo Moratín, a convertir en "arte" un chiste normal y corriente que tu conozcas?

1. *Admiróse* = se admiró. En la lengua poética o antigua, los pronombres podían situarse detrás del verbo conjugado.
2. *Mostacho* es una forma antigua, que precisamente viene del francés, y que significa "bigote".
3. *Gabacho* es una forma despectiva para decir "francés".
4. *Fidalgo* es también una voz antigua, para decir "persona noble".

11. Taller de escritura: exponer

a Para el diccionario de la RAE, "exponer" es *presentar una cosa para que sea vista, ponerla de manifiesto. Hablar de algo para darlo a conocer. Colocar una cosa para que reciba la atención de la gente.* ¿En qué escenarios o situaciones exponemos algo? Busca al menos tres ejemplos. Después ponemos todo en común y lo discutimos para ver las coincidencias:

En una presentación en la clase de español en la que un alumno explica a sus compañeros cómo es su ciudad.

b Cada contexto usa modelos diferentes de exposiciones o presentaciones. Y ahora que sabemos dónde y cuándo exponemos información, tenemos que preguntarnos cómo hacerlo. Dar a conocer algo significa querer divulgar o difundir la imagen de algo con claridad, para que el receptor consiga tener la idea que yo, emisor, dueño de la información, quiera. En esta actividad de exponer se implican muchas estrategias posibles.

Si quiero hacer una presentación en mi clase de español de una ciudad que conozco, Nueva York, podría:

- Describirla. Puedo pintar una imagen del aspecto de la ciudad, de su luz.

La Gran Manzana puede parecer enorme y caótica. Pero si la miras desde dentro puedes percibir sus sonidos, sus olores y sus olores como parte de algo armonioso. El cielo casi siempre está abierto, con un azul suave y un brillo en el aire lento que contrasta con la rapidez del mundo que se mueve abajo. El cielo gira sobre las cosas en esta ciudad. Es grande y acogedora. Es ruidosa y entrañable. Caótica y serena.

- Argumentar algo a favor: Puedo defender su riqueza cultural frente a los inconvenientes de una gran urbe.

Es cierto que la gente puede ser distante, grosera, antipática, incluso maleducada. No es raro encontrar gente hablando sola o buscando y comiendo en las basuras. Pero no es menos cierto que siempre hay un rostro interesante que observar, una raza distinta, una sonrisa perdida, una lengua extraña, una riqueza en definitiva que sólo Nueva York puede ofrecer.

- Narrar mi experiencia. Puedo contar una anécdota.

Recuerdo perfectamente aquel día en que nevó tanto que incluso debajo de las calles, en algunas estaciones del metro, había montañas de nieve. Las estaciones son subterráneas, pero la tormenta de nieve fue tan grande que entró por los espacios abiertos que dan a la calle. Era muy extraño ver la nieve allí, protegidos del exterior, pero todo es posible en Nueva York, incluso la nieve bajo tierra.

c Estas son algunas estrategias para poder exponer un tema de este tipo. Depende del punto de vista que adoptes. Uno de los temas de esta lección es la identidad cultural. Puede ser una idea para tu presentación de clase: exponer, explicar con claridad algún aspecto de tu cultura, tu idiosincrasia, tu lengua, tus costumbres. Para exponer algo es mejor conocerlo por la experiencia. Puedes preparar dos versiones: la escrita y la oral. Otras ideas para exposiciones, aparte de un tema de contenido cultural, podrían ser: explicar un juego, deporte o pasatiempo (ajedrez, béisbol, sudoku, cartas...), el funcionamiento de un aparato, la preparación de una comida... ¿Se te ocurren más?

11 De colores

¿De dónde venimos? ¿A dónde vamos?

1. Según los siguientes comentarios sobre Jesús, ¿cómo crees que es?

- *Jesús, cuando va a las fiestas, se pone siempre morado.*
- *Jesús siempre va de punta en blanco.*
- *A Jesús le encanta poner verde a todo el mundo.* — celoso?
- *Como siempre está sin blanca, pues ¡hala!, ¡que lo inviten!*

2. Describe los siguientes objetos y situaciones usando palabras relacionadas con la impresión o sensación que producen, por ejemplo:

Una flor: belleza, alegría...

La guerra: triste, mal, violencia, sangre
Un cerdo en un charco: felicidad,
Un avión: libertad, viajar, miedo
Una isla paradisiaca: belleza, tranquilidad, relajación, hippy

3. ¿Qué queremos decir cuando decimos lo siguiente de una película que hemos visto?

Es un rollo: aburrida
Es un coñazo: lenta, horrible
Es un peliculón: magnifica; de puta madre
Es alucinante: te gusta mucha, impresionante

4. Escribe palabras que conozcas relacionadas con el cine, por ejemplo: *actor, fotografía...*

Descripción y valoración abstracta.

- Formación de palabras. Recursos de valoración.
- Expresiones y frases hechas. Diferencias de registro. Vocabulario de las artes.
- Verbos para resumir lo dicho.
- Textos críticos.
- Un poco de literatura.
- Taller de escritura.

1. Los colores de Rosa

a Lee con atención el siguiente texto. Hay algunas expresiones en las que aparecen colores. Intenta comprender su significado teniendo en cuenta lo que sucede en la historia.

Rosa Chamorro tenía los ojos negros. Estaba soltera y le gustaba vivir sola. Su vida se reducía a un montón de libros releídos y cuadros desordenados por el pasillo. Una mañana gris se levantó bastante deprimida. Lo veía todo ___ . Había comprendido, en un sueño lleno de peces naranjas, que no aguantaba más la tristeza en la que se encontraba. Llevaba seis meses buscando trabajo y no lo encontraba. Una pintora como ella lo tenía muy difícil. Era joven e inquieta, pero no estaba bien relacionada, de modo que no vendía ninguna de sus obras. Vivía en un ático en el barrio más antiguo de la ciudad, pues allí pagaba poco alquiler. Casi siempre estaba sin ___ y gastaba lo imprescindible, sin permitirse ningún tipo de lujo. Por eso dedicaba la mayor parte del tiempo a pintar, hasta que también se le acabaron los lienzos y tuvo que empezar a pintar en las paredes. Pasaba las noches en ___ , sin poder soñar como todas las personas, y se tranquilizaba mirando su obra. Así estuvo durante dos meses y seis días, y al séptimo descansó. Entonces comprobó que en aquellas habitaciones ya no quedaba ni un centímetro sin pintar. Todo estaba ahora completamente cubierto de imágenes de peces naranjas que volaban por un mar de colores. Rosa se sentía cansada y hambrienta. No tenía fuerzas. Así que cogió las páginas ___ y llamó por teléfono para que le mandaran un par de pizzas. Encargó las más grandes y, mientras esperaba, sólo pensaba en ponerse ___ después de tantos días de trabajo. Mientras llegaban, se asomó a la ventana del patio. Era una noche calurosa de verano. Se escuchaban sólo las voces del vecino de abajo que, sentado en camiseta delante del televisor, ponía ___ al gobierno de la nación y a media humanidad. Era un jubilado al que no le iban muy bien las cosas con su mujer. Estaba obsesionado por la frustración de la vejez y el sexo; vamos, era lo que se dice un viejo ___ . Su mujer, de punta en ___ , con tacones, y los ojos y labios pintados, buscaba a su príncipe ___ entre los anuncios de colonia y yogur de una revista. A Rosa la ponía ___ ese tipo de vida. Él, con la cerveza y sudando. Ella, una "maruja" que sólo se dedicaba a su casa. De repente sonó el timbre. "Será el de las pizzas", pensó. Abrió rápidamente la puerta y no vio a nadie. Volvió a cerrar. Volvieron a llamar. Abrió otra vez y escuchó la voz de alguien que subía la escalera gritando. Era la voz de un joven muy guapo y simpático que se paró enfrente de ella agotado. Respiró un momento y le preguntó si había visto un pingüino. Rosa se puso ___ , no sabía qué responder. Se quedó en ___ . Él le explicó que lo había visto subir hasta el último piso. Y entonces se oyó un ruido de cristales y unos sonidos extraños de animal.

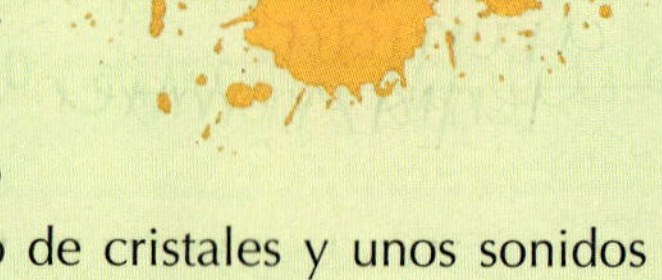

(...) A partir de ese momento Rosa empezó a ver las cosas de color de  .

-Kamya- chiste verde

b Si quieres, puedes continuar escribiendo la historia. Ten en cuenta que ya tienes escrita la frase final: "A partir de ese momento Rosa empezó a ver las cosas de color de rosa". ¿Quién era realmente ese joven? ¿Qué pudo pasar con el pingüino? ¿Cómo cambió la vida de Rosa...?

c Vamos a trabajar con las expresiones que hemos visto antes. Siguiendo el ejemplo, intenta definirlas.

verde = sexo

Ver(lo) todo negro / Ver las cosas negras:
no ver solución a los problemas, o ser pesimista.

1. Estar sin blanca:

No tiene dinero

2. Pasar la noche en blanco:

Está toda la noche sin dormir

3. Quedarse en blanco:

pierdas las ideas - no puede pensar

4. Páginas amarillas:

Yellow pages; libro con todos para llamar alguien.

5. Ponerse morado/a:

pensar Eat / Drink a lot; come / bebe mucho

6. Poner verde a alguien:

habla mal sobre alguien

7. Ser un viejo verde:

Hombre perveso; hombre mayor que siempre pensando en sexo.

8. Ir de punta en blanco: Vestido eligente

Ser arrogante; maquillada, pintado, muy bien vestido

9. Príncipe azul:

Hombre perfecto, ideal, - no existe

10. Ponerse / estar negro/a:

Enfadar, enojar / ponerse - después del sol,

11. Ver las cosas de color de rosa:

La vida perfecto, todos enamorados, - flower power

12. Ponerse colorado/a: / Rojo

Sentir vergüenza, ruborizarse,

2. Paciente con paciencia

a En la siguiente pizarra tienes algunos sustantivos referidos al léxico abstracto y los adjetivos correspondientes. Intenta clasificarlos en tu cuaderno según el modelo. Puedes mirar antes la página 24 de la unidad 1.

SUSTANTIVOS (¡Todos son femeninos!)

violencia, (im) potencia, dulzura, inteligencia, fealdad, ausencia, falsedad, presencia, importancia, pobreza, tristeza

belleza, riqueza, amargura, delicadeza, estupidez, alegría, vejez, (im)paciencia, (in)madurez, verdad, velocidad

abundancia, claridad, (im) prudencia, humedad, realidad, pureza, oscuridad, limpieza, frialdad, (in) tranquilidad, sabiduría

amabilidad, sinceridad, antipatía, honestidad, debilidad, blancura, crueldad, suavidad, ternura, grandeza, locura

rapidez, frescura, fantasía, simpatía, valentía, lentitud, suciedad, juventud

ADJETIVOS

sabio, (im) paciente, puro, estúpido, viejo, amable, cruel, violento, húmedo, amargo, (im) potente

sincero, honesto, alegre, frío, falso, sucio, lento, abundante, suave, importante, feo

(im) prudente, inteligente, pobre, verdadero, fantástico, simpático, (in) tranquilo, triste, bello, delicado, rápido

(in) maduro, veloz, claro, real, tierno, oscuro, dulce, blanco, loco, fresco, ausente

antipático, presente, valiente, grande, joven, rico, limpio, débil

1. Acabados en **-ANCIA**:	abundancia / abundante
2. Acabados en **-ENCIA**:	violencia / violento
3. Acabados en **-ANZA**:	esperanza / esperanzador
4. Acabados en **-EZA**:	
5. Acabados en **-EZ**:	
6. Acabados en **-DAD**:	
7. Acabados en **-URA**:	
8. Acabados en **-ÍA**:	
9. Acabados en **-TUD**:	

b Ahora vamos a hacer otro tipo de clasificación, pero esta vez asociando, como en los ejemplos, adjetivos y sustantivos con alguna impresión, situación u objeto. La lista que tienes a continuación te puede ayudar:

tristeza / triste: la lluvia
alegría / alegre: la primavera

- un premio Nobel
- el agua
- un manicomio
- una mentira
- un rascacielos
- una isla desierta del Pacífico
- una ventana
- la muerte
- un túnel
- un despertador
- una chabola
- un coche de carreras
- un caracol
- una mañana de domingo
- un caballo volando
- un talonario de cheques
- un hospital
- una madre con su hijo
- una tormenta
- una flor
- un caramelo
- una mancha en una pared
- un cubo de basura
- un precipicio
- un nudo
- un tanque
- un árbol de Navidad
- un mendigo
- el Papa

c ¿Con qué objetos, ideas, sentimientos, relaciona la gente de tu país los colores que hemos visto? Escríbelo. ¿Sabes que no significan lo mismo en todas las culturas? Comentadlo entre todos.

rojo
verde
amarillo
blanco
negro
azul
marron

3. ¿Y tú qué pintas aquí?

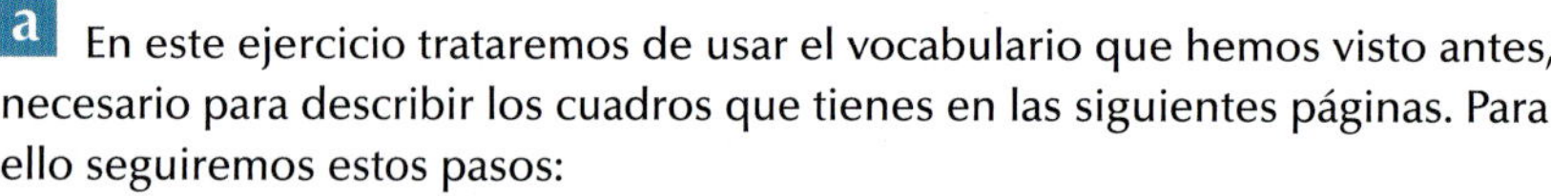

a En este ejercicio trataremos de usar el vocabulario que hemos visto antes, necesario para describir los cuadros que tienes en las siguientes páginas. Para ello seguiremos estos pasos:

1. Cada persona completa la tabla que viene a continuación. Cada número se corresponde con un cuadro. Para ello, tendrá que:
   - Buscar palabras que se refieran a cosas que se pueden ver: LÉXICO OBJETIVO.
   - Buscar palabras que se refieran a impresiones o sensaciones: LÉXICO SUBJETIVO.
   - Inventar libremente un TÍTULO para cada cuadro.
2. Después, una persona, sin decir a qué número de cuadro se refiere, lee las palabras del léxico subjetivo, o bien del objetivo, o el título. Mientras, los demás toman nota e intentan asociarlas a un cuadro. Al final, hemos de adivinar a qué cuadro se refiere. Y así sucesivamente.

	VOCABULARIO OBJETIVO	VOCABULARIO SUBJETIVO	TÍTULOS
1			
2			
3			
4			
5			
6			

1

2

3

4

5

6

b ¿Cuál crees que es el título original de cada cuadro?

Baile de la tarde
Las Meninas
Bodegón violín y guitarra
Saturno devorando a sus hijos
Chicos en la playa
Inmaculada Concepción

C ¿Y de qué autores, estilo y época?

DIEGO VELÁZQUEZ (1599-1660)

Posiblemente ésta sea una de las obras más apreciadas y comentadas de la historia del arte. Un simple retrato de la infanta Margarita, hija del rey, sirve como excusa para analizar el espacio y jugar con el espectador. ¿Qué pinta Velázquez? ¿A él mismo? ¿A los doce personajes? ¿A los reyes en el pequeño espejo del fondo? La limpieza de las luces y las sombras hacen de este cuadro unas de las imágenes más sugerentes e inteligentes de la pintura barroca española del siglo XVII y de todos los tiempos.

FRANCISCO DE GOYA (1746-1828)

En el violento y desastroso inicio del siglo XIX de la historia de España, Goya pintó el mito griego de Saturno, que representa el tiempo que todo lo destruye. Este genio de la pintura supo, como nadie, definir el poder humano de creación y el horror de una modernidad que usa el progreso a cambio del dolor. Obsesionado por las consecuencias de las guerras, Goya dejó a la historia este testimonio de la locura del hombre que abusa de su razón pintando escenas de sangre y tristeza universal.

JOAQUÍN SOROLLA (1863-1923)

Hay escenas totalmente cotidianas que, observadas con otros ojos, pueden ser cuadros llenos de energía y delicadeza. Conseguir impresionar con la luz y la claridad del Mediterráneo ha sido uno de los grandes aciertos de este pintor de pescadores, bañistas, olas y playas. La moda de la pintura europea de final del siglo XIX y principios del XX está representada en Sorolla, pintor que, dentro de cierto academicismo, sabe darle valentía y sentido a los colores que se detienen en instantes poéticos del gusto del gran público.

RAMÓN CASAS (1886-1932)

Célebre por sus retratos, caricaturas y pinturas de la élite social, intelectual, económica y política de Barcelona, Madrid y París, Casas es también conocido por sus pinturas sobre revueltas populares y por aquellas en las que recrea otro tipo de actos sociales de su tiempo como procesiones o bailes populares. Fue uno de los precursores del cartelismo artístico y su obra sirvió para definir el modernismo catalán.

BARTOLOMÉ E. MURILLO (1617-1682)

Si Velázquez era el pintor de la corte del rey, Murillo es, sin duda, el pintor de la corte divina. Él crea y define formas de representación religiosa básicas en la pintura barroca del siglo XVII, siglo en el que la cultura española está obsesionada por hacer pública la imagen de la pureza y delicadeza de La Virgen María y sus ángeles entre los hombres. Este pintor sevillano trabajó constantemente buscando los modelos que pudieran expresar esos colores y atmósferas metafísicas.

JUAN GRIS (1887-1927)

Aunque nacido en Madrid, Juan Gris desarrolló su obra pictórica en París. Allí conoció a Pablo Picasso y a Georges Braque, lo que, junto cono sus contactos con el grupo cubista de Puteaux, orientó su producción hacia el cubismo. En los cuadros cubistas desaparece la perspectiva tradicional y las formas se representan por medio de figuras geométricas, se fragmentan líneas y superficies, y se representan todas las partes de un objeto en un mismo plano.

4. ¡Vaya pantalla!

26

a Vamos a escuchar el programa de radio *¡Vaya pantalla!* que cada semana emite nuestra radio RADIOVOX. En este programa los oyentes dan su opinión sobre las mejores y las peores películas de la historia del cine. Lo único que tienes que hacer es adivinar cuál es la película ganadora y la perdedora, asignándoles puntos según los adjetivos que utilizan las personas que hablan. Aquí tienes la tabla de puntuación:

0 = horrible / horrorosa
1 = un rollo / un rollazo / un coñazo (vulgar)
2 = un muermo / pesada
3 = aburrida
4 = una tontería
5 = pasable / normal / ni fu ni fa / regular
6 = buena / no está mal
7 = muy bonita / preciosa
8 = genial / fantástica
9 = un peliculón
10 = alucinante / increíble

En este contexto, todos con el verbo SER

b Anota la puntuación que vaya obteniendo cada película, como en el ejemplo:

	0	1	2	3	4	5	6	7	8	9	10	TOTAL
El cielo sobre Berlín						X						
Tiburón III												
La Dolce Vita												
Casablanca												
Blancanieves y los siete enanitos												
Nueve semanas y media												
LO QUE EL VIENTO SE LLEVÓ												
El acorazado Potemkin												
Una habitación con vistas												
ADIÓS A MI CONCUBINA												

5. De película

a El séptimo arte es quizá el lenguaje artístico más universal de nuestra cultura. También tiene su vocabulario específico. Fíjate bien en las palabras que te presentamos e intenta clasificarlas en las diferentes áreas temáticas.

éxito
butaca
film
ambientación
efectos especiales
fracaso
melodrama
ciencia ficción
actor
de aventuras
maquillaje
versión original
decorado
adaptación
de terror
largometraje
fantástica
guionista
subtitulada
taquilla
banda sonora
vestuario
histórica
actriz
comedia (de enredo, romántica)
director
pantalla
fotografía
drama
productor
espectador
musical
tema
guión
realizador
argumento
el cámara
la cámara
doblada
protagonista
En español se dice una película de miedo, de risa, de vaqueros...

SINÓNIMOS DE PELÍCULAS	TIPOS DE PELÍCULAS	VERSIONES	HISTORIA
film,	melodrama,	adaptación,	tema,

ESCENOGRAFÍA	PÚBLICO / CRÍTICA	SALA DE CINE	PERSONAS Y PERSONAJES
decorado,	fracaso,	butaca,	actor,

6. En su salsa

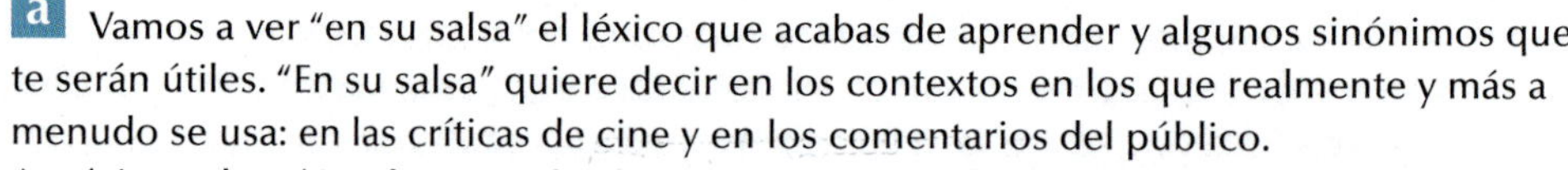

a Vamos a ver "en su salsa" el léxico que acabas de aprender y algunos sinónimos que te serán útiles. "En su salsa" quiere decir en los contextos en los que realmente y más a menudo se usa: en las críticas de cine y en los comentarios del público.
Aquí tienes la crítica de una película española, *Mujeres al borde de un ataque de nervios,* y, a continuación, el comentario de un espectador con su opinión sobre la película. Vamos a leer la crítica y a escuchar el comentario para darnos cuenta de algo que seguramente ya sabes: no se habla como se escribe, ni en español, ni en inglés, ni en ruso... El texto escrito está organizado de forma distinta al hablado y cada uno de ellos tiene sus peculiaridades: la información que se da hablando nunca se expresa de la misma manera por escrito y las estructuras, el léxico, las expresiones, etc. varían mucho de uno a otro.

27

MUJERES al borde de un ataque de NERVIOS

Mujeres al borde de un ataque de nervios es una comedia de enredo, de corte clásico. En esta película, Almodóvar asume un reto doble: hacer con elementos dramáticos una divertida comedia, loca y descarada, sin dejar por ello de ser calculadamente elegante ni renunciar a los comodines del sexo y la provocación que aparecen a lo largo de toda su filmografía. Es, pues, más suave y menos provocadora que otras.

Los ingredientes que utiliza Almodóvar para lograr esos magníficos collages que son sus films siguen siendo los mismos: versiones macabras de anuncios publicitarios, homenajes a películas, la exageración de determinadas escenas y el sentido lúdico que sólo él sabe extraer de elementos dispersos, junto a toda la simbología destructiva de algunos conceptos profundos de la idiosincrasia del pueblo español -el incendio en la cama, el machismo de la abogada feminista, el terrorismo...- que parece ser la fuente de inspiración de su temática en general, aunque él hábilmente nos los presente bajo la estética del cómic.

Consigue que las situaciones más locas se acepten como la cosa más natural del mundo, que los acontecimientos más previsibles cobren de pronto un derrotero excéntrico, que descoloca las expectativas del espectador. Abundan escenas, cotidianas a primera vista, que se hacen de pronto originales gracias a una frase aguda, a un gesto inesperado, a un toque ingenioso y sutil.

Como en todo el cine postmoderno, se pone el énfasis más en la búsqueda de un estilo propio que en el tema o los personajes, lo que se observa en la belleza de algunos planos innovadores. Una auténtica selección de los espacios, la ambientación y el decorado. No obstante, Almodóvar demuestra aquí su capacidad para crear personajes insólitos y entrañables como el taxista sentimental o Candela, la ex-novia de un terrorista chiíta, interpretada de forma magistral por María Barranco. Además, es una película ágil, dinámica, entretenida, mantiene el interés del espectador en todo momento, y está bien resuelta.

Mujeres al borde de un ataque de nervios supone la confirmación de un cine diferente, de un estilo personal con sello Almodóvar, que, aunque iniciado en sus películas anteriores, ha llegado con ella al gran público.

Yo me lo pasé muy bien viéndola. Con algunas escenas es que te partes de risa, y son cosas muy tontas, muy normales, pero tienen gracia porque no te lo esperas: cuando sale el anuncio del detergente y le preguntan a la madre del asesino de Vallecas cómo deja de blancas las camisas de su hijo, es que te partes. La verdad es que tiene golpes buenísimos -que el detergente se llame "Ecce Homo", ya ves...-, y encima, uno detrás de otro, a veces no oyes uno porque te estás riendo del anterior. Y luego es que los personajes están muy bien: María Barranco lo hace estupendamente. El personaje de Candela, la del novio chiíta, es...; cada vez que abre la boca ¡tiene una gracia...! Cuando dice eso de "hay que ver lo mal que se ha portado conmigo el mundo árabe", a mí me dio un ataque de risa. Yo creo que está muy bien hecha: la historia está bien contada; me encanta como juega con las coincidencias y además te engancha, no se te hace pesada en ningún momento, estás metido en la película todo el rato. A mí lo que más me llama la atención son los detalles, y es todo diseño: desde la ropa que llevan hasta el apartamento de Carmen Maura. Es una mezcla de todo, de miles de cosas que en principio no tienen nada que ver, pero que todas juntas hacen que sea diferente, provocativa, típico Almodóvar. Los colores así, muy chillones, todo muy rojo. La película te puede gustar o no, pero lo que no se puede negar es que se sale de lo corriente. Y en esta no es tan borde, ni hay escenas tan fuertes como en las otras.

b Completa las correspondencias escritas y orales de la crítica y el comentario anteriores.

ESCRITO (crítica)	ORAL (comentario)
	te partes de risa... me dio un ataque de risa
una frase aguda, un gesto inesperado, un toque ingenioso y sutil	
	se sale de lo corriente
interpretada de forma magistral por María Barranco	no es tan borde, ni tiene escenas tan fuertes como otras películas
	la película engancha, estás metido en la historia

7. Critica, que algo queda

a ¿Piensas que no eres capaz de hacer una crítica cinematográfica? Inténtalo, ya tienes vocabulario suficiente. Quizá sólo necesitas ordenar un poco las ideas. Este esquema te servirá de ayuda si lo necesitas.

ESQUEMA PROPUESTO PARA LA CRÍTICA

I. PRESENTACIÓN DE LA PELÍCULA
- Introducción.
- Género, tipo de película y elementos más relevantes del género o tipo.

Hablar de E.T. es hablar de un clásico. Desde su estreno...

II. DESCRIPCIÓN DE LA PELÍCULA
- Argumento detallado, trama o guión (sin contar el final...)
- Resumen del argumento.
- Personajes e interpretación.
- Elementos técnicos: ambientación, decorados, escenografía y vestuario, caracterización, maquillaje, efectos especiales...
- Banda sonora (música).

En resumen, la película trata de un niño que...

III. CONCLUSIÓN
- Director / Estilo.
- Valoración: a) del público: éxito o fracaso.
  b) personal.

Sin duda, Spielberg se consagró como director con esta película, definiendo un estilo...

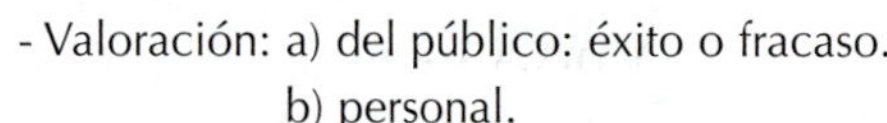

28

b Te proponemos que leas y escuches atentamente el comentario de la película E.T. para hacer la crítica a partir de él. Después, usa el material que hemos visto hasta este momento.

¿Que qué me parece E.T.? Bueno, es una de las películas más taquilleras de la historia del cine, algo tiene que tener. La gente sigue repitiendo lo de "mi casa", "teléfono", y fíjate si hace tiempo de la película... Se pasaron luego con las camisetas y los juguetes de ET... y todo eso.

Es una película de la que todo el mundo sale diciendo que es preciosa, que se ha hartado de llorar..., pero cinematográficamente no es para tanto. Al parecer ni siquiera el propio Spielberg preveía el éxito que después tuvo.

A mí, personalmente, me gustó regular. Me pareció una película fácil, tonta, demasiado lacrimógena... La gente en el cine se hartó de llorar. Ya se sabe que Spielberg hace sus películas así, con golpes de efecto y tocando el lado sensiblero, y luego, las historias de niños siempre enganchan, y a todo tipo de espectadores, además. Lo que sí es verdad, y hay que reconocerle, es que acertó al diseñar el muñeco del extraterrestre. Es muy tierno y está muy bien hecho, parece de verdad. Y los efectos especiales están muy bien.

8. Un poco de literatura

a ¿De qué color es la tierra? ¿Y la música? Aquí tenéis un poema de Octavio Paz, un escritor mexicano que a lo mejor conocéis. Si no, éste es el momento. Se llama "Niña" y es un poema en color. Os proponemos un juego poético. Antes de saber de qué colores veía Octavio Paz la tierra, los árboles, la música..., vamos a dejarnos llevar y a sacar nuestras asociaciones más profundas. Con el gran conocimiento que hemos adquirido de los colores, de su valor y significado, y con nuestra sensibilidad, vamos a permitirnos el lujo de convertirnos en poetas. Te damos los adjetivos que utilizó el autor, pero antes de saber cómo los colocó él, ponedlos vosotros según lo que os sugieran. Después podéis comparar vuestras soluciones y, al final, comprobar cuánto os habéis acercado al original.

amarillo

negro/a

verde

blanco/a

azul

dorado/a

Nombras el árbol, niña.
Y el árbol crece, lento y pleno, ______
anegando los aires,
______ deslumbramiento,
hasta volvernos ______ la mirada.

Nombras el cielo, niña.
Y el cielo ______, la nube ______,
la luz de la mañana
se meten en el pecho
hasta volverlo cielo y transparencia.

Nombras el agua, niña.
Y el agua brota, no sé dónde,
bajo la tierra ______,
reverdece la flor, brilla en las hojas
y en húmedos vapores nos convierte.

No dices nada, niña.
Y nace del silencio
la vida en una ola
de música ______;
su ______ marea
nos alza a plenitudes,
nos vuelve a ser nosotros, extraviados.

¡Niña que me levanta y resucita!
¡Ola sin fin, sin límites, eterna!

Soluciones:

verde deslumbramiento
verde la mirada.
y el cielo **azul**, la nube **blanca**,
bajo la tierra **negra**,
de música **amarilla**
su **dorada** marea

9. Taller de escritura: describir

a "Describir": *delinear, dibujar, figurar una cosa, representándola de modo que dé idea cabal de ella. Representar a personas o cosas por medio del lenguaje, refiriendo o explicando sus distintas partes, cualidades o circunstancias*. Eso es describir según la RAE. No es lo mismo describir un paisaje que un vestido o un caballo: cada objeto tiene sus características y le asignamos con el lenguaje términos específicos. Nosotros vamos a describir cuadros. Es uno de los temas de esta lección, en la que ya has estudiado recursos de descripción: adjetivos y sustantivos abstractos.

b Lee las descripciones que dos personas hacen del cuadro de la imagen. Marca en cada texto si están describiendo de forma objetiva (siendo fieles al objeto) o subjetiva (siendo fieles sólo a las impresiones que les provoca a lo que les hace sentir).

Texto a. El autor plantea una abstracción contundente a través del uso de colores vibrantes, trazos gruesos y ondulaciones sinuosas de clara influencia expresionista.

Texto b. Es una explosión de sensaciones, de energía y movimiento en un contexto marino: el mar y el cielo son atacados violentamente por una fuerza destructora que evoca el infierno. La irrupción de esta fuerza en el sosegado manto que conforman mar y cielo provoca un torbellino vibrante de emociones encontradas.

Texto c. Me sugiere una mezcla violenta de sentimientos que se juntan y se separan sin orden. Emociones vivaces y pasionales que se sobreponen a la calma, a la tranquilidad de espíritu. Puede provocar un gran optimismo o una confusión total.

Texto c. La composición está determinada por el intenso color, por el grosor y por la forma circular de las fuertes pinceladas. En la paleta de colores predominan sobre todo los tonos cálidos, especialmente el rojo y el amarillo, que se ven compensados por el contrapunto del azul. En el lienzo destaca la propia materialidad de la pintura por encima de la representación de objetos.

c Ahora, describe tú esta otra imagen de manera objetiva y subjetiva.

12 Si tú me dices ven

¿De dónde venimos? ¿A dónde vamos?

1. Seguro que conoces algunas supersticiones. ¿Cuántas puedes recordar?

2. A Rosana, a Rosa y a Ana las han invitado a una fiesta a las ocho. Observa los comentarios que hacen e intenta explicar la posibilidad de que vayan o no.

Rosana: Si acabo de estudiar a las ocho, voy.
Rosa: Si viniera Alejandro antes de las ocho, iríamos.
Ana: Si lo hubiera sabido antes, no habría quedado a las ocho.

3. ¿Sabes cómo continúan estos refranes en español?

Hablando del rey de Roma... ______
Año de nieves... ______
Más vale pájaro en mano... ______

4. Una de estas frases es muy extraña. ¿Cuál? ¿Por qué?

- *Todos los hermanos se parecen mucho en el carácter, aunque físicamente son muy diferentes.*
- *Ya sé que es muy caro, pero aunque fuera caro, me lo voy a comprar.*
- *Pero es que siempre me está diciendo que me quiere.*
- *Sí, pero aunque te lo diga, no te lo creas.*

Si tuviera tiempo, te ayudaría.
COMICS

Expresar condiciones y argumentar.

- Oraciones condicionales y concesivas.
- Vocabulario relacionado con las supersticiones.
- Refranes.
- Un poco de literatura.

Si tú me dices ven

1. Tocar madera

a ¿Eres supersticioso? ¿Alguna vez has hecho o evitado hacer algo porque piensas que trae mala o buena suerte? ¿Alguna vez te ha pasado algo que has interpretado como una buena o mala señal? Aquí tienes una serie de objetos que los españoles suelen asociar a ciertas supersticiones. Algunos probablemente signifiquen lo mismo para ti, así que intenta identificar con tu compañero los positivos y los negativos (con + ó -).

trébol de cuatro hojas
paraguas espejo
excremento sal escalera
vino herradura
doce uvas
ropa interior roja
gato negro
una moneda pequeña

b ¿Qué tiene que pasar con ellos para que signifiquen buena o mala suerte? Tratad de reconstruir con el siguiente vocabulario esas circunstancias:

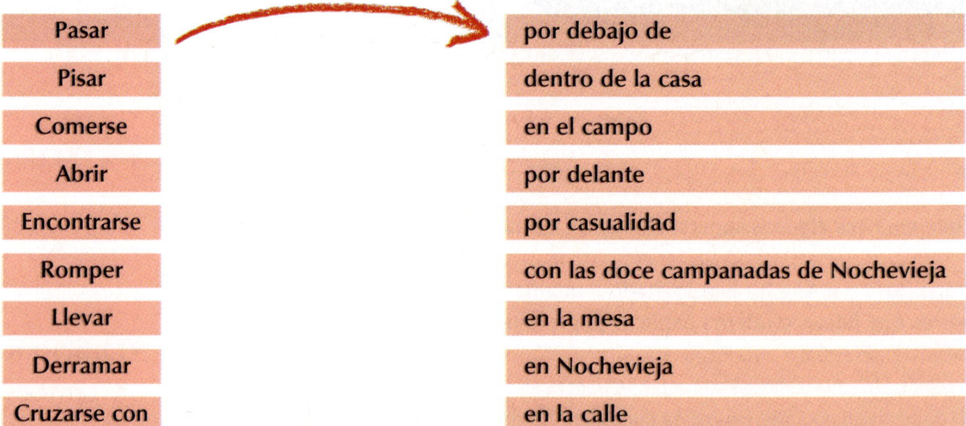

Pasar	por debajo de
Pisar	dentro de la casa
Comerse	en el campo
Abrir	por delante
Encontrarse	por casualidad
Romper	con las doce campanadas de Nochevieja
Llevar	en la mesa
Derramar	en Nochevieja
Cruzarse con	en la calle

c Además, hay otra serie de cosas que pueden pasar y a las que se asocian significados más concretos. ¿Cuántas de las siguientes podéis relacionar? ¿Conocéis otras?

Ponerte la ropa del revés sin darte cuenta	Hacerte alguien un regalo
Bañarte en el reflejo de la luna llena	Estar hablando mal de ti
Picar la mano	Pelearte con alguien
Encontrar un hilo blanco en la ropa	Cumplirse un deseo
Tener las orejas coloradas	Salirte un novio rubio
Picar la nariz	Salirte un novio moreno
Encontrar un hilo negro en la ropa	Siete años de belleza
Ver una estrella fugaz	Casarte ese año
Pelar una naranja sin que se rompa la piel	Recibir dinero próximamente

Cuando te pica la nariz, te vas a pelear con alguien. Si te pones la ropa del revés sin darte cuenta, eso es que van a darte un regalo.

29

d Vas a escuchar una canción que trata sobre supersticiones, pero antes léela con atención e intenta completar qué remedios, además de tocar madera, se pueden usar en cada situación.

REMEDIOS

cruza los dedos, sabes cómo te digo
no te cases ni te embarques
mejor deshaces tu equipaje
mejor no tientes a la suerte
tijeras abiertas en la mesa

TOCAR MADERA (Manolo Tena)

Si es noche de luna llena,
____
Si se cruza un gato negro,
o se te rompe un espejo.
Si no es por superstición
puede ser por precaución
pero de todas maneras
tocar madera (...).

Con la escalera y el trece
____
si alguien viste de amarillo
____
Si no es por superstición
puede ser por precaución
pero de todas maneras
tocar madera (...).

Si te marchabas de viaje
y alguien nombra lo innombrable
____
tocar madera (...).

Cuando es viernes, cuando es martes
____
si alguien te mira mal
si alguien tira la sal
Y no es por superstición
ni miedo a la maldición,
pero de todas maneras
tocar madera (...).

Si pasas bajo la escalera
si alguien tira la sal
si pasas bajo la escalera
si alguien te mira mal
si pasas bajo la escalera
si se cruza un gato negro
si pasas bajo la escalera
o se te rompe el espejo,
no pases bajo la escalera
cruza los dedos sabes lo que te digo.
Si pasas bajo la escalera
si pasas bajo la escalera
tocar madera,
toca madera...

2. Si yo fuera rico

a Imagina que pides ayuda para mudarte de piso a tres amigas españolas que están muy ocupadas. Después de oír sus respuestas, ¿en quién confías más para que te ayude? ¿En quién confías menos? ¿Por qué?

Si tuviera tiempo, te ayudaría.
Si tengo tiempo, te ayudaré.
Cuando tenga tiempo, te ayudaré.
COMICS
MILAGROS
ANGUSTIAS
ESPERANZA

b ¿Recuerdas estas estructuras? Esperanza utiliza una fórmula temporal, mientras que Angustias y Milagros plantean dos tipos diferentes de condiciones. Fíjate en este esquema:

CONDICIONAR EL CUMPLIMIENTO FUTURO DE UNA ACCIÓN

	Tiempo del verbo condicionado	Probabilidad subjetiva	Tiempo del verbo que condiciona
CUANDO (tiempo)	*Subjuntivo*	100%	*Presente de indicativo* *Futuro*
SI (condición)	*Presente de Indicativo*	50%	
	Imperfecto de Subjuntivo	del 25% al 0%	*Condicional* *Imperfecto de indicativo* (coloquial)

c De acuerdo con esto, los siguientes enunciados parecen un poco extraños. ¿Cómo calificarías a las personas que dicen lo siguiente? ¿Cómo son o qué les pasa para poder decir estas cosas? ¿Qué tendría que cambiar para que fueran "normales"?

1. Cuando me toque la lotería, me voy a comprar un cortijo.	Optimista
2. Si alguna vez bebiera alcohol, sería cerveza.	
3. Si fuera rico, regalaría los mil millones que tengo en el banco a los pobres.	
4. Si tengo la oportunidad de ir a Marte, te traigo alguna piedra bonita.	
5. Si algún día consiguiera aprender el Subjuntivo, daría una fiesta.	
6. Cuando haya conseguido llegar a presidente del país, podré dejar de pedir dinero en la calle.	
7. Vamos a ser muy felices cuando haya verdadera justicia en el mundo.	
8. Si me pongo muy enfermo estas vacaciones, llama inmediatamente a mi familia.	
9. Si hiciera frío en Alaska, me llevaría ropa de abrigo.	

d Habla con tu compañero y toma notas de sus respuestas para después comentar las conclusiones con el resto de la clase.

1. ¿Qué pensarías si vieras a tu profesor trabajando en un club nocturno?

2. ¿Qué vas a hacer cuando sepas español perfectamente?

3. ¿Qué tendría que pasar para que te desnudaras en plena calle?

4. Si un compañero te pide que lo ayudes con los deberes, ¿qué haces?

5. ¿Con qué condición aceptarías engañar a tu mejor amigo?

6. Si descubrieras que no tienes dinero suficiente para pagar la cuenta en un restaurante, ¿cómo reaccionarías?

7. ¿Te cambiarías de sexo? ¿En qué caso?

8. Si se enamora de ti alguien que no te gusta, ¿qué?

9. ¿En qué caso extremo cometerías un asesinato?

Invéntate tú más preguntas:

10.

11.

12.

e Además de las estudiadas, puedes utilizar estructuras como éstas, que expresan condiciones muy poco probables:

- *Cometería un asesinato* **sólo si** *estuviera loco.*

- **Para** *asesinar* / **Para** *que asesinara* — **tendría que** *estar loco.*

- **Solo** *asesinaría* — **en el caso de** *estar loco.* / **en el caso de que** *estuviera loco.*

3. "Si fuera..."

a Esto es un juego para toda la clase. Un voluntario piensa en un
demás tienen que adivinar de quién se trata haciéndole, por turnos,
las siguientes:

- Si fuera un color, ¿qué color sería?
- Si tocara un instrumento musical, ¿qué instrumento tocaría?
- Si tuviera que comprarse una casa, ¿qué tipo de casa elegiría?
- Si le tocara la lotería, ¿qué se compraría primero?
- Si tuviera que elegir un lugar de vacaciones, ¿dónde iría?
- Si alguien se peleara con él / ella, ¿cómo reaccionaría?

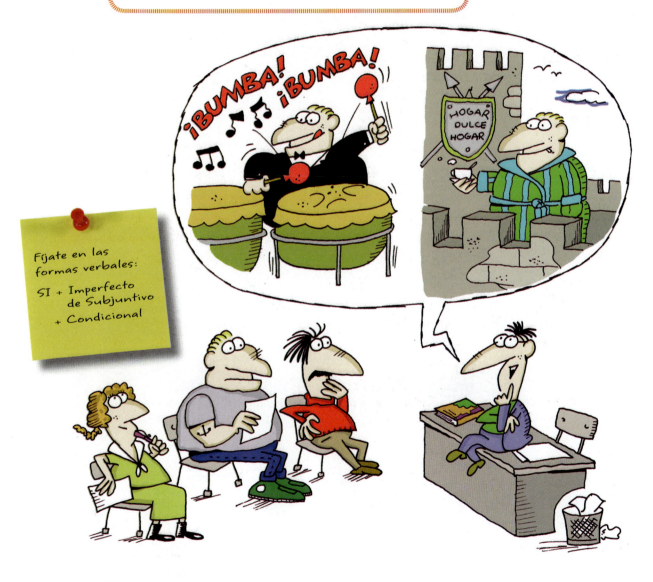

Fíjate en las formas verbales:
SI + Imperfecto de Subjuntivo + Condicional

b Al pensar en las preguntas, procura utilizar verbos diferentes, y no siempre **fuera** o **sería**. Cuando alguien crea saber de quién se trata, puede decirlo en su turno; si lo adivina, gana, pero si no, queda fuera del juego.

4. Lo que pudo haber sido y no fue

a Fíjate en el siguiente esquema, relacionándolo con los ejemplos que lo siguen:

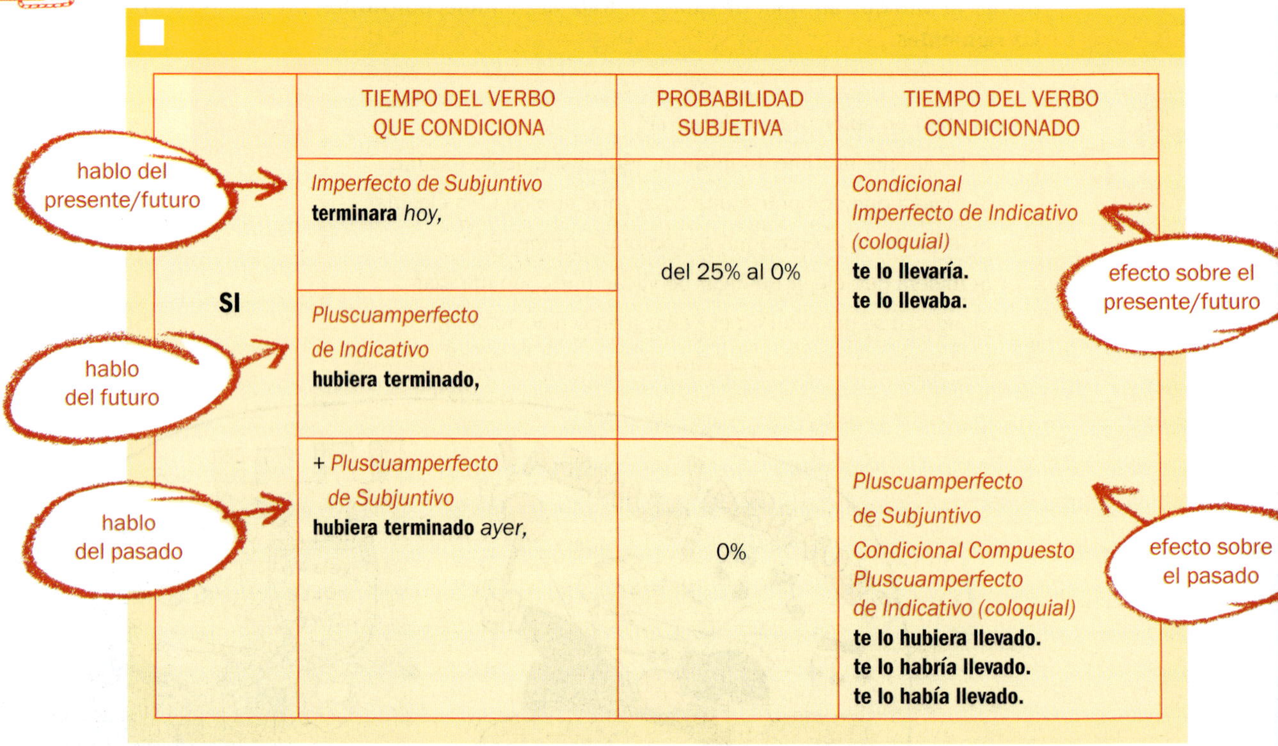

	TIEMPO DEL VERBO QUE CONDICIONA	PROBABILIDAD SUBJETIVA	TIEMPO DEL VERBO CONDICIONADO
SI	*Imperfecto de Subjuntivo* **terminara** *hoy,* (hablo del presente/futuro)	del 25% al 0%	*Condicional* *Imperfecto de Indicativo (coloquial)* **te lo llevaría.** **te lo llevaba.** (efecto sobre el presente/futuro)
	Pluscuamperfecto de Indicativo **hubiera terminado,** (hablo del futuro)		
	+ *Pluscuamperfecto de Subjuntivo* **hubiera terminado** *ayer,* (hablo del pasado)	0%	*Pluscuamperfecto de Subjuntivo* *Condicional Compuesto* *Pluscuamperfecto de Indicativo (coloquial)* **te lo hubiera llevado.** **te lo habría llevado.** **te lo había llevado.** (efecto sobre el pasado)

a) Si terminara hoy, te lo llevaría.
b) Si para mañana hubiera terminado, te lo llevaría.
c) Si hubiera terminado ayer, te lo llevaría.
d) Si hubiera terminado ayer, te lo habría llevado.

b ¿Hay cosas en tu vida de las que te alegras? ¿Hay cosas de las que te lamentas? Intenta recordar dos cosas que te pasaron, o que hiciste, y que fueron positivas, y otras dos que resultaron negativas.

COSAS POSITIVAS
1.
2.
COSAS NEGATIVAS
1.
2.

c ¿Qué habría cambiado en tu vida si hubiera sido de otro modo? Coméntalo con tu compañero, como en los ejemplos:

Si no hubiera conocido a Karen, supongo que ahora mi hija no existiría.

Lo que fue un fallo fue comprarme el Ferrari. Si no me lo hubiera comprado, no habría tenido el accidente que tuve.

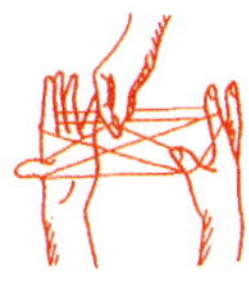

d Vamos a construir secuencias lógicas. Uno de vosotros empezará enunciando una frase condicional sobre el pasado y el siguiente inventará otra, encadenada como en el ejemplo. Cuando todo el mundo haya dicho la suya, el que empezó la cadena deberá terminarla relacionándola con el presente:

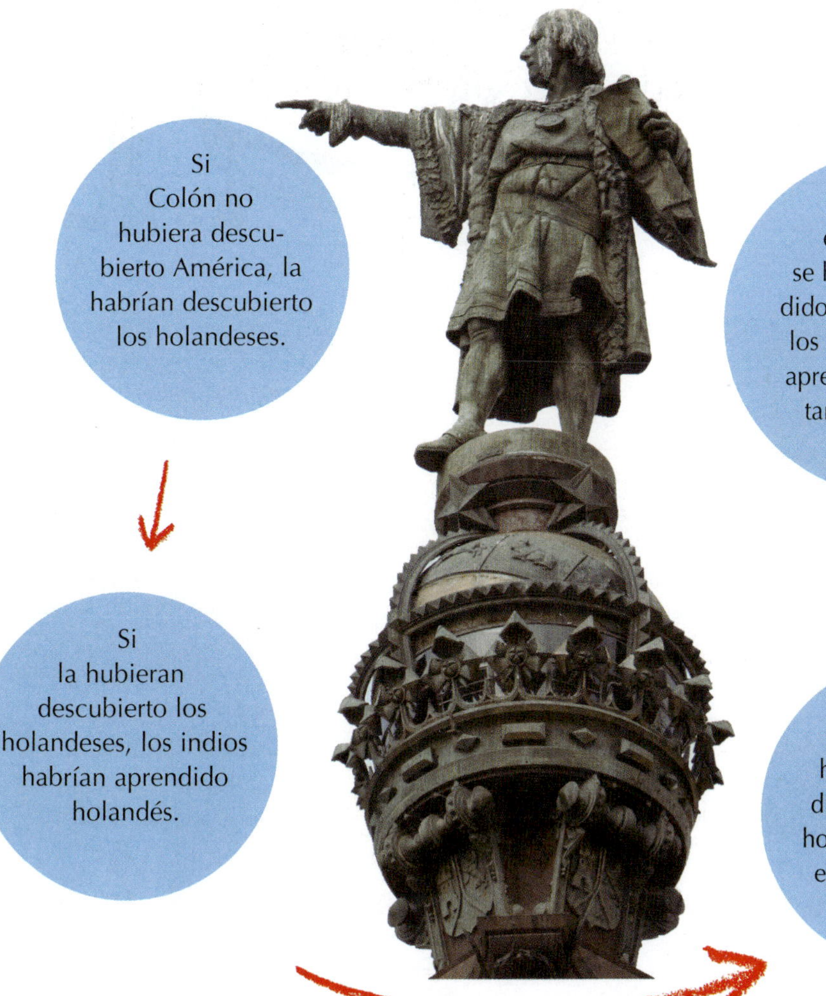

Si Colón no hubiera descubierto América, la habrían descubierto los holandeses.

Si la hubieran descubierto los holandeses, los indios habrían aprendido holandés.

Si los indios hubieran aprendido holandés, el holandés se habría extendido por el mundo.

Si el holandés se hubiera extendido por el mundo, los holandeses no aprenderían ahora tantas lenguas.

e ¿Te has dado cuenta de que, si la secuencia es lógica, la primera condición se puede unir a la última consecuencia? Es decir: "Si Colón no hubiera descubierto América, los holandeses no aprenderían ahora tantas lenguas". A ver qué extrañas hipótesis os salen a vosotros. Si no se os ocurre ninguna, pensad, por ejemplo, en si los árabes no hubieran invadido la Península Ibérica, si Hitler hubiera ganado la Segunda Guerra Mundial... o, simplemente, si no hubieras decidido aprender español.

5. La vida es una tómbola

a El azar no existe. La historia y la existencia de cada individuo son una cadena de acontecimientos. Vamos a imaginar cómo hubieran sido las cosas si algo hubiera sido diferente. Observa y analiza cómo habría cambiado la vida del señor Gila si hubiera entrado en cada uno de los caminos que el azar le ofrecía. Fue recogido en la calle y su vida pudo tomar muchos rumbos, pero el destino es único.

ÉSTA ES LA HISTORIA DEL SEÑOR GILA:

El señor Gila tuvo unos padres adoptivos que no tenían muchos recursos, pero que creían que era importante tener estudios para progresar en la vida. Por eso quisieron que estudiara. Él trabajó mucho para conseguir su título y se convirtió en profesor de español. No le pedía más a la vida que las satisfacciones de su trabajo y su familia. Ahora es un hombre mayor, con nietos, que disfruta de la jubilación en su humilde casa.

ÉSTA ES UNA DE LAS VIDAS QUE PUDO HABER TENIDO Y NO TUVO:

Si los padres del señor Gila hubieran sido realmente pobres, él no hubiera podido ir a la escuela, y si no hubiera podido ir a la escuela y hubiera andado en malas compañías, muy posiblemente habría acabado de traficante o algo así. Eso sí, que si hubiera tenido suerte en ese mundo, hoy sería un hombre respetado y temido, con un montón de dinero y coches caros.

b Pero si sus padres hubieran sido ricos… Imagina su vida.

6. No por mucho madrugar amanece más temprano

a ¿Sabes lo que es un refrán? Seguro que sabes algunos en tu lengua. En español hay muchos y se usan bastante. A veces no se dicen completos, sino sólo la primera parte, pues todo el mundo sabe cómo siguen. Intenta acertar cuál es la segunda parte de la sentencia y su explicación correspondiente, como en el ejemplo. Discútelo después con tu compañero.

Hablando del rey de Roma, *por la puerta asoma.*

EXPLICACIÓN: *Aparece inesperadamente una persona de la que se estaba hablando.*

REFRANES	CONTINUACIONES
1. A río revuelto...	**... buena sombra le cobija.**
2. Quien a buen árbol se arrima...	**... que ciento volando.**
3. Cuando el río suena...	**... año de bienes.**
4. A caballo regalado...	**... pon las tuyas a remojar.**
5. Más vale lo malo conocido...	**... ganancia de pescadores.**
6. Año de nieves...	**... agua y piedras lleva.**
7. No está hecha la miel...	**... no es traidor.**
8. Más vale pájaro en mano...	**... no le mires el diente.**
9. Cuando las barbas de tu vecino veas cortar...	**... que lo bueno por conocer.**
10. El que avisa...	**... para la boca del asno.**

EXPLICACIONES

1. No pongas pegas: no te quejes de las cosas que no te cuestan dinero, que son gratis o que te regalan.
2. Los campesinos creen que las grandes nevadas protegen los campos durante el invierno, de manera que, popularmente, se piensa que la nieve también trae buena suerte.
3. En este mundo de relaciones interesadas, la ayuda o protección de alguien que tenga poder e influencia siempre es bienvenida.
4. Se usa para constatar que los comentarios o rumores sobre algo, normalmente personal, tienen que tener algo de cierto, alguna base.
5. Hay cosas que ciertas personas nunca podrán comprender o disfrutar porque no tienen la suficiente capacidad o sensibilidad para hacerlo. Es como darle margaritas a los cerdos: no las apreciarían.
6. Mejor es conformarse con la situación que tenemos, porque las novedades nunca se sabe con certeza si van a ser mejores. Las cosas no deben cambiar.
7. Hay que ser práctico. Mejor asegurar lo que se tiene y no poner las esperanzas en algo que no es seguro, aunque aparentemente sea mejor.
8. Ten cuidado porque cuando a alguien cercano le sucede algo malo, también te puede suceder a ti.
9. Haz siempre caso de los consejos y advertencias. Quien te advierte, sus motivos tiene. También puede ser una amenaza.
10. En una situación complicada, son los expertos o los más astutos los que sacan provecho de ella.

b En español hay muchos refranes más. Aquí tienes algunos de ellos. Si te interesa, busca o pregunta el significado:

En casa del herrero, cuchara de palo.

No por mucho madrugar amanece más temprano.

Dos son compañía, tres son multitud.

Agua que no has de beber, déjala correr.

De grandes cenas están las sepulturas llenas.

Quien siembra vientos recoge tempestades.

Quien bien te quiere te hará llorar.

Dime de qué presumes y te diré de qué careces.

Dime con quién andas y te diré quién eres.

Nunca digas "de esta agua no beberé".

Perro ladrador, poco mordedor.

Aunque la mona se vista de seda, mona se queda.

A quien madruga, Dios le ayuda.

c ¿Sabes tú otros en tu lengua que expresen cosas similares?
¿Cómo son en español? Intenta traducirlos y pregunta a tu profesor si se entiende.
A lo mejor en español hay alguno con un significado parecido.

7. ¿Qué más da?

a Lee el siguiente diálogo:

Quiero informarte de que, en mi opinión, esta comida es suficiente.

En condiciones normales, ésa sería también mi opinión. Pero no puedo estar de acuerdo contigo: como tú y yo sabemos, Montse cena con nosotros, y voy a recordarte, por si no lo sabes, que ella come normalmente mucho. Teniendo esto en cuenta, tienes que admitir que es muy posible que esta comida no sea suficiente.

Bueno, vamos por partes: puedo estar de acuerdo contigo en que Montse come mucho, pero tengo que rechazar que este hecho sea un obstáculo para lo que yo he dicho antes. O sea, que no importa que coma más o menos: de todos modos, la comida que hemos preparado es más que suficiente.

ADOLFO
JUAN MANUEL

b ¿Te parece una conversación normal? ¿Cómo lo dirías tú? Fíjate en este otro diálogo y discute con tu compañero si en él está expresado todo lo dicho en el diálogo anterior:

- Adolfo.-Yo creo que hay suficiente comida con esto.
- ○Juan Manuel.- Montse come mucho, ¿sabes?
- Adolfo.-Aunque coma mucho, hay de sobra.

C ¿Qué indica Adolfo con **aunque**? ¿Cómo expresarías esto en tu lengua?

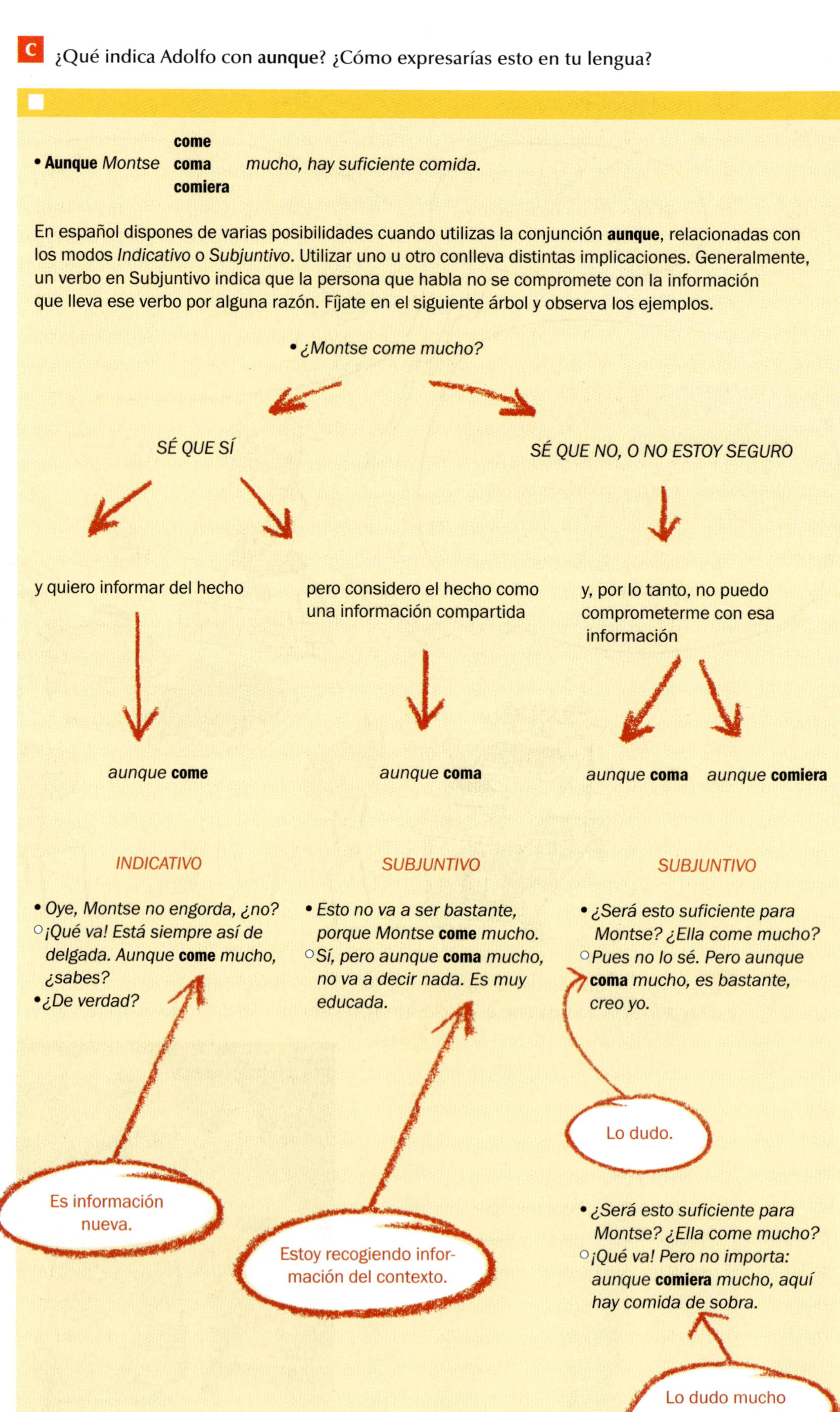
• **Aunque** *Montse* **come / coma / comiera** *mucho, hay suficiente comida.*
En español dispones de varias posibilidades cuando utilizas la conjunción **aunque**, relacionadas con los modos *Indicativo* o *Subjuntivo*. Utilizar uno u otro conlleva distintas implicaciones. Generalmente, un verbo en Subjuntivo indica que la persona que habla no se compromete con la información que lleva ese verbo por alguna razón. Fíjate en el siguiente árbol y observa los ejemplos.
• *¿Montse come mucho?*
SÉ QUE SÍ
SÉ QUE NO, O NO ESTOY SEGURO
y quiero informar del hecho
pero considero el hecho como una información compartida
y, por lo tanto, no puedo comprometerme con esa información
aunque **come**
aunque **coma**
aunque **coma** *aunque* **comiera**
INDICATIVO
SUBJUNTIVO
SUBJUNTIVO
• *Oye, Montse no engorda, ¿no?*
○ *¡Qué va! Está siempre así de delgada. Aunque* **come** *mucho, ¿sabes?*
• *¿De verdad?*
• *Esto no va a ser bastante, porque Montse* **come** *mucho.*
○ *Sí, pero aunque* **coma** *mucho, no va a decir nada. Es muy educada.*
• *¿Será esto suficiente para Montse? ¿Ella come mucho?*
○ *Pues no lo sé. Pero aunque* **coma** *mucho, es bastante, creo yo.*
Lo dudo.
Es información nueva.
Estoy recogiendo información del contexto.
• *¿Será esto suficiente para Montse? ¿Ella come mucho?*
○ *¡Qué va! Pero no importa: aunque* **comiera** *mucho, aquí hay comida de sobra.*
Lo dudo mucho o no es verdad.

8. ¡Vale la pena!

a Francisco Recuerda piensa que un viaje por el Amazonas puede ser tan maravilloso que vale la pena soportar todos los inconvenientes que encuentran sus amigos, que son unos aguafiestas. Escribe las respuestas de Francisco, recordando que él intentará quitar importancia a todas las objeciones considerándolas muy improbables (Imperfecto de Subjuntivo). Pero cuidado: ¡no siempre se puede!

Vamos a pasar mucho calor.

¡Aunque pasemos calor!

Podríamos encontrar animales salvajes.

No nos hemos preparado.

Es muy probable que no podamos ver la televisión.

¿Y si nos perdemos?

No tendremos que meternos en el agua, ¿no?

Es que está muy lejos.

Igual nos quedamos sin comida y tenemos que alimentarnos con hierbas.

No conocemos la jungla.

Lo que pasa es que es un poco caro.

CRUNCH!

b ¿Por qué no discutimos ahora nosotros? Vamos a decidir qué hacer todos juntos este fin de semana. Divididos en grupos, tenéis 55 segundos para decidir una propuesta y decirla a toda la clase. Después tenéis un poco más de tiempo para preparar dentro de cada grupo objeciones importantes a las propuestas de los otros. Al final, cada grupo defenderá su propuesta, tratando de rechazar las objeciones de los demás.

G

9. La herencia de tía Angelita

a La tía Angelita decidió, por recomendación de su abogado, escribir su testamento. Tenía ya 92 años y no debía retrasarlo mucho más. Pero sólo le dio tiempo a escribir varias líneas: la intensa emoción de fastidiar a todos sus parientes, que esperaban ansiosamente su herencia, le provocó un ataque al corazón. ¿Por qué no sigues tú intentando imaginar los deseos de la tía Angelita? Así empezaba el documento:

En plena posesión de mis facultades mentales, lego mis propiedades a mis parientes más próximos, con la prohibición expresa de venderlas antes de que pasen diez años de mi muerte. Aunque no le guste el campo, le dejo el cortijo en Jaén a Concha pero tiene que pasar allí tres meses al año...

1. Éstos son los herederos:

CONCHA, la sobrina.
Vive sola en un pequeño estudio de Barcelona.
Es muy urbana. No le gusta el campo ni en pintura.
Tampoco le gustan los animales.

ADELA, la criada.
Odia a su señora. Lleva 40 años soportando sus manías: sobre todo limpiar dos veces al día el polvo de toda la casa. No sabe conducir.

FEDERICO Y MARICRUZ, el sobrino mayor y su mujer.
Tienen seis hijos, una abuela y un perro en un piso de 100 metros cuadrados.
A todos les encanta la música, excepto a Federico.
Maricruz es alérgica a las plantas.

SERAFÍN, el sobrino menor.
Tiene una vida demasiado alegre, no parece trabajar en nada y tiene muchas deudas.
Era el preferido de la tía Angelita porque era el más pelota.
No le gusta nada relacionado con el arte. Pero le encantan los coches: siempre ha suspirado por el coche inglés de su tía abuela.

2. Esta es la herencia:

su retrato

una colección de 100 piezas de cerámica china

un piano de cola

un canario

tres gatos persas

las plantas carnívoras

un cortijo en Bollullos de Arriba

un coche inglés

joyas

500 mil euros

En lugar de **aunque**, también puedes usar:

a pesar de	*Sintagma Nominal* + *Infinitivo* **que** + *Verbo*	• **A pesar de** *su dinero, nadie la quería.* • **A pesar de** *tener mucho dinero, nadie la quería.* • **A pesar de que** *tenía mucho dinero, nadie la quería.*

Y estos otros recursos, más propios de la lengua escrita:

si bien + *Indicativo*	• *Los herederos reclamaron,* **si bien** *no lo hicieron en el plazo previsto.*
aun a sabiendas de que + *Indicativo*	• **Aun a sabiendas de que** *moriría pronto, deseaba fastidiar a sus sobrinos.*
aun a riesgo de + *Infinitivo*	• **Aun a riesgo de** *perder su paz espiritual, empezó a redactar el maldito testamento.*
aun a riesgo de + **que** + *Subjuntivo*	• **Aun a riesgo de que** *la maldijeran, les dejó lo que menos querían.*
aun + *Gerundio*	• **Aun** *siendo tan rica, murió sola.*

Todas las herencias tienen condiciones que es imprescindible cumplir. Aquí tienes algunas formas para introducirla

Con tal de que
A condición de que + *Subjuntivo*
Siempre que
Siempre y cuando

10. Un poco de literatura

a Para terminar, un poco de literatura. Vamos a leer un poema de Luis Cernuda, un escritor que perteneció al mismo grupo literario que Federico García Lorca -que se conoce como Grupo o Generación del 27-, que tuvo que exiliarse al final de la Guerra Civil y que no pudo volver a España, pues murió en México en 1963. El texto que vamos a presentaros trata del amor, de la libertad, de los seres humanos y de sus problemas.

Si el hombre pudiera decir lo que ama,
Si el hombre pudiera levantar su amor por el cielo
Como una nube en la luz;
Si como muros que se derrumban,
Para saludar la verdad erguida en medio,
Pudiera derrumbar su cuerpo, dejando sólo
La verdad de su amor,
La verdad de sí mismo,
Que no se llama gloria, fortuna o ambición,
Sino amor o deseo,
Yo sería aquél que imaginaba;
Aquél que con su lengua, sus ojos y sus manos
Proclama ante los hombres la verdad ignorada,
La verdad de su amor verdadero.
Libertad no conozco sino la libertad de estar preso en alguien
Cuyo nombre no puedo oír sin escalofrío;
Alguien por quien me olvido de esta existencia mezquina,
Por quien el día y la noche son para mí lo que quiera.
Y mi cuerpo y espíritu flotan en su cuerpo y espíritu
Como leños perdidos que el mar anega o levanta
Libremente, con la libertad del amor,
La única libertad que me exalta,
La única libertad por que muero.

Tú justificas mi existencia:
Si no te conozco, no he vivido;
Si muero sin conocerte, no muero, porque no he vivido.

Luis Cernuda, *Los placeres prohibidos*

b ¿Por qué Cernuda dice que el hombre -o él- no puede decir a quién ama? ¿A quién crees que amaba él y por qué no podía decirlo? Elige alguna de estas opciones, la que te parezca más probable, y discútela con tus compañeros (si quieres, puedes añadir tú también alguna que se te ocurra):

- Estaba enamorado de su prima hermana.
- Tenía un lío con la mejor amiga de su mujer.
- Quería a un hombre, era homosexual.
- Estaba loco por su jefa que, además, le doblaba la edad.
- No podía vivir sin Carmen, una chica que podría haber sido su hija.

____

____

____

c En este poema hay algunas ideas discutibles, ambiguas. De estos fragmentos (versos 7-9, 14-15, 20-22, 23-25), elige uno que te guste o con el que estés o no de acuerdo y explica a tus compañeros cómo lo entiendes tú, cuál es su significado. Y... ya veremos si el resto de la clase está de acuerdo contigo.

Todos a cien

Un juego para evaluar

- Léxico
- Gramática
- Cultura

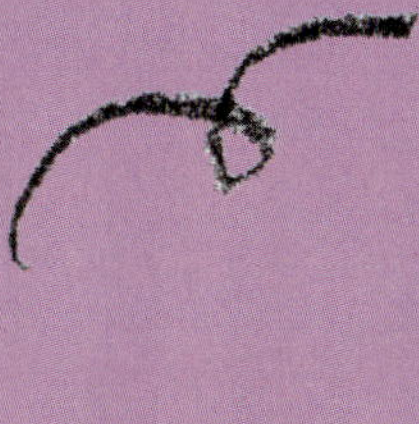

C15
L15
C10
G15
S
G5
C5
L5
C10
L10
S
L5
Empieza aquí

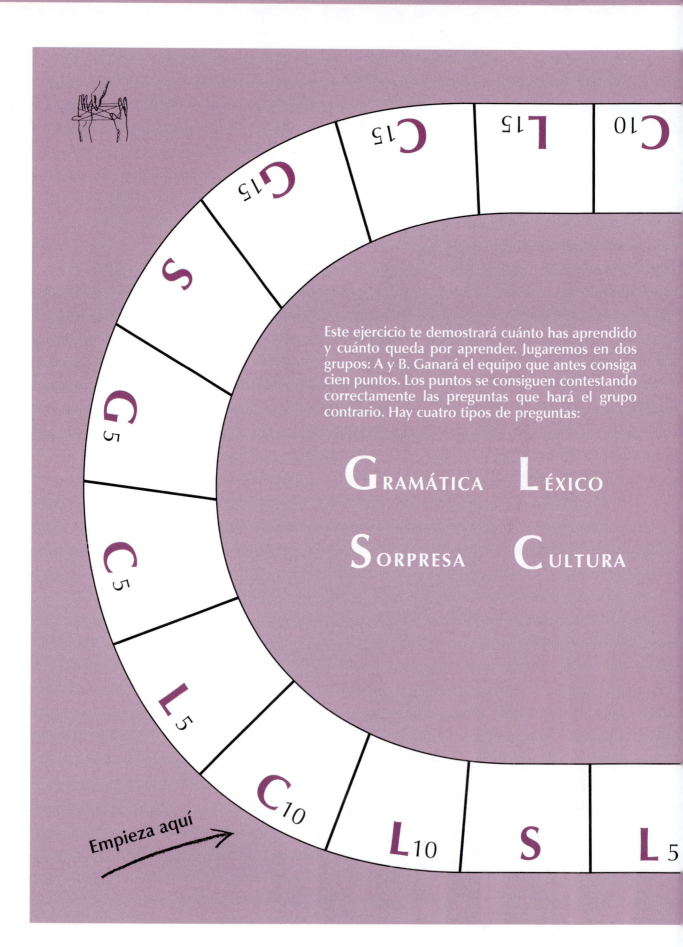

Este ejercicio te demostrará cuánto has aprendido y cuánto queda por aprender. Jugaremos en dos grupos: A y B. Ganará el equipo que antes consiga cien puntos. Los puntos se consiguen contestando correctamente las preguntas que hará el grupo contrario. Hay cuatro tipos de preguntas:

GRAMÁTICA LÉXICO

SORPRESA CULTURA

G10
S
L5
G5
L5
C5
S
L10
L10
S
G10
G5

Cada letra del tablero vale 5, 10 ó 15 puntos: L5 L10 L15 / C5 C10 C15/ G5 G10 G15. Las preguntas sorpresa tienen puntos sorpresa.

Con un dado hay que ir pasando por el tablero y responder una pregunta L, C , G o S con su puntuación correspondiente. El equipo contrario elige la pregunta que quiera. Si se acierta, se obtienen esos puntos. Después continúa el otro grupo, y así sucesivamente. ¡NO LEÁIS LAS PREGUNTAS QUE OS HACE EL OTRO GRUPO! Vuestro profesor tiene las soluciones a las pregunta. Él puede daros las respuestas para que controléis el juego. Si tenéis tiempo y ganas, podéis continuar jugando hasta que se acaben las preguntas, o también podéis inventarlas. Suerte. Lo importante es participar.

PREGUNTAS DEL EQUIPO A

A-LÉXICO

• ¿Cómo podemos llamar a una persona a la que no le gusta gastar mucho dinero?

• Ya sabes que una persona vaga es alguien a quien no le gusta trabajar. ¿Conoces otro adjetivo sinónimo?

• Tócate con una mano la **nuca** y con otra el **talón**.

• ¿Qué significa estar **hasta las narices de** alguien?

• Di el nombre de un animal con rabo y cuernos.

• ¿Cuál es el único animal mamífero que vuela?

• ¿Puedes hacer el sonido que hacen los burros, aproximadamente?

• ¿Recuerdas el cuento de Cenicienta? ¿Quién ayudó a la pobre chica?

• ¿En qué se convirtió la calabaza del cuento de Cenicienta?

• ¿Cómo suelen acabar muchos cuentos tradicionales e infantiles en español?

• Si no dices al menos cuatro productos de aseo, no conseguirás esta pregunta.

• ¿Sois personas que **vais al grano**? ¿Qué significa? Si no vais al grano, ¿cuál es la expresión opuesta?

• ¿Cuántas cosas recuerdas que hay en una cama? Di al menos tres.

• ¿Que se puede poner en una silla para estar más cómodo?

• Imagínate que ha llovido mucho y no llevas paraguas. ¿Qué expresión puedes usar para decir que te has mojado mucho?

• ¿Conoces alguna verdura que sea verde y alargada?

• Podemos decir que una cosa que es muy antigua, muy vieja es...

• A algunas personas les gusta, a veces, **echar una cana al aire**. Si quieres estos fantásticos puntos, explica exactamente en qué circunstancias.

• ¿Quiénes viven normalmente en los conventos?

• Di dos palabras masculinas que acaben en **-a**.

• Si no sabes esta pregunta es que no has aprendido ni el título del libro. ¿Qué objeto típico español se puede usar cuando tienes calor?

• ¿En qué situaciones se pone la gente **morada**?

• Título de una película que sea **un muermo**. Explicad por qué.

• ¿Dónde te sientas en un cine?

• Tres palabras que acaben en **-eza**.

• Si estamos en una conversación hablando de alguien que no está presente y en ese momento llega, ¿qué refrán podemos usar?

A-SORPRESA

• Si queréis veinte puntos tenéis que decir, sin consultar el diccionario ni preguntar, la segunda persona del plural del Imperfecto de Subjuntivo del verbo **caber**.

• Por diez puntos. Alguien del grupo tiene que hablar un minuto sin parar sobre la importancia de estudiar español. Pero atención, no se puede utilizar ni la palabra **español** ni **castellano**.

• Esta pregunta vale cinco puntos. Si no respondéis correctamente, tendréis cinco puntos menos. ¿Cómo se escribe cincuenta y ocho en números romanos?

• Habéis tenido suerte con esta pregunta. Si queréis diez puntos, todo el grupo tiene que hacer lo que hacen los perros en español. Pero atención, exactamente.

• Podéis contestar una pregunta de cultura por quince puntos. Si la respuesta no es la acertada, cinco puntos menos.

• Esta pregunta sí que es una sorpresa. Si decís exactamente cuántas palabras tiene el español tendréis cien puntos.

• Podéis elegir una pregunta, por diez puntos, de cualquier clase.

• Dos personas del grupo tienen que escenificar un diálogo en una tienda de animales. Una persona quiere comprar un perro, pero el vendedor tiene que convencerle de que es mejor comprarse un mono. Si consigue venderle el mono, durante un minuto como mínimo, el grupo tendrá diez puntos.

• Por diez puntos todo el grupo tiene que cantar:

Para bailar la bamba, para bailar la bamba
se necesita un poquito de gracia,
un poquito de gracia, ay, así así...
Yo no soy marinero...
yo no soy marinero, soy capitán, soy capitán...

A-CULTURA

• ¿En qué siglo vivió y escribió Francisco de Quevedo?

• Esta pregunta es muy difícil, pero no siempre se puede ganar. ¿En qué año nació Zapata?

• ¿Por qué es famoso Manuel de Falla?

• ¿Dónde desemboca el río Tajo?

• ¿En qué año fue asesinado Federico García Lorca?

• Nombra un pintor español del siglo XVII.

• Nombra dos pintores españoles del siglo XX.

• Di dos lenguas actuales de Europa que no pertenecen al grupo indoeuropeo.

• ¿Recuerdas al menos cuatro palabras del español que provengan de las lenguas indígenas de América?

• ¿Recuerdas palabras admitidas en el español que procedan del inglés?
Di por lo menos dos.

• ¿Cómo pronuncia un cubano la palabra **cerveza**?

• ¿A qué generación literaria pertenecieron Rafael Alberti, Luis Cernuda, Pedro Salinas, García Lorca...?

• ¿Cuántas lenguas oficiales hay en España actualmente? ¿Cuáles son?

• ¿Cómo se llama el museo más importante de España? ¿Dónde está?

• Si quieres ir de España a Marruecos, ¿dónde coges el barco para llegar en menos tiempo?

• ¿Recuerdas el nombre de tres islas españolas?

A-GRAMÁTICA

• Si queréis estos sabrosos puntitos, tenéis que recordar tres adjetivos que siempre se usan con **ser**.

• ¿Cuál es el Indefinido del verbo **saber**?

• ¿En qué contexto se diría **he bebido mucho**? ¿Y **bebí mucho**?

• ¿Es posible decir **Picasso fue nacido en Málaga**?

• ¿Qué diferencia hay entre **quedar** y **quedarse**? Explicadlo con un ejemplo.

• Ordenad las siguientes palabras para que tengan sentido. Tenéis un minuto después de escribirlas: **es empresa trabajo para que la la horrible.**

• ¿Se puede usar la palabra **cuándo** con un Futuro? Si es posible, decid un ejemplo.

• Completad esta frase: **Cenicienta salió del palacio antes de__________las doce.**

• Imaginad que alguien os pregunta la hora y no lleváis reloj, pero pensáis que son las cuatro, más o menos. ¿Como se podría expresar esa probabilidad usando el verbo **ser**?

• ¿Cómo podemos decir a alguien **cállate** insistiendo mucho? No se puede usar **¡Cállate ya! / ¡Cállate de una vez! / ¡Cállate por favor!**

Todos a cien

• ¿Como daríais consejo, de dos formas diferentes, a una persona que no sabe qué libro de español usar?

• ¿Cómo se puede decir de otra manera **el español me gusta mucho mucho mucho**?

• ¿Qué diferencia hay entre decir **estoy bebido** y **estoy bebiendo**?

• ¿Cuál es la diferencia entre **como** y **ya que** en oraciones causales? Para que sea válida la respuesta hay que poner un ejemplo.

• Completad la siguiente frase: **Si los dinosaurios no hubieran desaparecido, hoy...** ¿Por qué se elige ese verbo?

PREGUNTAS DEL EQUIPO B

B- LÉXICO

• ¿Cuál es el adjetivo opuesto a **generoso**?

• ¿Cómo actúa una persona **sensata**? Pon un ejemplo.

• Ponte las manos en la **cintura**.

• Tócate el **ombligo**.

• Di el nombre de un animal con plumas.

• ¿En qué situaciones **se te pone la carne de gallina**?

• ¿Qué significa **ser una mosquita muerta**? Pon un ejemplo.

• ¿Con quién vivía Cenicienta?

• ¿Cómo empiezan los cuentos tradicionales e infantiles en español?

• ¿Podrías decir el nombre de dos frutas que no sean **naranja**, ni **manzana** ni **plátano**?

• ¿En qué situación puedes usar la expresión **por si las moscas**?

• Además del cuchillo, ¿qué otro objeto conoces para cortar?

• Nombra cuatro objetos de la cocina que no sean ni una mesa, ni una silla, ni una ventana, ni un plato, ni una cuchara, ni un tenedor, ni un cuchillo. Tampoco valen vasos.

• ¿Qué es lo contrario de **calentar**?

• ¿Conoces alguna verdura que sea morada o violeta?

• ¿Qué toman los españoles el 31 de diciembre a las doce de la noche?

• Jane era para Tarzán su... (usa el nombre de una fruta partida por la mitad).

• La palabra **modelo**. ¿Es masculina o femenina?

• ¿Qué significa **sacar los trapos sucios de una persona**?

• ¿Con qué objeto se suele fregar el suelo en España? ¿Cómo es?

• Título de una película que sea **un rollo**. Explicad por qué.

• ¿Dónde se sacan las entradas en un cine?

• ¿Cómo tiene que ser un trébol para que tengas buena suerte?

• **Quien a buen árbol se arrima...** Continúa con el refrán.

B-SORPRESA

• Si queréis conseguir veinte puntos, tenéis que decir la primera persona del plural del Imperfecto de Subjuntivo del verbo **andar**.

• Por diez puntos. Alguna persona del grupo tiene que hablar un minuto sin parar sobre la inutilidad de estudiar español. No se puede utilizar ni la palabra **español** ni **castellano**.

• Atención. Por diez puntos. Todas las personas del grupo tienen que decir una palabra que empiece por **a**. No se pueden repetir las palabras.

• Por cinco puntos. Alguien del grupo tiene que decir cinco cosas bonitas sobre el profesor o la profesora. Si no lo hace en veinte segundos, cinco puntos menos.

• Podéis elegir una pregunta de gramática por diez puntos. Si la respuesta no es correcta, cinco puntos menos.

• Podéis elegir una pregunta de léxico por quince puntos.

• Esta pregunta es dificilísima. Pero si la respondéis habréis ganado. Vale cien puntos. ¿Cuántas personas exactamente hablan español en el Hemisferio Sur?

• Podéis elegir una pregunta de diez puntos de cualquier clase.

• Por diez fantásticos puntos, todo el grupo tiene que cantar a la vez:

...bésame, bésame mucho,
como si fuera esta noche la última vez...
bésame, bésame mucho..."

B-CULTURA

• ¿Cuál es el poeta nicaragüense más conocido?

• ¿Cómo se llamaba el último rey musulmán expulsado de Granada en 1492 por los Reyes Católicos?

• ¿Qué es la **Ertzaintza**?

• ¿Por qué dos grandes ciudades pasa el río Guadalquivir?

• ¿Cuál es la obra de la literatura española más importante del siglo XV?

• ¿Cuál es el cuadro más conocido de Velázquez?

• ¿Sabéis algo de latín? Bueno, por lo menos sabréis siete lenguas, siete, que vengan del latín.

• ¿Cuánta gente habla, aproximadamente, español?

• El árabe es una lengua fantástica que ha dejado en el español muchas palabras. Si has trabajado bien este libro, seguro que recuerdas por lo menos cuatro.

• ¿En qué partes de España no se pronuncia la **-s** final?

• ¿En que obra de teatro del siglo XVII aparece el mito de Don Juan?

• ¿En qué provincia de España está la Costa del Sol?

• La capital de Chile es Santiago de Chile. Pero en España hay otra ciudad que se llama también Santiago. ¿Dónde está?

• ¿Octavio Paz es un escritor catalán, peruano, mexicano o uruguayo?

• ¿En España, qué día traen carbón a los niños malos los Reyes Magos de Oriente?

• ¿Cuántos besos se dan en España dos personas cuando se saludan y dónde?

B-GRAMÁTICA

• Si queréis conseguir estos puntitos, tenéis que recordar tres adjetivos que siempre se usen con **estar**.

• ¿Cuál es el Indefinido de **conducir**?

• Completad la siguiente frase con el verbo en pasado: **El caballo de Don Quijote _______ Rocinante**.

• ¿Es correcta la frase **dila a Carmen que venga**?

• Imagina que vas a una librería buscando un diccionario con la letra grande. ¿Cómo lo pedirías usando el Subjuntivo con una pregunta?

• Tenéis sesenta segundos para ordenar las siguientes palabras: **insoportable vecino el con vivimos es que el.**

• Decid de otra manera: **Justo cuando acabe, te llamo.**

• Si alguien te dice que el español es la lengua más bonita del mundo, y tú quieres hacerle saber que estás absolutamente de acuerdo, ¿qué le respondes: **igual**, **anda que no** o **en absoluto**?

• ¿**Quizás** necesita que el verbo que lo sigue vaya en Indicativo o en Subjuntivo?

• Según testigos presenciales, Colón, cuando bajó del barco y llegó a aquella playa caribeña dijo: **¡Qué calor hace! ¡Pinzón, dame agua!** ¿Podríais repetir lo que dijo Colón usando el estilo indirecto?

• Decid una cosa que os dé vergüenza hacer o decir.

• ¿Es correcta la frase siguiente?: ***En mi ciudad las tiendas cierran a las dos, sin encambio, en Barcelona cierran a la una y media.**

• Completad la siguiente frase: **El ministro negó que _____ problemas en el gobierno.**

• ¿Es posible decir: ***Si tenga dinero, me voy de vacaciones a Cuba**? ¿Por qué?

• Completad la siguiente frase: **Si no se hubiera descubierto la penicilina, hace cincuenta años...** ¿Por qué se elige ese verbo?